Burgen und Wehranlagen

Martin Brice

Burgen und Wehranlagen

Von der Antike bis Ende des 20. Jahrhunderts

Bechtermünz Verlag

Die Originalausgabe „FORTS AND FORTRESSES" wurde erstmals 1989 bei Child & Associates Pty Ltd, Australien, veröffentlicht.

Einbandvorderseite: Wasserburg Bodiam in Sussex (oben links), Burg Beaumaris auf der Insel Anglesey (oben rechts), Chinesische Mauer (unten links; Bildarchiv Preußischer Kulturbesitz, Berlin), Keep von Donnington Castle in der Nähe von Newbury in Berkshire (unten rechts).

Einbandrückseite: Spinalongha im Nordosten Kretas (oben links), Blarney Castle über dem Fluß Martin (oben rechts), Falaise in der Normandie (unten links; Archiv für Kunst und Geschichte, Berlin), Chouet Tower auf Guernsey (unten rechts).

Ins Deutsche übertragen von W. M. Riegel, München
Einbandgestaltung: KA • BA factory, Augsburg
Gesamtherstellung: Star Standard Industries (PTE), Singapore
Printed in Singapore
ISBN 3-8289-0730-X

Furchterregend in der Realität.
Ewig in der Legende.
Tödlich in ihrer Bestimmung.
Vergessen wir niemals, daß diese Art Bauwerke
dem Zweck dienten, Menschen zu töten –
zumindest aber bestimmte Menschen dafür
am Leben zu erhalten,
andere zu töten.
Tausende und Abertausende Männer,
Frauen und Kinder starben so, lange ehe
ihre Zeit gekommen gewesen wäre:
in und vor den Bauwerken,
die in diesem Buch gezeigt
und beschrieben werden.
Gedenket ihrer.

VORWORT

Zitadelle im Tal der Gräber, Palmyra/Syrien

Seit den frühesten Zeiten hat der Mensch Krieg geführt. Schon seine allerersten Ansiedlungen waren strategisch so gewählt, daß sie auch der Verteidigung dienten. Und mit dem Fortschreiten der Baukunst blieb die Errichtung von Forts und Festungen stets einer ihrer wesentlichsten Entwicklungszweige. Das vorliegende Buch ist eine allgemeinverständliche Darstellung der Entwicklungsgeschichte der Befestigungsbauten auf der ganzen Welt, von prähistorischer Zeit bis in unsere Tage. Es erläutert sowohl technische Details, wie es aber auch von Belagerungen und Persönlichkeiten erzählt. Es beschreibt, wie sich die kleinen und großen Veränderungen ergaben, die nicht immer nur von der Weiterentwicklung der Waffentechnik abhingen, sondern auch von strategischen, sozialen, religiösen und kulturellen Faktoren.
Es ist für ein Buch dieses Umfangs natürlich unmöglich, auch nur annähernd sämtliche, jemals und in allen Ländern erbauten Festungen zu beschreiben oder auch nur aufzulisten. Ich habe vielmehr eine mir durch die Zeiten typisch und interessant erscheinende Auswahl der historisch wichtigsten und bedeutsamsten Beispiele getroffen. Ihre Beschreibung wird ergänzt durch zahlreiche Fotos, Illustrationen, Landkarten und Planzeichnungen. Es gibt Fotos darunter, die Festungsanlagen im Bau, in der Benützung und auch als Ruinen im Zustand der Ausgrabung und Konservierung oder sogar der Rekonstruktion zeigen. Es gibt zeitgenössische Bilder und Zeichnungen und solche, die den ursprünglichen Zustand früherer Zeit darzustellen versuchen und dann natürlich mehr der Einbildungs- oder Vorstellungskraft folgen als sie historisch genau sein können, gleichwohl aber damit auch die eher legendären Aspekte von Schlössern, Burgen und Festungen vermitteln.
Die inhaltliche Gliederung des Buches ist chronologisch. Jedes einzelne Kapitel enthält dabei einen erzählenden Teil und dazu drei Sachartikel mit eingehenderen Darstellungen spezieller Aspekte des Befestigungswesens der betreffenden Zeit. Dazu kommen dann noch Beschreibungen bestimmter Forts, Festungen, befestigter Städte oder sonstiger Verteidigungsanlagen – die man auch nach heutigem Sprachgebrauch "architektonische Waffensysteme" nennen könnte. Sie sind ausgewählt nach ihrer speziellen oder besonderen Bedeutung, sei es, was ihren Platz in der Entwicklungsgeschichte, in der Geschichte selbst oder auch in der Legende angeht. Das Schlußkapitel bringt das Thema dann *up to date* und untersucht die Art und Bedeutung von Befestigungen in unserer schrumpfenden Welt von heute. Vor dem Hintergrund zunehmender Ernüchterung gegenüber allzu futuristischen Erwartungen in unserem Atomzeitalter werden politische Konzeptionen neu über- und Barrieren neu bedacht. Auch unter diesem Aspekt ist es durchaus aktuell, sich mit der Geschichte der Systeme zu beschäftigen, die der Mensch sich zur Verteidigung und Abschreckung jeweils ersonnen hat.

Martin Brice

Unten: *(von oben nach unten) Angers an der Loire, in dem zwischen Frankreich und England damals umstrittenen Gebiet , wurde 1232 gegründet. Vitre, eine weitere Burg an der einstigen französischen-britischen Grenze. Tour d'Inquisition in der Cité de Carcassonne, Südfrankreich. Ypern im flandrischen Belgien wurde im 17. Jh. in der Vauban-Periode befestigt; die Festungswälle einschließlich des Liller Tors dienten im 1. Weltkrieg britischen Soldaten als Unterstände*

INHALT

Unten: *(von oben nach unten) Die Castle Barracks in Enniskillen/Irland waren im 19. Jh. ein örtliches Hauptquartier der britischen Armee. Porta Nuova (neues Tor) in Tripoli, Teil der Verteidigungsanlagen des italienischen Stützpunkts in Libyen (Foto Anfang 20. Jh.). Castle William auf Governor's Island in der Hafenbucht von New York. Innenansicht eines Magazins in Leugenbook Moere, Belgien, im 1. Weltkrieg*

ZU DEN SACHARTIKELN

Die Karte zeigt die Orte, von denen die Sachartikel im Inneren des Buches handeln

Küstenverteidigung zur Tudorzeit
S. 78

Normannische Burgen
S. 42

Vauban
S. 94

Die Forts der amerikanischen Pionierzeit
S. 114

Amerikanische Küstenverteidigung
S. 134

Gibraltar
S. 122

Festungen auf der Südhalbkugel
S. 106

Die Römischen Limites
S. 34

Der Atlantikwall
S. 154

Die Maginotlinie
S. 146

Die Chinesische Mauer
S. 18

Die mittelalterlichen Festungen Indiens
S. 62

Die große Zeit der Türken
S. 86

Biblische Trutzburgen
S. 22

Kreuzfahrerburgen
S. 54

Erstes Kapitel

DIE WELT DES ALTERTUMS

Die frühesten Befestigungen waren noch reines Erdwerk. Eine bestehende Bodenmulde wurde vertieft, die Aushuberde an der Vorderseite aufgehäuft. Das war eine einfache wie verhältnismäßig dauerhafte Methode, eine Reviergrenze zu ziehen und die eigene Verteidigungsposition zu verbessern. Trotzdem blieb es natürlich immer noch möglich, daß wilde Tiere diese Gräben und Schanzen übersprangen, von Menschen gar nicht zu reden. Aber eben dies – das ausdrückliche Überschreiten der sichtbar als solche deklarierten Grenzlinie – machte ja bereits aus einem sich Nähernden einen nicht friedlich gesinnten Fremdling, und einen erbitterten Feind, falls sich der Ankömmling dann etwa auch noch über das Ergebnis der Mühe, auf man das stolz war, mokierte. Der Überlieferung nach war beispielsweise Romulus über seinen Zwillingsbruder Remus dermaßen erzürnt, als dieser über die primitiven Fundamente Roms sprang, daß er ihn tötete – für unser heutiges Gefühl eine Überreaktion auf ein offensichtlich kindisches Verhalten.

Immerhin, solche Beispiele zeigen, daß dabei nicht allein rein materielle Interessen im Spiel sind. Die Furcht vor der immanenten oder auch tatsächlichen Gefahr der Zerstörung dessen, was persönlichen – oder im größeren Rahmen nationalen – Status darstellt, wird als demütigende Beleidigung empfunden, die geahndet werden muß. Reagierte man nicht, würde man damit seine Unterwerfung unter den Willen des Aggressors eingestehen.

Immer wieder, durch die gesamte Geschichte, sind deshalb Festungen auch in völlig hoffnungsloser Lage weiterverteidigt worden, wenn die Kapitulation bedeutete, den geheiligten Heimatboden zu verlieren. Burgen sind auch mit voller Absicht auf umstrittenen Territorien erbaut worden, als ständige Herausforderung der Fremden. Ganze militärische Komplexe wurden an "unmöglichen" Stellen errichtet, mit protzigem Aufwand und viel zu ungeeigneten Materialien, samt veralteter Bewaffnung, und von Personen oder Gemeinschaften, die sie sich eigentlich überhaupt nicht leisten konnten. In gleicher Weise ist immer schon überall das meiste Geld in die neueste Technik investiert worden, um die modernsten Waffen zu haben und die Sicherheit der eigenen Befestigungen zu gewährleisten, damit der Schutz des Lebens – und der Lebensart – ihrer Erbauer gesichert sei. Und stets fällt uns als erstes bei der Betrachtung selbst der frühesten Befestigungsanlagen und dem Studium ihrer Motivationen auf, daß sich in ihnen jeder technische Fortschritt manifestiert.

*Biskupin **(links)** und Maiden Castle **(rechts)** sind Beispiele für befestigte Gemeinwesen der Eisenzeit über die letzten fünf Jahrhunderte vor der christlichen Zeitrechnung. Das Luftbild rechts zeigt den komplizierten Ostzugang zu dieser einstigen Bergbefestigung in Dorset, die im Jahre 44 von den Römern im Zuge ihrer Eroberung von Südengland gestürmt wurde. Zu ihrer Blütezeit waren die jetzt grasüberwachsenen Schanzen mit Steinen und Hindernissen besetzt, und obenauf waren noch Pfahlpalisaden und Wachttürme ähnlich den rekonstruierten auf dem Bild hier links an der Ausgrabungsstätte von Biskupin, einem einst befestigten Marschlanddorf an die 240 km westlich von Warschau in Polen. Man muß davon ausgehen, daß derlei Anlagen (samt ihrer Unterhaltung) bereits eine hochentwickelte soziale Organisation voraussetzten*

Mit Dornengestrüpp konnte man anfangs sowohl wilde Tiere wie menschliche Eindringlinge abhalten. Sie kamen darin um oder verletzten sich zumindest. Die nächste Stufe war die planmäßig gepflanzte schnellwachsende Hecke. Die Durchgänge waren dabei stets ein Problem. Ständig einen mit gestutzten Ästen gespickten Baum dafür hin und her zu tragen, ist mühsam und birgt selbst potentielle Verletzungsgefahren. Auf jeden Fall aber können ihn Angreifer genau so einfach zur Seite schaffen wie die Verteidiger selbst.
Also wurde das Tor erfunden. Und dazu die Torpfosten und, in logischer Folge, auch der Zaun, der noch über die inneren Wälle hinausragt. Denn mit der Zeit und der Erfahrung lernten die Verteidigungsbauer auch, ihre Gräben und Wälle sowohl horizontal wie vertikal zu wiederholen. Und damit waren nun die Angreifer bereits mit einem System von Hindernissen konfrontiert: abwechselnd mit Gräben und steilen Hügeln. Unternahm es ein Angreifer gleichwohl, dagegen anzustürmen, so mußte er auf jeden Fall damit rechnen, auch noch einem Geschoßhagel der sich verborgen haltenden Verteidiger ausgesetzt zu sein.

***Links:** Der Vansee in der Türkei liegt in dem Gebiet des alten Landes Armenien. Im Altertum und Mittelalter waren diese niedrig gelegene Region und die sie umgebenden Täler und Bergpässe von großer Bedeutung für Karawanen und Armeen. Wer die strategischen Punkte dort kontrollierte, beherrschte den gesamten Handel und konnte jedem Feind den Durchzug verwehren, aber auch die Farmer ausbeuten, die das fruchtbare Land an den Flüssen bestellten. Diese Naturfestung diente über 3 000 Jahre lang als die natürliche Zitadelle von Van*

VORGESCHICHTLICHE BEFESTIGUNGEN

Die Bergbefestigungen im prähistorischen Europa vereinigten bereits das lineare und vertikale Verteidigungssystem in sich. Zusätzlich waren sie mit Fallen ausgestattet, mit Zugbrücken, Toren und Sackgassen. Ihre Wälle waren glatte Erdaufschüttungen. Die vertikal ausgerichteten Befestigungen waren verstärkt mit Hürden, grob behauenen Steinen oder einer Kombination aus beiden. Für einen Beobachter aus der Ferne sah es dann aus, als bestehe die Bergbefestigung aus Ringmauern von solidem Stein.

Bergfestungen der Eisenzeit in Europa, die *Pas* der Maori in Neuseeland, die Indianerdörfer in Nordamerika oder die Palisaden der Burmesen oder Ashanti im Dschungel gleichen einander vielfach insofern, als von ihren Erdbefestigungen aus immer der Überblick über das vor ihnen liegende Land blieb oder sogar die dominierende Position darüber, selbst wenn die Herrscher und Gemeinschaften, zu deren Schutz sie einst errichtet wurden, schon längst nicht mehr existieren. Gleichwohl waren sie zuvor, trotz ihrer unübersehbaren Langlebigkeit, für ihre Erbauer alles andere als so dauerhaft gewesen, wie sie es sich wohl gewünscht hätten. Denn selbst in den gemäßigten Breiten waren sie nun einmal nur Aufschüttungen von Erdreich, in das sie immer wieder zurückzusinken begannen, schon von dem Augenblick an, in dem sie vollendet waren. Aus den Gräben hinter ihnen mußte ständig die vom Regen abgerutschte Erde wieder ausgeräumt werden, die Hindernisse und Palisaden verrotteten und mußten erneuert, Gräser und Pflanzen jedes Jahr vorsichtig ständig neu gepflanzt werden (und diese hatten damit, wie auch Bäume und Büsche, keine Chance, wirklich einzuwachsen). Kurz, die prähistorischen Befestigungen waren, sollten sie ihren Zweck dauerhaft erfüllen, stähdiger Wartung und Pflege bedürftig.

In ähnlicher Weise mußten auch die später aus Holz erbauten befestigten Dörfer, wie es sie überall in ganz Europa an den Ufern der moorigen Gewässer gab (in den alten keltischen Gebieten sind sie als *Cannogs* bekannt), dauernd repariert werden. Dieses Problem war sogar noch größer in Gegenden mit starken Regenfällen und damit schnellwachsender Vegetation – also mit denselben Faktoren, die andererseits der Bodenfruchtbarkeit und damit der Ansammlung von Nahrungsvorräten sowie der Entwicklung einer materiellen Zivilisation dienlich waren.

Und die Besitztümer mußten ja auch eifersüchtig bewacht und behütet werden. Das (bis heute!) einzige Material, das den Festungsbauern eine einigermaßen wartungsfreie Dauerhaf-

HATTUSA

Hattusa wurde auf einem Hügel in der Nähe des heutigen Bogazkale, etwa 200 km östlich von Ankara in der Türkei, um 1800 v. Chr. gegründet. Als Hauptstadt des Hethiterreiches, um 1450-1200 v. Chr, war es umgeben von einer mit vielen Gegenverschanzungen und Bastionen versehenen, über 7 km langen Steinmauer, die sich an den Ausfahrts- und Einfallsstraßen orientierte. Sie hatte Einbuchtungen nach innen, welche die beiden Zitadellen umgaben. Vor ihr draußen gab es zusätzliche externe Befestigungsanlagen, welche die Zufahrten zu den Hauptstadttoren kontrollierten. Das große Königstor sitzt zwischen einwärts gekurvten, soliden Felsen aus einem Stück, die sich oben fast treffen und so eine Art Spitzbogen bilden.

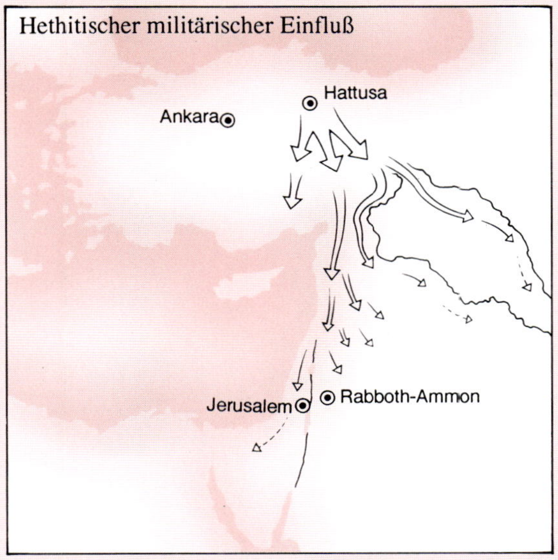

*Von Hattusa **(unten)** aus breitete sich der hethitische Einfluß über den ganzen Nahen Osten aus*

tigkeit sicherte, war natürlicher und künstlicher Stein, der so geformt und gesetzt wurde, daß er keine offenen Fugen ließ, vorzugsweise fest verbunden und abgedichtet mit Material, das formbar war, aber selbst so hart wie Stein; Mörtel also. Eine auf diese Art hergestellte Mauer hielt sowohl Wetter als auch Feinde ab.

Die frühesten bekannten Beispiele einer solchen festen, soliden Steinverbindung finden sich außerhalb Europas: im Nahen Osten, in Indien, in Südostasien und in China.

Von keiner dieser Zivilisationen läßt sich freilich definitiv sagen, sie hätte wirklich als erste dies oder jenes dazu erfunden. Sie waren alle zu weit voneinander entfernt, um sich technischer Herausforderungen durch andere gegenüberzusehen oder auch die Gelegenheit zum fruchtbaren, anregenden Erfahrungsaustausch zu haben. Ihre alten Befestigungsanlagen waren alle gerade so hoch entwickelt, wie es der Stand ihrer Kriegstechnik und ihres ganzen Militärwesens erforderte, und wie es die örtlich verfügbaren Materialien und Kenntnisse zuließen. Insgesamt scheint das ganze Bauwesen überdies auch stets von dem örtlichen Stand der Schriftaufzeichnung abhängig gewesen zu sein. Und folglich haben wir aus jener Zeit Zeugnisse über die frühesten Beispiele militärischer Architektur, über die ein gewisses Maß an schriftlicher archäologischer Dokumentation existiert bzw. erhalten geblieben ist, während hingegen die Rekonstruktion europäischer Bergbefestigungen und Pfahldörfer an Seeufern aus jenen frühen Zeiten rein hypothetisch bleiben muß.

Dokumente und Beweismittel dieser Art helfen den Historikern, zwischen befestigten Städten als solchen und anderen urbanen Ansiedlungen zu unterscheiden, die mit ihren Wällen und Mauern lediglich das gemeine Volk daran hinderten, sich in die geheiligten und privilegierten Bezirke ihrer Gott-Könige zu begeben. Die Mauern solcher Tempelstädte konnten natürlich auch in Notfällen rasch mit Bewachern und Verteidigern besetzt werden. Doch war dies nicht ihre hauptsächliche Funktion. Schließlich wurde von der königlichen Gottheit erwartet, daß er sich selbst hinausbegab und sich jedem erscheinenden Rivalen zum Kampf stellte. Wozu war er schließlich ein Gott? Wie konnte er da verlieren?

Dieser Art waren die Gebräuche auch auf der babylonischen Ebene um 3500 v. Chr., wo der Mangel an Steinen und Holz den Ziegel zum verbreitetsten Baumaterial machte. Jeder

Links: Die Überreste des Militärlagers von Cilurnum (Chester), eines römischen Forts am Hadrianswall in Nordengland
Rechts: *Von 70-73 n. Chr. verteidigten 967 Zeloten (Männer, Frauen und Kinder) Masada über dem Toten Meer in Palästina gegen fast 15 000 römische Legionäre, die schließlich eine gewaltige Rampe bauten, auf der sie einen eisenverkleideten Belagerungsturm heranfuhren, mit dessen Katapultgeschossen alle, die nicht schnell genug Unterschlupf suchten, getötet oder verwundet wurden. Dennoch hielten die Belagerten aus, auch noch, als ein holzverschaltes Stück der Mauer verbrannte, nachgab und einbrach. Die Römer sammelten sich neu und stürmten die Festung am nächsten Tag. Aber sie fanden nur noch zwei Frauen und fünf Kinder am Leben. Die anderen hatten lieber Selbstmord begangen als in die Hände ihrer "gotteslästerlichen Unterdrücker" zu fallen.*
Diese Ansicht des Serpentinenpfad-Zugangs hier vermittelt einen guten Eindruck der steilen Felsen, auf denen sich die Festung Masada erhob

Ziegel war etwa 10 auf 30 cm groß, anfangs nur sonnengetrocknet und deshalb von weißlicher Farbe. Später wurden die rötlichen Ziegel in Öfen gebrannt und waren deshalb auch sehr viel härter, aber auch kostspieliger in der Produktion, weshalb die ungebrannten Ziegel auch weiterhin verwendet wurden. Die Mauern, die mit beiden Arten Ziegeln errichtet wurden – das Bindemittel war Lehm, Kalkmörtel oder Pech – mußten sehr breit an der Basis sein (bis zu 15 m und mehr), um das Gewicht von bis zu 500 Reihen Ziegeln übereinander auszuhalten. Daraus resultierte aber gleichzeitig, daß sie sehr schwer zu unterminieren waren. Der Mangel an geeignetem Holz verhinderte außerdem den Bau und Gebrauch ausreichend großer und starker Leitern zur Erstürmung und Übersteigung solcher Mauern durch mehrere bewaffnete Soldaten gleichzeitig. (Denn stiege immer nur ein einziger auf die Leiter, wäre die automatische Folge, daß er, sobald oben angekommen, ohne Schwierigkeiten von den ihn erwartenden Verteidigern getötet würde.)
Weiter im Nordwesten, im gebirgigen Mesopotamien, Kleinasien und Kanaan (Palästina), war Baugestein demgegenüber

in Mengen verfügbar und es existierten auch leicht zugängliche Wälder. Dafür war fruchtbares Ackerland rar und reichte nicht aus, eine Bevölkerung zu ernähren, die sich in fetten Jahren stark vermehrte, in mageren aber gegeneinander um die Nahrung kämpfte. In diesen Gebieten war der Krieg kein Mittel, feindliche Herrscher zu vernichten und seine Untertanen freiwillig oder mit Gewalt zum höheren Ruhme des Siegers zu unterwerfen, denn hier war jeder Sklave ein zusätzlicher Esser, ganz gleich, welche Fähigkeiten er besaß oder welche schweren Arbeiten er verrichten konnte. Hier war Krieg das Mittel, um Fremde zu töten und sich ihrer Ernten zu bemächtigen.

Infolgedessen gab es dort auf den Bergbefestigungen immer auch zahlreiche Steinhäuser, deren verfugte Mauern sich allen Fremden abweisend entgegenstellten. Um die Wohnsitze der Stammesführer herum begannen zusätzliche Häuser zu entstehen, für ihre Priester, Krieger, Handwerker, als Lebensmittellager und Zufluchtsstätten für die Bevölkerung, wenn Gefahr drohte. Der ganze Komplex bekam schließlich eine umlaufende Mauer mit Wällen und Brustwehren, aus denen Steine, erhitzter Sand, Talg und brennendes Pech auf die Angreifer hinabgeworfen werden konnten.

Im Vergleich zu Steinen waren Pfeile sehr zielgenau anwendbare Langstreckengeschosse. Dazu mußten die Bogenschützen aber sorgfältig zielen können. Also entstanden die klassischen Brustwehrzinnen als Schießscharten. Katapulttürme und Bodenbastionen sicherten die Basis der Mauern. Immer kompliziertere Torkonstruktionen sollten Angreifer verwirren und auch denen noch den Garaus machen, die bereits die äußeren Barrikaden mit ihren Rammböcken, Streitäxten und Lanzen durchbrochen hatten.

Die allerletzte Zuflucht für Männer, Frauen und Kinder war der Rückzug in den sichersten Turm und die Verbarrikadierung seines Eingangs. Freilich, nur zu oft, um als bloße Gleichnisse oder Überhöhungen verstanden zu werden, erscheinen in den alten Schriften, speziell im Alten Testament Stellen dieser Art: "Und am Ende zerstörten sie alles, was in der Stadt war, Männer und Frauen, jung und alt, und alle Ochsen und alle Schafe und alle Esel, mit den Schneiden ihrer Schwerter. Und sie setzten die ganze Stadt und alles, was in ihr war, in Brand."

***Links:** Dieses Tor wurde von modernen Waffen zerstört, doch ansonsten stehen die alten Mauern von Nanking auch noch nach der japanischen Einnahme der einstigen chinesischen Hauptstadt am 13. Dezember 1937*
***Rechts:** Masada, mit der römischen Belagerungsrampe*

Die geschlossenen Bergsiedlungen waren im Nahen Osten das Pendant zu den Burgen auf den Bergen Europas. Sie stellten das ausgesprochen defensive Konzept der militärischen Architektur ihrer Zeit dar. Einzelpersonen, Stämme oder ganze Völker zogen sich mit ihrem realen oder geistigen Besitzstand in solche Festungsanlagen zurück und hielten dort aus und sammelten Kraft, bis sie imstande waren, eine mächtige und siegreiche Gegenoffensive gegen einen, durch mehrfaches erfolgloses Anrennen an die unüberwindliche Befestigung schon entmutigten und erschöpften Feind zu unternehmen. In Friedenszeiten waren diese Festungen dann sich selbst erhaltende Zentren von Gewerbe und Handel inmitten ihrer bäuerlichen Umgebung. Nur wenn sie direkt belagert wurden, bekamen diese Städte mit ihren Schutzmauern kriegsentscheidende Bedeutung.

Die alten Ägypter hingegen entwickelten erstmals eine Architektur von reiner und ausschließlich militärischer Funktion: ein System von taktischen Forts für strategische Zwecke. Es stimmt zwar, daß auch einige normale Städte von hohen Mauern umgeben waren. Doch hatte dies mehr den Sinn, das heilige Prestige des Pharao zu wahren und zu verstärken, als fremde Belagerer abzuwehren.

Immerhin hatten auch alle Invasoren lange Wege zurückzulegen. Von Norden her mußten sie zunächst das Mittelmeer überqueren und sahen sich bereits dabei der Gefahr ausgesetzt, von den ägyptischen Kriegsschiffen abgefangen zu werden. Von Süden her war der Weg, als Marsch oder auf dem Fluß in Booten das lange, gewundene Niltal entlang mit allen seinen Katarakten, nicht minder beschwerlich. Hier war es den Bogenschützen auf den Türmen an strategisch günstig angelegten Forts ein Leichtes, den Nil, alle Anlegeplätze und die den Fluß begleitende Süd-Nord-Straße zu kontrollieren und zu dominieren. Diese Stützpunkte waren nur durch lange und anstrengende Ausweichstrecken durch unwirtliche und weglose Wildnis zu umgehen. Es war für die Invasoren auch kein gangbarer Weg, es einfach auf einen raschen Durchbruch ankommen zu lassen, bei dem sie Verluste einrechneten, die Forts im übrigen aber ignorierten. Sie hatten ja keine Informationen darüber, wie viele Truppen sich in dem jeweiligen Fort gerade befänden, die sich ihnen in einem Ausfall entgegenstellen oder sie möglicherweise in einen Hinterhalt und der Feldarmee des Pharao in die Hände treiben würden, oder auch bereit standen, ihnen den Rückweg abzuschneiden.

Die Invasoren mußten also, mit anderen Worten, immer zuerst diese Forts einnehmen, die meistens – wie z.B. Semneh – sichtbar mit Parolen und selbstbewußten Verkündigungen versehen waren wie: "Dies hier ist meine Festung. Kein Mann von schwarzer Hautfarbe soll sie nach Norden hin passieren. Ich bin der König, und was ich sage, geschieht." Jeder nubische Häuptling, der versuchen wollte, seine Leute aus ägyptischer Fron zu befreien, konnte eine solche politische und rassische Beleidigung schwerlich ignorieren. Also schwärmten die Angreifer über die trockenen Gräben aus und stürmten mit Haken und Brechstangen auf die Mauern und Tore ein, nur um sich dort den Bogenschützen ausgeliefert zu sehen, die oben auf der Mauer aus ihren Schießscharten und -plattformen auf sie herabschossen.

Schließlich mußten Invasoren aus dem Westen und Osten gleichermaßen zuerst viele Meilen leerer Wüste durchqueren. Wenn auch kleine Stoßtrupps immer wieder durchkommen mochten, für ganze Armeen war dies kaum möglich, ohne daß ein umfangreiches und aufwendiges logistisches System eingerichtet wurde, das ihren Nachschub und damit ihre Kampfkraft sicherte. Und lange, ehe das geschehen sein konnte, erfuhren die Spione der Pharaos davon und die ägyptische Armee konnte die Eindringlinge also wohlvorbereitet erwarten und empfangen.

Trotzdem blieben die Ägypter keineswegs immer siegreich. Aber sie waren, wenn sie einmal besiegt wurden, stets willens, daraus zu lernen. Zu Beginn des Neuen Reiches (1567 v. Chr.), welches auf die Besetzung durch die Hyksos folgte, hatte die ägyptische Armee zwei neue Waffensysteme von ihren zeitweiligen Beherrschern übernommen. Der doppeltkonvexe mehrteilige Bogen aus Holz, Horn und Sehnen war so konstruiert und verleimt, daß er im nichtgespannten Zustand aussah, als sei er verkehrt herum gerichtet. Wurde er jedoch gespannt,

DIE CHINESISCHE MAUER

Die größte Befestigungsanlage der Welt widerstand jahrhundertelang dem Ansturm der mongolischen Horden

Die frühesten großen Barrieren um chinesisches Territorium stammen aus der Periode der Streitenden Reiche, die im Jahre 476 v. Chr. begann. Mehrere Fürstentümer grenzten sich mit Wällen aus Erde und Steinen als Grenzmarkierung sowie als militärische Hindernisse gegen Invasionen ab.

Ein solcher Grenzwall verlief vom Golf von Pohai nahe Yungkau in nordöstlicher Richtung bis zur Überflutungsebene des Liao, dann westwärts bis über Paotau in Suiyan hinaus – über eine Gesamtlänge von rund 1 800 km. Ein anderer folgte der Linie entlang des Qin vom Wei bis zum Gelben Fluß, eine Verlaufslinie parallel zum Bett des Luo-Flusses.

Etwa 200 Jahre später wurden die Bauern unter der Diktatur des großen Tschin Schi Huang-Ti zur Fronarbeit an einer

***Oben:** Zeremonielles Flaggenhissen, wo einst die kaiserlichen Truppen einander mit Flaggen, Rauch und Feuer signalisierten*

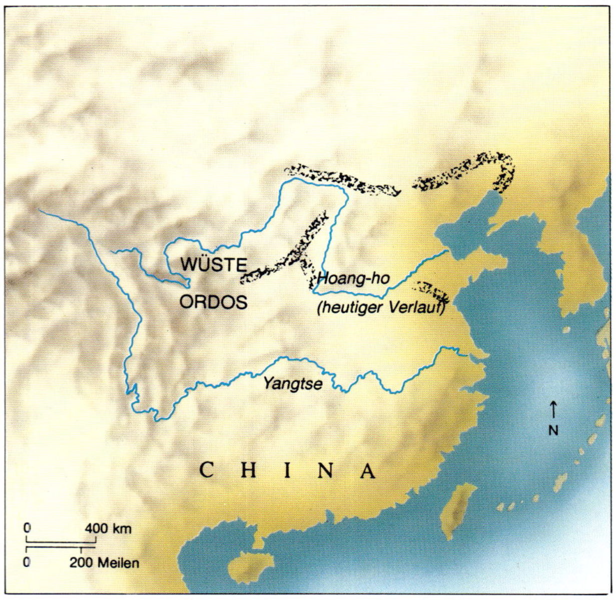

***Unten:** Erdaufschüttungen und andere Barrieren in der Zeit der Streitenden Reiche, 476-221 v. Chr.*

***Unten:** Die Große Mauer des Tschin Schi Huang-Ti, 221-206 v. Chr.*

weiteren Mauer gezwungen. Diese folgte im wesentlichen der Strecke der nördlichsten Befestigungsanlagen vom Golf von Pohai bis Paotau, knickte dann jedoch nach Südwesten ab, um dort die Ordoswüste zu umgehen und nahe Lantschu (Lanzhou) nach einer Gesamtlänge von 4 000 Li (ca. 3 200) km zu enden. Im wesentlichen nur eine Erdaufschüttung, obwohl seine rechteckigen Ausstichsoden ihm die Ähnlichkeit mit Mauerwerk verliehen haben könnte, war dieser Wall offenbar in regelmäßigen Abständen mit Wachttürmen aus Holz, Stein oder Lehm bestückt und hatte wohl auch Durchgangstore.

Die Fälle, in denen danach Fremde in China einfielen, scheinen eher das Ergebnis von Verrat an einem der Durchlaßtore gewesen zu sein als ein Versagen der Mauer als Verteidigungssystem. Das gilt für die Niederlage der kaiserlichen Armee auf einem Schlachtfeld ihrer eigenen Wahl, oder für einen Zusammenbruch der chinesischen Regierung. Zerstörungen scheinen ebenfalls nicht so sehr auf das Konto von Feinden zu gehen als die Folgen von Erdbeben, Erosion oder Vernachlässigung gewesen zu sein.

Der Han-Kaiser Wu-Ti (140-86 v. Chr.) befahl eine Erweiterung der Mauer um 900 Li nordwestlich von Lantschu bis Tschiajukan. Das verhinderte schnelle überfallartige Einfälle von Wüstenbanditen auf der Weststraße, auf der sich sowohl der Seidenhandel abspielte wie der militärische Transport des chinesischen Vormarsches nach Sinkiang.

Die Han-Dynastie endete im Jahre 220 n. Chr. Ihre Nachfolger versuchten die Grenzverteidigung aufrechtzuerhalten, doch die Große Mauer wurde nicht mehr benötigt und im Jahre 1004 wurde sie ganz aufgegeben.

1368 wurden die Mongolen aus Peking vertrieben und die Ming-Dynastie gegründet. Dieser Zeitperiode verdanken wir das meiste des heutigen Aussehens der Chinesischen Mauer. Einige Abschnitte ließ man vollkommen verfallen, doch die meisten anderen wurden sorgfällig renoviert oder neu aus Stein gebaut. Wo immer es möglich war, wurden die Erdwälle repariert und bekamen eine gemauerte Verkleidung.

Die Mauer hat somit eine Erdbasis von, an den breitesten Stellen, bis zu 10 m. Die Höhe variiert von 7,5 bis zu 12 m, mit zusätzlichen Zinnenaufsätzen von 1,5 m über der aus Steinen und Ziegeln bestehenden oder verkleideten Mauer selbst, über die sich auch die Türme 3,5 hoch über dem Gehweg auf ihr erheben. Sie stehen in Abständen von meistens 200 Schritten und damit nahe genug beieinander, daß Bogenschützen auf ihnen die Zwischenstrecken bis zum nächsten erreichten, sowohl auf der chinesischen wie der "barbarischen" Seite (denn die Türme blicken nach beiden Seiten der Mauer). Der gepflasterte Gehweg oben ist 4 m breit, angeblich breit genug, daß Kavallerie in Fünferreihen darauf galoppieren konnte.

Die alten Erdwälle aus der Zeit der Han bis nach Yümen ließ man mit Absicht verfallen. Die Ming-Kaiser begannen die Renovierung der Großen Mauer in Tschiajukan in der Provinz Kangsu. Von Tschiajukan aus folgte die Mauer den einstigen Befestigungen in Richtung Lantschu, lief dann nach Nordosten bis Jintschuan und dann im Zickzack südöstlich, bis sie auf die Linie der ältesten Tschin-Grenzmauer bei Tingpien stieß. Die Ming-Mauer folgte dieser Strecke bis über den Gelben Fluß und vorbei an der Garnisonsstadt Tatung (Datong), ehe sie nördlich von Peking ankam. Die Strecke von dort bis zum Meer bei Tschinhuangto (Qinhuangdo) war von den Ming neu angelegt worden, womit eine Gesamtlänge von 2 600 km erreicht war.

Die Ming-Kaiser unterhielten die Große Mauer einschließlich der Wachgarnisonen bis 1644. In diesem Jahr dann eroberte ein Bandit namens Li Tschu-tscheng Peking. Der letzte Ming-Kaiser (Su Tsung) beging daraufhin aus Scham Selbstmord. General Wu San-kuei, nach wie vor seinem toten Kaiser loyal ergeben, aber selbst nicht imstande, den Usurpator zu besiegen, wandte sich um Hilfe an Dorgun, den Herrscher der Mandschurei, die nicht zum eigentlichen China gehörte. Auf diese Weise wurde das Große Tor von Schan Haiguan der Mandschu-Dynastie geöffnet und die Wan Li Tschang Tscheng ("Die Große Mauer von Zehntausend Li") hatte fortan keine militärische Bedeutung mehr.

Die Große Mauer des Wu-Ti (140-86 v. Chr.) und anderer Han-Kaiser

Die Große Mauer der Ming, 1368-1644

MYKENE

Jeder Stadtstaat im alten Griechenland hatte seine Bergfestung, die *Akropolis*, deren natürliche Verteidigungsanlage noch durch zusätzliche Steinbefestigungen verstärkt wurde. Die Palaststadt Mykene zwischen Korinth und Argos auf dem Peloponnes wurde um 3000 v. Chr. gegründet. Ihre volle Blüte erreichte sie um 1350 v. Chr. Ganz oben auf einem steil ansteigenden Berg gelegen, überblickte die Zitadelle mit ihren Häusern aus Stein und Holz für die königliche Entourage die weite Argolis-Ebene. Der eigentliche Palast war ein Komplex aus Staatskammern, öffentlichen Gebäuden und Lagerhäusern. Dazu kam der innere heilige Bezirk und der für die Gräber, beide ganz oben auf der Bergspitze. Terrassen rund um die Akropolis enthielten Gärten, Weinberge und Obstplantagen. Die ganze Stadtanlage war von einer Mauer aus massiven Felsblöcken umgeben. Die Griechen nannten sie später "Zyklopensteine". Der formelle, zeremonielle Stadteingang war das berühmte Löwentor.

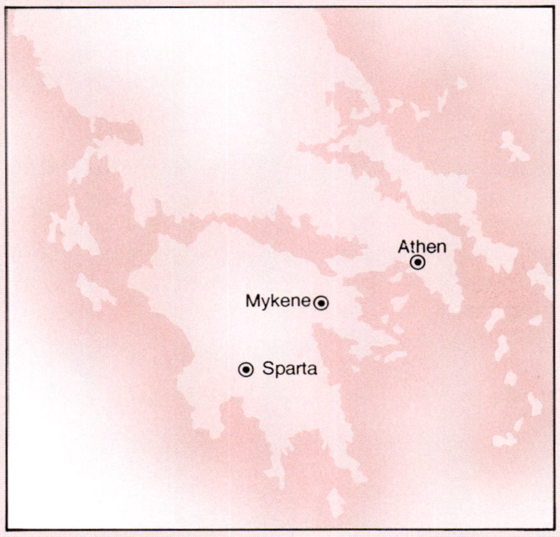

*Die Karte **oben** zeigt das strategisch günstig gelegene Mykene **(unten)**, Sparta (isoliert in der Mitte des Peloponnes) und das zur See hin orientierte Athen*

bekam er eine Zugkraft, die für 400 Schritt weite Schüsse reichte. Die andere neue Waffe war der einachsige Kampfwagen mit dorngespickten Rädern als schnelle und manövrierbare Plattform für Bogenschützen und Lanzenwerfer.

Für die Beherbergung und Versorgung dieser Kampfwagen und der neuen "Schnellfeuer-Infanterie" entstanden kleine Forts – später als *migdol* bekannt – in Oasen und an Knotenpunkten. Nunmehr konnten weitausschwärmende Patrouillen die Wüste überwachen, während die Garnisonsbogenschützen jeden feindlichen Durchmarsch auf den Straßen zum Nil zu unterbinden imstande waren. Tauchte eine große Armee auf, schickte man ihnen über Etappen-Stützpunkte mit Reparaturwerkstätten für Kampfwagen die Wagentruppen entgegen, die auch zugleich die Feldarmee des Pharao alarmierten. Die *migdol* und die Verteidigungsorte am Oberen Nil waren indessen keine Zufluchtsstätten für die von stolzen Kriegshelden angeführten verängstigten Bauern, und sie waren auch keine befestigten Handels- und Gewerbezentren. Vielmehr waren sie rein militärische Garnisonen mit Berufssoldaten, ohne die sämtliche Anlagen wertlos und bar jeder militärischen Bedeutung gewesen wären. Sie stellten also eine offensiv bestimmte militärische Architektur dar, nämlich mit dem Zweck, mit Hilfe dieser Forts einen feindlichen Vormarsch zu unterbinden und den Gegner zudem in eine nachteilige Position zu versetzen, in der er durch die eigene Feldarmee aufgerieben werden konnte, die ihrerseits selbst oft von befestigten Stützpunkten aus operierte.

Nacheinander beherrschten Ägypter, Hethiter, Assyrer und Perser die "Fruchtbare Sichel", eliminierten geringere Völkerschaften, besiegten einander wechselseitig in erbitterten offenen Feldschlachten, und flüchteten sich in der äußersten Niederlage in ihre letzten verbliebenen Festungen, wo sie den entscheidenden Ansturm der siegentschlossenen Belagerer erwarteten. Um diesen ganz unausweichlichen Tag möglichst lange hinauszuschieben, wurden die Mauern immer höher, länger, massiver und ihr Verlauf immer stärker verbuchtet, so daß kein Stück Boden vor ihnen ohne die Möglichkeit blieb, auch seitlich beschossen zu werden. Vorgesetzt war ihnen ein breiter Streifen aus nacktem Felsgestein oder reiner Erde als Vorwall, der seinerseits Durchgangstore hatte. Im Innern der Festung war für Wasserbrunnen gesorgt und es waren Lebensmittelvorräte angelegt. Eine massive Zitadelle als Zentrum bildete zusätzliche Sicherheit für den König und seine Umgebung. Und selbst dort noch gab es in dem gesondert verteidigten innersten Turm einen geheimen Raum zum äußersten Schutz des Königs allein.

Dennoch half dies alles am Ende nichts. Es führte lediglich zur Entwicklung neuer Belagerungsgeräte und neuer Techniken, ausgeführt von Berufssoldaten (die allerdings in der Regel Zwangseingezogene waren, ohne deshalb eine minder disziplinierte und effiziente Truppe zu sein) unter Führung ehrgeiziger Offiziere, deren rücksichtslos kalkulierte Politik in der erklärten Überzeugung mündete, daß auf Dauer keine Stadt einer Belagerung widerstehen könne.

Bis dahin war jede Entwicklung im Grunde nur die Reaktion auf die Aktivitäten unmittelbarer Nachbarn gewesen. Mit Alexander dem Großen änderte sich das schlagartig. Auch wenn sein Reich mit seinem Tod 323 v. Chr. wieder unterging, hatten zu dieser Zeit seine Griechen die bekannte Welt bereits ganz durchmessen und kennengelernt. Sie hatten die Grenzen Indiens erreicht, und ihre wißbegierigen Denker verwerteten, was sie gesehen und gelernt hatten. Der streitbare Geist starb nicht mit Alexander. Auch wurde die Militärarchitektur nicht aus Forschung und Diskussion ausgeschlossen. Auf der Insel Rhodos entstand im Jahre 200 v. Chr. vielmehr sogar eine eigene Schule dafür. Dort wurde das existierende Wissen schriftlich niedergelegt und aufbewahrt. Es wurden Diagramme angefertigt, Verteidigungsmaßnahmen diskutiert, Belagerungsmaschinen konstruiert und Theorien getestet.

DER TRIUMPH ROMS

Unter den dort Studierenden und sich der dortigen Gelehrten Bedienenden waren auch Römer, die anschließend, was sie dort lernten, in die Befestigungen ihrer eigenen Städte umsetzten – selbst in ganz friedlichen und ruhigen Gegenden ihres Reiches. Stadtmauern und massive Stadttore wurden so zu Symbolen von Bürgerstatus und imperialem Stolz. Die Römer eigneten sich auch das Wissen der Schule von Rhodos über Kriegsgerät zur Verbesserung ihrer eigenen Belagerungsmaschinen und -techniken an, wobei sie ganz pragmatisch allzu phantasievolle Projekte reiner Theoretiker einfach ignorierten. Insbesondere achteten sie darauf, daß Gerät und Bedienungsmannschaften (Artillerie, Ingenieure, Transportwesen) gut organisiert waren.

Diese Truppen unterstanden dem *praefectus fabri*, dem Kommandeur der Pioniere, dieser wiederum direkt dem *imperator* (General) verantwortlich war und der seinerseits den Legionen seiner Armee Personal und Gerät zur Verfügung stellte, so daß jeder Legionskommandeur (*legatus*) sich jederzeit der Feuerkraft der diversen an die 60 *catapultae* verschiedener Größen und Arten bedienen konnte.

Wenn sie eine feindliche Befestigung belagerten, gruben die Römer zuerst eine *circumvallatio* um die ganze Anlage herum, damit die Belagerten keine Ausbruchsversuche unternehmen konnten. Sie bestand im Prinzip aus einem einfachen Graben mit Wall. Die aufwendigeren waren mit mehreren Verschanzungen und palisadenbesetzten Wällen sowie mit allerlei zusätzlichen Befestigungen und Pfählen versehen. Noch weiter draußen gab es auf ähnliche Weise die *contravallatio* zum Schutz der Belagerer gegen Angriffe von außen in ihren Rücken durch die Feldarmee ihres Feindes.

Hinter der *circumvallatio* wurde ein *agger* angelegt, eine

TROJA

Odysseus (rechts) mit der Rüstung des Achilles

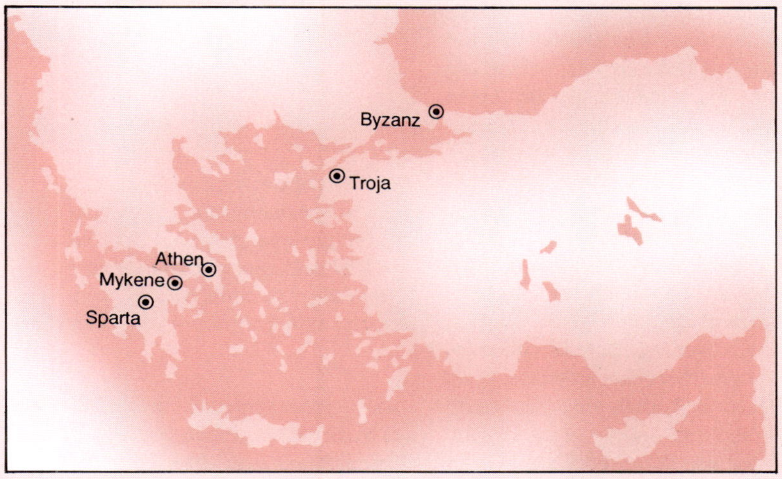

An der Stelle Trojas gab es mindestens neun Städte nacheinander/übereinander. Die früheste datiert wohl von 3000 v. Chr. und liegt ganz unten im Ruinenhügel Hisarlik in Kleinasien über den Dardanellen.

Die sechste Stadt hatte sehr steil ansteigende Steinmauern, die heute noch 6 m Höhe haben. Es gab auch mehrere Türme. Eines der Haupttore wurde durch eine Überlappung der Mauer gebildet, so daß ein Angreifer es zunächst nicht erkennen konnte.

Diese sechste Stadt – oder die siebte –, glaubt man seit Schliemann, war die der legendären Belagerung und Zerstörung von Troja (oder Ilium) im Trojanischen Krieg, wie sie Homer in der Ilias geschildert hat. Die Zerstörung wird um 1184 v. Chr. datiert; auf die bekannte Weise: daß sie den Griechen nur mit dem Trick des hölzernen Trojanischen Pferdes gelang.

Die Sage von Troja illustriert nicht nur die Einzelkampf-Methode, mit welcher im homerischen Griechenland Belagerungen vollzogen wurden, sondern sie zeigt auch, wie die Legenden aus einer bestimmten Zeit die spätere Realität beeinflußten.

Die Trojasage war im Mittelalter sehr verbreitet und populär und damit zweifellos mitgestaltendes Element für die Ideen der Ritterzeit, was Belagerungen, Heroismus und "ehrenvolle Kriegsführung" anging. Außerdem hatte sie zweifache Bedeutung für die allgemeine Kriegsgeschichte, und das bis heute. Ganz gleich – so die erste –, wie uneinnehmbar eine Festung auch sein oder scheinen mag, mit einem einfallsreichen Trick läßt sich jede nehmen; und ganz gleich – so die zweite –, wie schlimm ein Massaker auch sein mochte, irgend jemand überlebt es doch immer, um davon zu berichten und die Erinnerung daran lebendig zu halten.

BIBLISCHE TRUTZBURGEN

Wie noch heute, war der Nahe Osten auch schon in biblischen Zeiten voller Konflikte. Die Mauern von Jericho waren eine lebensnotwendige Verteidigungsanlage gegen feindliche Nachbarn

Ausgrabungen der Überreste der alten biblischen Stadt Jericho (auf dem Westufer des Jordantals) brachten nicht weniger als 19 Stadtanlagen übereinander zum Vorschein. Viele der Mauern zeigten Zerstörungserscheinungen durch Erdbeben oder Krieg. Die früheste Ansiedlung datiert aus der Neusteinzeit um 7000 v. Chr. Sie erstreckte sich über 4 Hektar und stammt aus der Epoche vor der Erfindung der Töpferei. Ihre 3 000 Bewohner stellten erst Gerätschaften aus Kalkstein her. Und dennoch umgaben sie ihre Stadt bereits mit einer freistehenden Steinmauer von 2 m Dicke, 7 m Höhe und einem Umfang von 800 m. Dazu bauten sie noch einen Zitadellen-Fluchtturm von 7,5 m Durchmesser. Der ganze Komplex war umgeben von einem Graben von 8,2 m Breite und 2,9 m Tiefe.

Diese Art Anlage wurde für alle Stadtbefestigungen im alten Palästina üblich, wenn es natürlich auch Variationen gab – der Bewaffnung und der Taktik, die sich entwickelten, wenn größere Bevölkerungen umfangreichere Lebensmittel- und Wasserreserven benötigten, oder wenn die Stadt auch als Königssitz und Ausgangspunkt militärischer Operationen gegen Nachbarländer diente.

Als König Salomon (er regierte von 974-937 v. Chr.) die bisher üblichen Maultiere als Zugtiere der Kriegswagen durch Pferde ersetzte, wählte er Megiddo an den Hängen des Berges Gilboa als seine nördlichste Basis für mobile Operationen. Die dortigen Ställe (die vermutlich in der etwas späteren Omri-Ahab-Periode von 885-853 v. Chr. wiederaufgebaut wurden) umfaßten fünf Gebäude mit zwei Reihen zu je elf Boxen in jeder. Die Dächer wurden durch Steinsäulen gestützt, die gleichzeitig auch als Anbindepfosten dienten. Vor der Anlage befand sich ein offener Platz mit einer großen Zisterne als Pferdetränke.

Die Mauern dieser Städte bestanden aus

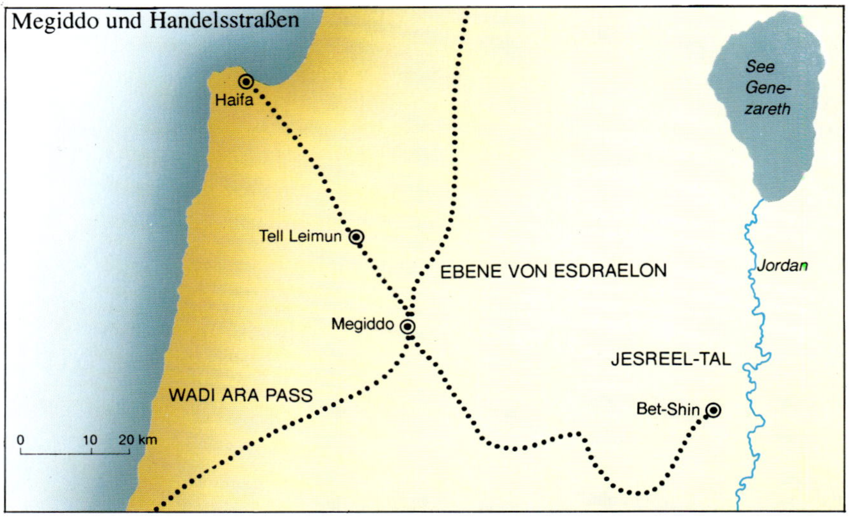

*Die Karte **oben** zeigt, wie günstig das hochgelegene Megiddo lag, um die ganzen umliegenden Täler der Ebene von Esdraelon mit seinen mobilen Streitkräften zu beherrschen*
***Rechts:** Übersichtskarte von Palästina*

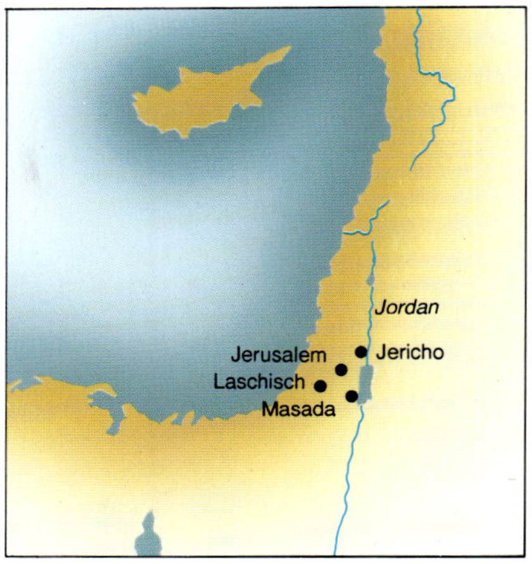

sonnengetrockneten Ziegeln oder direkt aus Stein, der zugeschlagen und ineinandergepaßt mit oder ohne Tonmörtel verbunden wurde. Die Außenseite wurde oft mit Kalk verputzt, was sie sowohl wasserdichter machte als auch ihr Aufbrechen erschwerte. Außerdem sah es ordentlicher und eindrucksvoller aus. Der gesamte Komplex war immer von einem Glacis umgeben, einer Wallaufschüttung, die verteidigungsstrategisch mit der Zeit immer wichtiger wurde.

Das Einebnen natürlicher Erhebungen oder das Aufschütten von Erde vor der Basis der eigentlichen Mauer ergab ein offenes Schlachtfeld ("killing-ground"), zu steil, um das sichere Ansetzen von Sturmleitern zu erlauben. Ein weiteres Hindernis stellte der 20 m senkrecht abfallende Schutzwall zyklopischer Mauerarbeit dar, die das Glacis verfestigte.

In Laschisch bei Gazah in Juda wurde der Glacis-Schildwall etwa um 926 v. Chr. noch besonders erhöht und bildete nun eine zweite freistehende richtiggehende Mauer, komplett mit Zinnen und Schießtürmen sowie seinem eigenen vorgelagerten Glacis mit Stützmauer. Im Jahre 704 wurden diese Mauern auch noch mit einem hölzernen Wehrgang oben versehen, von dem aus die Bogenschützen senkrecht nach unten auf die Angreifer schießen konnten.

Masada: Der Runde Pavillon der Mittelterrasse des Hängenden Palastes von Herodes. Die untere Terrasse mit ihren Doppelsäulen gestattete einen Panoramaausblick über das Tote Meer (im Foto in Richtung nach oben)

Mit dieser konzentrischen Anordnung der Mauern wurden die Torhäuser als Verteidigungsstellungen immer noch komplexer, da sie nunmehr auch die einzigen Durchgänge waren, durch die die Verteidiger selbst an den äußeren Toren verstärkt werden oder aber sich von dort zurückziehen konnten, wenn es unumgänglich war. Die einzige Zugangsmöglichkeit zu ihnen führte über eine Auffahrtsrampe, die parallel zu den beiden Mauerringen (aber unterhalb deren oberer Höhe) angelegt war und damit die Angreifer mit ihrer rechten ungeschützten Seite den Pfeilen der Verteidiger auf den Mauern aussetzte. Hatten sich die Belagerer aber dennoch erst einmal durch das äußere Tor auf die innere Rampe vorgekämpft und stürmten auf dieser voran, so fanden sie sich nunmehr drei weiteren Toren gegenüber, jedes aus massiven Holzbohlen und Beschlägen aus Bronze oder Eisen. Zwei davon führten auf das Glacis zu beiden Seiten des Torhauses und zwischen den beiden Mauern, das mittlere war der eigentliche Eingang zur Stadt und damit das gegebene Angriffsziel. Doch für die Angreifer war das oft nicht leicht auszumachen. Es war nicht so einfach, klar und kühl zu denken und zu überlegen, wenn man sich einem Regen von heißem Pech von oben gegenübersah, und das in dem zwischen den Toren herrschenden Halbdunkel.
Gleichwohl, auch die stärkste Befestigungsanlage nützt wenig, wenn die Insassen verdursten. Um die Wasserversorgung Jerusalems sicherzustellen, hatte deshalb beispielsweise König Hiskia von Juda (er regierte von 719-691 v. Chr.) den Aushub eines unterirdischen Aquädukts von außerhalb der Stadt veranlaßt. Als die Assyrer kamen, forderten sie die Bürger auf, Hiskia zu stürzen und herauszukommen. Nichts geschah, und die Assyrer begannen eine Belagerung, die sich jedoch entgegen allen ihren Erwartungen so lange erfolglos hinzog, bis sie, von Krankheiten geplagt, wieder abziehen mußten.

Masada

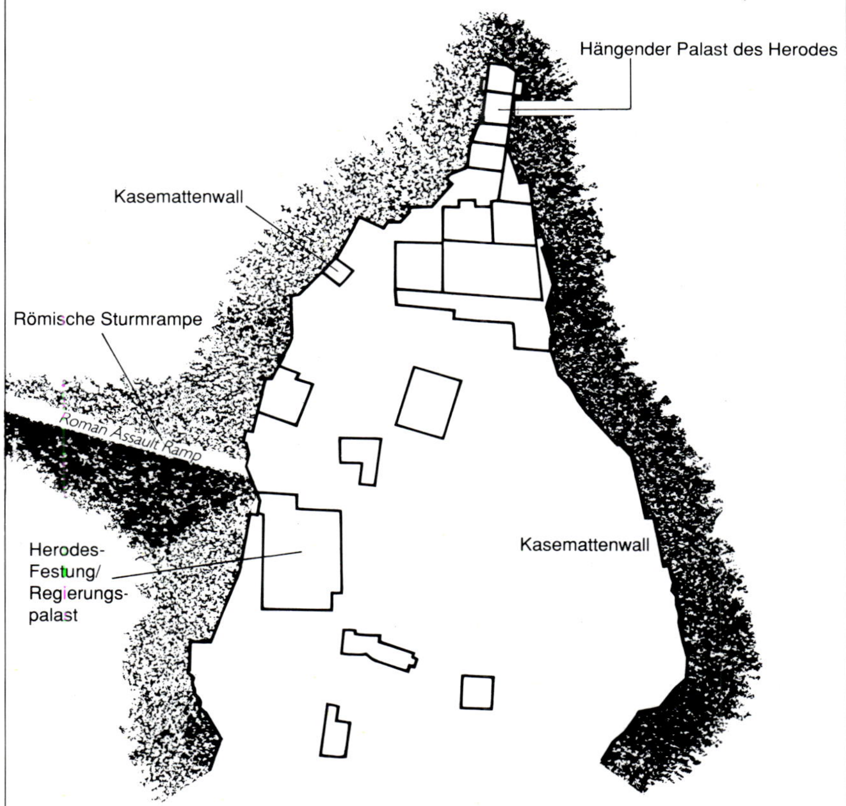

Der erste militärische Stützpunkt in Masada war ein von Alexander Jannaeus (103-76 v. Chr.) erbautes Fort. Herodes der Große wählte 30 v. Chr. die gleiche Stelle für ein luxuriöses Refugium. Der Zugang bestand in einer Straße (über der später eine römische Auffahrtrampe errichtet wurde) ostwärts. Einen Privatpalast – den "Hängenden Palast des Herodes" – ließ er ganz an der Nordspitze des Plateaus errichten. Dazwischen lagen Lagerhäuser und Unterkünfte.
Der gesamte Komplex war von einem Kasemattenwall umgeben. Der heutige Zugang erfolgt über den Serpentinenpfad (oder die Seilbahn) von Westen her

Rampe aus Erdaufschüttungen und Gerüsten, verstärkt mit Baumstämmen und Steinabdeckungen. Ihr Zweck war, darauf die feindlichen Befestigungen und Mauern zu erreichen. Auf ihr wurde ein Belagerungsturm transportiert, der bis zu zehn Stockwerke hoch sein konnte. Unten in ihm befand sich der "Widder"-Rammbock, von dem es zwei Arten gab: den Stoßhammer gegen Hindernisse und die überdimensionale Brechstange. Die Stockwerkplattformen darüber waren mit Haken und eisenspitzenbesetzten Stoßbalken zum Ab- und Aufreißen von Mauerwerk und Palisaden versehen.
Zusätzlich zu den (häufigeren) Sturmleitern konnten auch Klauen und Enterhaken zum Schleudern und Einhängen von Sturmseilen benützt werden. Die größten Belagerungstürme hatten auch Zugbrücken, die auf die feindlichen Mauern herabgelassen wurden, sobald sie erreicht waren.

Auf der obersten Plattform befanden sich die Katapulte. Die *scorpiones* als Waffen gegen Menschen waren große Armbrüste, die bis zu 3,5 kg schwere Metallbolzen horizontal oder in leichtem Winkel schleuderten. Die großkalibrigeren *ballistae* schleuderten Steine und Holzklötze und dienten vor allem der Materialzerstörung, hatten aber natürlich beim Zerschellen ihrer Geschosse nach dem Einschlag auch einen Waffeneffekt gegen Menschen. Die Schleuderkraft wurde durch einen mit Sehnen oder Haar verwundenen Holzarm erzeugt. Frauenhaar erwies sich dafür übrigens – als besonders lang und reißfest – am geeignetsten. Der Holzarm wurde zurückgedreht, in der Schlinge vorne lag ein 25 kg schwerer Stein. Wurde der Holzarm losgelassen, flog er nach vorne und schlug auf ein massives Querholz wie ein Torpfosten. Das löste das eine Ende der Wurfschlinge und das Wurfgeschoß wurde über Distanzen bis zu 200 und sogar 400 m weit geschleudert. Der Hauptnachteil sowohl der *ballista* wie des *scorpio* war, daß die Spannkraft der Haare bei Regen nachließ.

Alle diese Waffen konnten separat eingesetzt werden, während der eigene Schutz durch die *testudines* (Schildkröten) gesichert wurde. Die einfachste *testudo* bestand darin, daß die Legionäre gemeinsam ihre Schilde über ihre Köpfe und vor oder neben ihre Körper hielten. Massivere baute man jedoch extra, wenn sich lange Belagerungen ergaben. Der *musculus* war ein solides Dach, das an die belagerte Mauer gesetzt wurde und unter dem die Pioniere sich unter dem Mauerwerk durchzugraben versuchten.

Dies alles war schon Jahrhunderte vor den Römern bekannt und in Gebrauch – und wurde noch bis ins Zeitalter des Schießpulvers und der Kanonen weiterverwendet.

Es gab auch ein Waffensystem, das spätere Generationen als Griechisches Feuer bezeichneten. Zum erstenmal scheint es um 415 v. Chr. Aufsehen erregt zu haben, als es die Griechen von Syrakus in der Verteidigung ihrer sizilianischen Kolonie gegen die Athener einsetzten. Es gibt zwei Theorien darüber, was es eigentlich gewesen sei. Die erste vermutet, es habe sich um eine brennbare Mischung aus Pech, Schwefel, Werg, Weihrauchharz und Sägemehl in Töpfen gehandelt, in Brand gesetzt und aus *ballistae*-Schlingen auf ihr Ziel abgeschossen. Auch Bogenschützen konnten die Masse auf die Spitzen ihrer Pfeile streichen und vor dem Abschuß anzünden. Die zweite Theorie dreht sich um die Annahme einer frühen raketenartigen Technik mit Kerosin als Hauptbestandteil sowie anderen Chemikalien aus fossilem Öl, wie es im Nahen Osten auf natürliche Weise aus der Erde trat und zu finden war.

Ob nun das Produktionsgeheimnis dieses Griechischen Feuers später verlorenging oder ob es eine so schreckliche Waffe war, daß sie allgemein stillschweigend geächtet wurde, bleibt unklar. Sicher ist lediglich, daß belegbar um 670 n. Chr. zum erstenmal die Rede davon ist. Dabei ist irrelevant, ob nun Kallinikos (ein in Heliopolis in Syrien lebender Grieche) davon aus lange verschollenen und von ihm aufgefundenen Manuskripten erfuhr oder ob er selbst eine neue Schießmethode erfand. Jedenfalls baute er einen Blasebalg oder Druckluftbehälter, der seine tödliche Ladung wie ein moderner Flammenwerfer abschoß. Er war Bürger des Byzantinischen Reiches und stellte seine Erfindung dessen Armee zur Verfügung. Eine verbesserte Version davon wurde für maritime Operatio-

SPARTA

Im Gegensatz zu dem, was man annehmen möchte, hatte Sparta, bekanntlich der militaristischste Stadtstaat des alten Griechenland, keinerlei Befestigungen. Der Überlieferung nach verbat Lykurg, der legendäre Schöpfer der Verfassung des klassischen Sparta von 776 v. Chr., den Bau von Verteidigungsmauern, um damit alle Spartaner zu zwingen, zu ihrem Schutz allein auf ihre eigenen Kräfte zu vertrauen. Spartas Beitrag zur militärischen Architektur war denn auch nur die Erfindung der Kaserne, eines Barackenblocks, in dem alle männlichen Spartaner zwischen sieben und 30 Jahren unter militärischer Disziplin lebten.

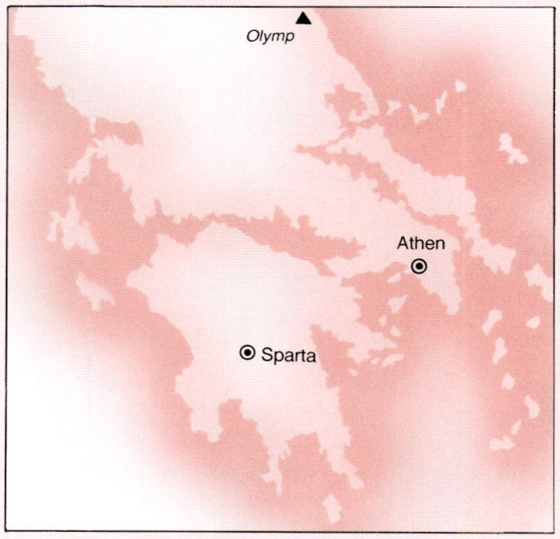

***Oben:** Die Landkarte zeigt die Lage Spartas*
***Links:** Dieses Foto eines rekonstruierten* scorpio *wurde bei einer Vorführung der Ermine Street Guard in Fishbourne bei Chichester (Noviomagus) in Südengland am dortigen alten Römischen Palast aufgenommen*

nen in den feuerfesten Bug von Schiffen eingebaut. Eine kleinere Ausführung für offensive wie defensive Zwecke gab es auch als Handwaffe zur Benützung in Belagerungskriegen. Aber allein die Herstellung des Griechischen Feuers war nicht problemlos. Es schien den byzantinischen Streitkräften ferner auch gar nicht immer zur Verfügung zu stehen. Es war gefährlicher (zumindest aber unberechenbarer) als Schießpulver. Angeblich brannte es selbst nach Übergießen mit Wasser noch weiter. Unbestritten ist, daß sein Geheimnis zusammen mit dem Fall von Konstantinopel im 15. Jh. verlorenging.

DIE BELAGERUNG JERUSALEMS

Alle bisher geschilderten Geräte – mit Ausnahme des Griechischen Feuers – setzten die Römer auch bei ihrer Belagerung Jerusalems im Jahre 70 ein. Ihre Hoffnungen hatten getrogen. Keineswegs erwies sich das dortige Land als ein verhältnismäßig problemloser Teil ihres Reiches. Dabei hatten sie doch immerhin die Makkabäer in ihrem erfolgreichen Aufstand gegen die religiöse und politische Hegemonie des hellenistischen Syrien unterstützt. Außerdem regierte in Palästina seit dem Jahre 40 der römische Protegé Herodes d. Gr. Er hatte im Jahr 37 Jerusalem besetzt, die Mauern dort erhöht und verstärkt und zwei Festungen erbaut.

Die eine davon erhob sich auf einem 25 m hohen Felsen über der Nordwestecke des glanzvoll wiedererbauten Tempels und hieß zu Ehren von Herodes' Freund und Beschützer Mark Anton Antonia. Sie war im Grundriß ein strenges Geviert mit vier den Tempel überragenden Türmen an jeder Ecke. Sie diente den römischen Besatzungstruppen als Unterkunft. Diese konnten von den Türmen aus bequem alle denkbaren Unruheherde der Stadt überblicken.

Die andere Zitadelle war gleichzeitig der Palast des Herodes, weshalb sie sowohl opulent ausgestattet wie militärisch befestigt war. Sie besaß drei mächtige quadratische Türme, die Mariamne (nach Herodes' Frau), Hippicus (nach seinem Freund) und Phasael (nach seinem Bruder) hießen. Jeder einzelne war ein massives Steinbauwerk, bis zu 20 m hoch und 3 m im Durchmesser sowie bis ganz hinauf auch zum Wohnen eingerichtet. Phasael war der größte. Er soll dem Leuchtturm von Pharos bei Alexandria geglichen haben.

Zu dieser Zeit hatte Jerusalem zwei Mauern. Die Erste oder Breite Mauer umgab die Oberstadt (zu welcher die ursprüngliche Stadt Davids gehörte). Sie lief über die steile Höhe im Süden und dann nach Norden, um ostwestlich am Tempel und der Antonia vorbei bis zum Herodespalast zu führen. Von der Antonia aus verlief die Zweite Mauer in weitem gekurvtem Bogen nach Norden und umschloß die Unterstadt, ehe sie ebenfalls am Herodespalast endete.

Um das Jahr 41 hatte sich "Hierosolyma" (wie die urbane Agglomeration nun genannt wurde) weiter nach Norden ausgedehnt. Herodes Agrippa I. beschloß deshalb den Bau der Dritten Mauer zum Schutz der Neuen Stadt. Dies freilich erschien dem römischen Herrn, Kaiser Claudius, als ein feindseliger Akt; er ließ den Bau stoppen.

Der im Jahre 44 nachfolgende Herodes Agrippa II. war in starkem Maße eine Kreatur der Römer, was sich auch erwies, als seine jüdischen Untertanen, aufgestachelt von den Zeloten, wegen ihrer nationalen und religiösen Unterdrückung zunehmend aufsässig wurden. Im Jahre 66 stürmten und massakrierten sie die römische Garnison Jerusalems. Die Rebellion breitete sich über ganz Judäa aus. Die römischen Legionen erlitten schwere Niederlagen. Inzwischen waren die Arbeiten an der Dritten Mauer Jerusalems/Hierosolymas wiederaufgenommen worden. Nach ihrer Fertigstellung war sie 4,5 m dick und 10 m hoch. Die quadratischen befestigten Regensammlertürme erhoben sich weitere 10 m über sie. Der größte Turm war achteckig, 33,5 m hoch und wurde Psephinus genannt. Im Frühjahr des Jahres 70 wurden 340 Katapulte auf allen Mauern stationiert. 30 000 Juden unter Führung von Johannes und Simon, verstärkt durch die Pessach-Pilger, standen zum Kampf gegen die drei Legionen der Römer unter Titus (insgesamt 60 000 Soldaten) bereit.

Zunächst war es ein reines Artillerieduell. Jede Seite versuchte, die schweren Katapulte der anderen außer Gefecht zu setzen. Dies fand seinen Höhepunkt in einem jüdischen Kommandounternehmen, mit dem die römischen *ballistae* und die Stellungen der Rammböcke zerstört sowie die Ingenieure und Pioniere getötet wurden.

Rechts: *Die alte Mauer mit ihren sieben Toren, die die Altstadt von Al-Kuds umgab (das bedeutet "Die Heilige" und so nannten die ottomanischen Türken Jerusalem), wurde nach 1520 von Suleiman dem Prächtigen wiederaufgebaut. Die Mauer hatte nun viel von ihrer früheren rein kriegerischen Zweckbestimmung verloren und war jetzt eher für die städtische Verwaltung und die Regulierung des Handels von Nutzen. Dennoch sind auch einige alte militärische Elemente in dieser Ansicht des Damaskustors erkennbar. Die paarweisen Spitzzinnen mit ihren Bogenschießscharten dazwischen waren in der moslemischen Welt von damals große Mode. Andere Pfeilschlitze haben zusätzliche Rundlöcher zum Hinauswerfen früher Handgranaten. Pechnasen älteren Stils finden sich an verzierten Kragstücken. Wenn sie auch durch die Artillerie des 20. Jh. sehr verwundbar ist, war diese Mauer gleichwohl auch in jüngster Zeit noch ein guter Schutz gegen Handfeuerwaffen, wie sich in den Kämpfen nach der Gründung des Staates Israel 1948 erwies*

Daraufhin bauten die Römer drei metallverkleidete hölzerne Belagerungstürme von je 10 m Höhe und setzten leichte Katapulte oben auf sie. Als sie in Stellung gebracht wurden, stürzte einer unter seinem eigenen Gewicht zusammen (nicht aus Sabotage, wie die Römer anfangs vermuteten). Nachdem es wegen des steilen Geländes und der Abhänge nicht möglich war, von Süden her an die Mauern zu gelangen, konzentrierten sie sich auf die Nordseite der Dritten Mauer. Die beiden anderen Belagerungstürme wurden nun als außer Reichweite liegende Abschußbasen für die größte *ballista* (namens "Eroberer") verwendet, die schließlich tatsächlich die Dritte Mauer knackte, woraufhin die Juden sich hinter die Zweite Mauer zurückzogen. Zu diesem Zeitpunkt dauerte die Belagerung seit 15 Tagen an.

Die römische Artillerie und ihre Rammböcke zerstörten nun den mittleren Turm in der Zweiten Mauer. Eine Verzögerung gab es durch einen heftigen Wortwechsel auf der Mauer zwischen den dortigen Befürwortern und Gegnern der Kapitulation. Titus ordnete mit der Hoffnung auf Verhandlungen eine Waffenruhe an, doch bei der Annäherung der verhandlungsbereiten Römer wurden diese mit Wurfgeschossen empfangen und daraufhin setzten die Legionäre ihre Sturmangriffe fort. Der Turm begann einzustürzen. Die Juden setzten die Überreste in Brand und flüchteten unter Rückzugsgefechten, die gelegentlich noch zu Gegenangriffen wurden. Am Ende aber wurden sie hinter die Erste Mauer der Oberstadt zurückgetrieben. Dies war am 20. Tag der Belagerung.

Weitere vier römische Belagerungstürme (was für reichliche Bauholzvorräte in Palästina zu jener Zeit spricht!) fuhren nunmehr gegen die Mauern auf. Die Juden reagierten mit dem Aushub eines Tunnels unter den Befestigungsanlagen im Osten. Als sie glaubten, genau unter einem der Türme zu sein, steckten sie die Tunnelstützen in Brand. Dieser brach ein und ließ den Turm darüber umfallen. Sofort machten die Juden am

BABYLON

Babylon, schon um 4000 v. Chr. ein entwickeltes Stadtwesen, Hauptstadt mancher Reiche, in der Überschwemmungsebene zwischen Euphrat und Tigris, also im Zweistromland Mesopotamien gelegen, erreichte seinen größten Ruhm unter dem Chaldäer Nebukadnezar II., der von 604-562 v. Chr. regierte. Die Mauer um die ganze Stadt herum war 18 km lang und hatte alle 20 m eine Turmschanze. Die Innenseite mit ihrer Mächtigkeit von 6 m bestand aus ungebrannten Ziegeln. Dann kamen 9,2 m Geröll und Kies, die von einer Vordermauer von 7,6 m Dicke aus gebrannten Ziegeln zusammengehalten wurden. Das Ganze umgab ein aus dem Euphrat gespeister Wassergraben, der direkt durch die Stadtmitte floß. Nebukadnezar hatte allerdings die Lehre aus dem Schicksal der assyrischen Hauptstadt Ninive gezogen, deren Fundamente von Überschwemmungsfluten weggespült worden waren. Die Stadtseite des Wassergrabens von Babylon war deshalb von 3 m hoch gemauerten Ziegeln geschützt. Der strategisch größte Schwachpunkt der ansonsten gewaltigen Mauer waren ihre vielen Tore, acht an der Zahl, alle von großer Pracht.

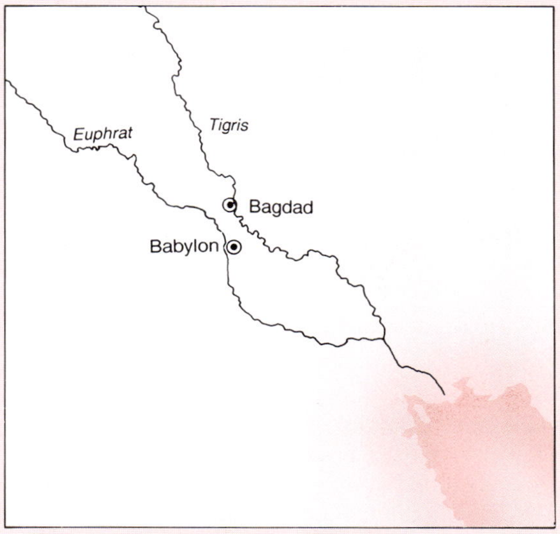

Oben: *Die Landkarte zeigt die Lage Babylons*
Links: *Die anschauliche Illustration ist mehr dramatisch als historisch akkurat. Der römische Rammbock-Widder ist ein wenig zu kunstvoll gefertigt. Die Pechnasen sind ohne Gießlöcher, und Widerlager an der Außenseite wie hier wären nur allzu verwundbar: was würde ein Feind wohl tatsächlich damit machen?*

Belagerung und Gegenbelagerung im Altertum und Mittelalter. Die Belagerer haben eine Rampe aus Balken, Erde und geschnittenem Baumholz errichtet, auf ihr einen Belagerungsturm. Er vermag aber die Mauer selbst nicht zu erreichen, also muß zuerst der Graben aufgefüllt werden, ehe man so nahe herankommt, um eine Zugbrücke vom Turm oben auf die Mauerzinnen herablassen und dann angreifen zu können. Mittlerweile ist auch schon die Armee aufmarschiert, um in jede Bresche zu stürmen, aber auch, um Ausfälle der Belagerten zu verhindern. Diese verteidigen sich mit Langbogen und einer ballista. *Außerdem haben sie einen Tunnel bis unter die Rampe und den Belagerungsturm gegraben. Wenn sie das Balkenwerk, das ihren Tunnel stützt, in Brand setzen, bricht dieser ein und die ganze Belagerungskonstruktion mit ihm. Es kommt also für die Belagerer darauf an, daß sie schnell genug merken, was gespielt wird, und durch einen eigenen Gegentunnel ihre Soldaten schicken, die dann den grabenden Belagerten das Handwerk legen*

Westabschnitt einen Ausfall, stürzten sich auf die übrigen römischen Türme und brannten sie ebenfalls nieder.
Ehe er einen neuen Ansturm unternahm, ließ Titus von seinen Soldaten eine *circumvallatio* um die ganze Stadt herum ausheben, einschließlich dem südlichen Zugangsweg, wo es auch geheime Pfade über die Klippen gab, über die bisher ein Teilnachschub in die Stadt möglich gewesen war. Die folgende Hungersnot unter den Juden, die auch Krankheiten nach sich zog – sie lebten nur mehr von ihren immer schmaler werdenden Vorräten und von Heilkräutern an den Felsenhängen – vergrößerte auch die Auseinandersetzungen unter ihren rivalisierenden Gruppen. Und inzwischen wurde jeder, der auf eigene Faust auszubrechen und zu fliehen – oder gar zu den Römern überzulaufen – versuchte, von diesen gekreuzigt, sobald ihn die Legionäre nur gefaßt hatten.
Titus war zu dem Ergebnis gelangt, der Festungs-Palast des Herodes sei doch wohl eine zu harte Nuß zu knacken, und befahl deshalb den Bau neuer Belagerungstürme, die er versammelt vor den Nordhöfen des Tempels und der Festung Antonia auffahren ließ, während seine Tunnelbauer bereits an der Unterminierung der Mauer gruben. Die Juden ihrerseits bauten nun selbst eine Mauer, die innerhalb der Antonia als neue Stellung dienen sollte. Doch dann brach den Römern ihr Tunnel ein, als sie unabsichtlich und zufällig auf einen früher von den Juden gegrabenen, aber nicht fertiggestellten, sondern aufgegebenen Tunnel stießen. Der folgende Erdeinbruch ließ einen der Mauertürme der Antonia zusammenstürzen, doch dahinter sahen sich die Legionäre lediglich der neuen inneren Mauer gegenüber. Sie warfen in Eile aus dem Schutt des Turms und sonstigem Geröll eine Rampe auf und stürmten die neue Mauer. Sie wurden zurückgeworfen, versammelten sich neu und griffen wieder an, um diesmal die Festung Antonia tatsächlich zu erobern. Ohne zu pausieren, stürmten sie weiter zum Tempel, fanden sich allerdings nach zwölfstündigem Kampf nach wie vor innerhalb der Antonia.
Titus appellierte mehrmals an die Juden, sich doch zu ergeben

oder wenigstens ein anderes Schlachtfeld zu wählen, um ihren Heiligen Tempel zu retten. Doch die Juden hielten dies lediglich für ein Anzeichen dafür, daß die Römer sich den Angriff auf ein solches Bollwerk nicht zutrauten. Sie lehnten also ab, versammelten ihre verbliebenen Katapulte auf den Tempelmauern, und steckten alle Bauten außerhalb des eigentlichen Tempels in Brand, damit die Angreifer keine Deckung mehr hatten. Sechs Tage und Nächte lang stürmten die Römer an und versuchten zugleich, durch Tunnels unter der Tempelmauer hineinzugelangen, richteten jedoch sowohl gegen das harte Gestein wie gegen die inneren Anlagen wenig aus. Genauso wenig Erfolg hatten gelegentliche Sturmversuche mit Leitern.
Sofern Legionäre oben anlangten, wurden sie sogleich entweder erschlagen oder in den felsigen Abgrund geworfen. Die Juden nützten jede Vorteilssituation sofort aus und stürmten immer wieder heraus, um Sturmgeräte zu zerstören und dann eiligst zurückzukehren und die Tore wieder zu verrammeln.

CADBURY CASTLE

Cadbury Castle liegt an die 10 km nordöstlich von Yeovil in Somerset/England. Ursprünglich eine Siedlung aus der jüngeren Stein- und Bronzezeit, wurde es während der Eisenzeit um 500 v. Chr. befestigt. Das erste Teilstück davon war ein Bestandteil der Holzmauer der Festungsanlage. Diese Holzmauer wurde nach und nach durch eine aus Stein ersetzt. Zwischen 250 und 58 v. Chr. wurden ein weiterer Graben und eine Schanzanlage durch komplizierte Ein- und Durchgänge miteinander verbunden. Innerhalb des Festungsbereichs befanden sich Wohnunterkünfte, Getreidespeicher, Werkstätten und Viehställe. Die Bergfestung war der politische, kommerzielle und wahrscheinlich auch religiöse Mittelpunkt des ganzen bäuerlichen Umlandes, dessen Bevölkerung bei Gefahr hinter ihren Mauern Schutz suchte.
Cadbury Castle leistete indessen der römischen Invasion der Jahre 43 und 44 keinen Widerstand. Erst an die 30 Jahre später schien es das Zentrum einer Freiheitsbewegung geworden zu sein (falls es sich dabei nicht doch einfach nur um eine Räuberbande handelte!). So oder so, die Römer reagierten mit einer harten Strafexpedition. Sie wüteten nach der totalen Zerstörung furchtbar unter der Bevölkerung. Cadbury blieb daraufhin fast 500 Jahre lang verlassen, bis seine hervorragende Defensivlage die Aufmerksamkeit eines Kriegers des "Finsteren Mittelalters" erregte, der gut und gern König Arthur selbst gewesen sein könnte.

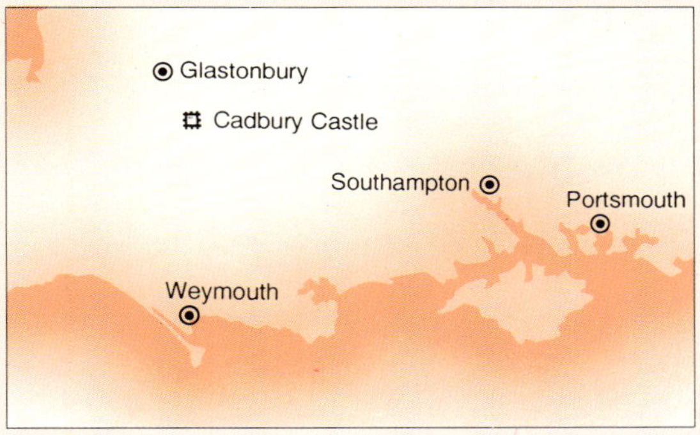

Die alten Schanzen von Cadbury Castle (s. Karte oben)

Von der Position der Angreifer aus hat die Mauer von Jerusalem selbst "Augen", die jede ihrer Bewegungen verfolgen

Eben diese Tore steckten nun die Römer als nächstes in Brand, obwohl diese mit Silberplatten beschlagen waren. Aber das Metall schmolz, das Holz verkohlte, brannte schließlich, verglühte und zerfiel. Während die Flammen noch auf die benachbarten Holzkonstruktionen und schließlich sogar auf die äußeren Tempelgebäude übergriffen, stürmten die Römer und jagten die noch ausharrenden Juden so lange, bis Titus anordnete, die Legionäre sollten erst die Brände löschen, damit diese nicht die geheiligtsten Tempelbereiche erreichten. Er fand es von großer Bedeutsamkeit, daß der Tempel erhalten bliebe, selbst wenn das bedeutete, daß seine Soldaten beim Erstürmen auch der fernsten, dunkelsten Ecken des labyrinthartig verwinkelten Tempels auf der Suche nach noch dem letzten Zeloten weitere Verluste erlitten. Diese Entscheidung war natürlich nicht eben nach dem Sinn der Legionäre. Einer, der es gründlich satt hatte, daß der Kampf nun schon so lange dauerte, ließ sich von einem Kameraden auf den Schultern tragen und warf so eine brennende Fackel durch eine sonst nicht zugängliche Öffnung in einen der Innenräume. Im Handumdrehen stand der ganze Tempel samt seinen letzten Verteidigern lichterloh in Flammen.

Die römischen Katapulte hatten sich mittlerweile auf die Erste Mauer eingeschossen, bis sie schließlich tatsächlich eine Bresche in sie geschlagen hatten und die Legionäre nunmehr suchend, brandschatzend und zerstörend in die Stadt einfallen konnten. Den Schätzungen nach kamen in Hierosolyma zwischen März/April und dem 8. September des Jahres 70 an die 11 000 Menschen ums Leben. Weitere 97 000 wurden in die Sklaverei verkauft; diese Zahl muß man allerdings wohl für ganz Judäa rechnen, nicht nur für die Stadt.

Und trotz allem war dies nicht das Ende Jerusalems, ja es bedeutete nicht einmal die völlige Ausrottung aller Juden in der Stadt. Allerdings erließ Titus den Befehl, daß die gesamte Stadtbefestigung geschleift wurde, mit Ausnahme nur der Türme Hippicus, Phasael und Mariamne. Einige wenige Juden überlebten in den Ruinen. Mit der Zeit kamen andere zu ihnen zurück, bis so viele sich wieder angesiedelt und ihre Häuser wiederaufgebaut hatten, daß Hierosolyma wieder zu leben begann – und erneut zum Zentrum jüdischer Meinungsverschiedenheiten wurde. Die Folge war eine weitere Rebellion, die sich über die Jahre 132-135 hinzog, obschon Hierosolyma im Jahr 133 von den Legionen des Julius Severus erstürmt worden war.

Diesmal wurde es allen Juden ausdrücklich verboten, weiter in ihrer Heiligen Stadt zu leben, die anschließend völlig zerstört und danach etwas weiter nördlich neu erbaut wurde, ungefähr dort, wo früher die Unterstadt und die Neue Stadt gewesen waren. Die Stadtmauer dieser neuen Stadt folgte ungefähr dem Verlauf der einstigen Dritten Mauer, und die teilweise abgetragenen drei großen Türme des einstigen Herodespalastes

DIE SACHSENKÜSTENFORTS

Im 3. Jh. erwies sich den Römern der Hauptstützpunkt ihrer *Classis Britannica* in Dubris (Dover) als ungenügend für die Ausübung der Seeherrschaft mit ihren Kurzstreckengaleeren in den dortigen Gewässern. Daher erbauten sie eigens mehrere von Steinmauern umgebene Forts, zu beiden Seiten des Ärmelkanals und der südlichen Nordsee. Runde Schießbastionen waren für Katapultartillerie ausgestattet.

Jedes Fort mußte groß genug sein, um die Matrosen (und Ruderer), die Seeleute (für die amphibischen Operationen gegen Piratenverstecke), die Kavallerie (die sich aller Angreifer annehmen mußte, die es bis an Land schafften), die Kanoniere (für die örtliche Verteidigung) und alle sonstigen Techniker und Verwaltungsbeamten samt ihren Werkstätten, Lagern und Büros aufzunehmen. Sämtliche Forts unterstanden dem *Comes Litoris Saxonici per Britannicas*, dem Kommissar für die britannischen Sachsenküsten, wobei sich dieser Titel darauf beziehen könnte, daß dieses Küstengebiet wohl oft von den Sachsen heimgesucht wurde, oder daß sich dort sehr viele germanische Sachsen als Söldner befanden. Jedenfalls war dies eine frühe Form der flotten- und armeeverbindenden Strategie, wie sie England später mehrmals praktizierte.

Burgh Castle, eines der römischen Sachsenküstenforts

DIE RÖMISCHEN LIMITES

An den Grenzen des Römischen Reiches wurden ausgeklügelte Grenzwallsysteme errichtet, um die Barbaren in Schach zu halten

In den Jahren 83-85 erhielten die Legionen des Domitian, die in Deutschland einfielen, den Befehl, vorerst (weil weiter östlich Krise herrschte) dort Halt zu machen, wo sie sich gerade befanden und eine ausreichende Anzahl Wachttürme zu errichten, welche mit Pfaden auch quer durch die Wälder zu verbinden seien. Das geschah nun auf einer Linie etwa nördlich der Saalburg im Taunus bis nach Butzbach bei Gießen und danach in Richtung Süden halb durch das Maintal – zunächst auf nicht mehr als 50 km. Erst später wurde sie verlängert.

Auf dem flachen Land von Scythia Parva (= der heutigen Dobrudscha, rumän. Dobrogera) hingegen war Domitians Ziel lediglich, die Barbaren fernzuhalten, nicht aber in ihre Gebiete einzudringen. Der Befehl hier lautete also, einen 50 km langen Erdwall von der Donau bis zum Schwarzen Meer aufzuschütten. An einigen Stellen ist dieser Dobrogera- oder Dobrudscha-Limes bis heute erhalten. Während seiner eigentlichen Existenzzeit bekam er mehrmals eine neue Linienführung. Es gibt Linien nördlich und südlich des heutigen Constanza. (Letztere wird oft auch Trajanswall genannt – nach dem Kaiser, der 101-106 das benachbarte Dakien oder Dazien eroberte.)

In Germanien waren zu Domitians Zeit vermutlich zunächst nur einige der Wachttürme durch leichte Zäune verbunden. Er ordnete erst, als er seine Ambitionen dort aufgegeben hatte, die Grenzzaunziehung auf der gesamten Strecke an. Diese war inzwischen im Norden bis zur Lahn, im Süden bis zum Main auf nunmehr insgesamt 120 km verlängert worden. Die Legionen hatten Befehl, hinter ihr in der reinen Defensive zu bleiben und allenfalls Spähtrupps auszusenden.

Hadrian (Kaiser seit 117) inspizierte den *Limes Germanicus* höchstpersönlich und befahl seine Begradigung und Renovierung. Außerdem ordnete er die Errichtung eines zusätzlichen Ostteils von Miltenberg nach Süden über den Neckar und dann ostwärts zur Donau nach Castra Regina (Regensburg) an. Damit war eine Gesamtlänge von 280 km erreicht. Diesen ganzen Limes entlang entstanden an die 55 Stützpunktforts, dazu weitere 30 Reserveforts. Für die Versorgung und die Ablösungen war der Bau eines Straßennetzes zu den Garnisonsstädten dahinter nötig.

Dasselbe System linear gestaffelter Verteidigung stellte Hadrian sich auch für die Nordgrenze Britanniens vor, wo schon eine Anzahl Versuche, Kaledonien (Schottland) zu erobern, unternommen worden waren. Als Ergebnis seiner höchstpersönlichen Besichtigungstour im Jahre 122 auch dorthin verfügte er den Bau eines Walls. Für den ersten Teilabschnitt wurden dafür nur ausgestochene Erdziegel verwendet, der endgültige Hadrianswall war aber aus Stein und verlief von Wallsend bis Bowness über eine Distanz von 80 römischen Meilen (117,6 km).

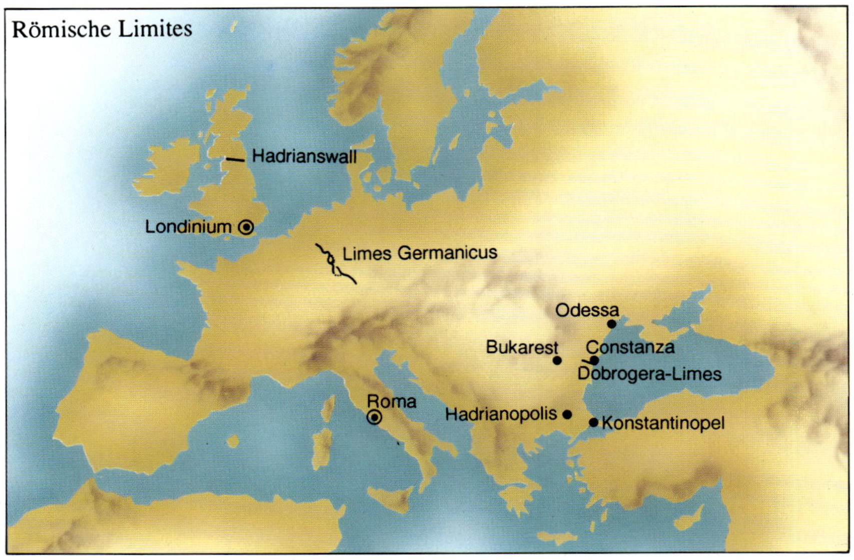

Unten: *Gleich südlich des eigentlichen Hadrianswalls beim einstigen Vindolanda befindet sich dieses rekonstruierte Stück zweier Wall-Längen (von Turm zu Turm); der rechte hier ist aus Stein*

Seine Mächtigkeit schwankte zwischen 2,3 und 3 m. Die Höhe betrug 4,5 m mit zusätzlichen Zinnen oben von 1,5 m Höhe. Garnisoniert wurde er mit *castra stativa*, aus welchen die Wachtruppen der *castellae* jede römische Meile kamen; dazwischen gab es noch weitere Wachttürme. Das *Vallum* (ein Gräben- und Schanzensystem) stellte den südlichen Abschluß der militärischen Zone dar und verwehrte auch den Zugang zu dieser; der Hadrianswall verhinderte ebenso das Eindringen der Barbaren von draußen wie das Hinausdringen der Leute von innen. Ganz sicher jedenfalls vermied er damit, daß die Pikten zu früh irgend etwas von den Vorbereitungen des erfolgreichen Großangriffs auf Kaledonien in den Jahren 130-142 erfuhren. Zu dieser Zeit befand sich der britische Limes auf der Höhe des weniger ausgebauten Antoninuswalls (Antonine Wall), der als ähnliche Barriere auf der 60 km langen Strekke zwischen dem Firth of Forth und dem Firth of Clyde (nördlich Glasgow) errichtet worden war.

Danach wurde am *Limes Germanicus* eifrig weiter gebaut. Von 148-161 wurde er umfangreichen Modifizierungen unterzogen. Es scheint allerdings, daß Hadrians ursprüngliches Bauprogramm hier niemals vollendet wurde. Immerhin, ein Teil der alten hölzernen Wachttürme zwischen Miltenberg und Neckar wurde in Stein neu errichtet. Antoninus beschloß aber dann, die ganze Sache aufzugeben. Er wollte Miltenberg als seinen nördlichsten Stützpunkt behalten und ordnete den Bau eines neuen Limes von süd-südöstlicher Richtung bis zum ostwärts führenden bei Lorch an. Alle 500 Schritte gab es hier nun steinere Wachttürme, und auch der geplante Palisadenzaun aus soliden Eichenpfählen oben auf dem Wall selbst wurde gebaut. Da und dort gab es auch steinerne oder steinverstärkte solche Befestigungen. Der östliche Teil wurde bald "Teufelswall" genannt.

In Britannien war inzwischen nach der Rebellion der Briganten von 158-165 der Antoninuswall aufgegeben worden. Der Hadrianswall jedoch wurde neu als Nordgrenze festgelegt und ausgebaut, zugleich wiederum als lineare Basis für die Neueroberung Kaledoniens sowie die Rückgewinnung des Antoninuswalls bestimmt. 197 indessen verschiffte Clodius Albinus im Zuge seiner Bemühungen, Kaiser zu werden, die gesamte britische Garnison nach Gallien. Antoninuswall und Hadrianswall wurden beide überrannt. Kaiser wurde nicht Clodius, sondern Severus, und die Barbaren zogen sich wieder zurück. Erneut wurde der Hadrianswall als Nord-Limes hergerichtet. 296 wurde die römische Armee dann neuerdings als Folge politischer Machtmanöver auf den Kontinent abgezogen, und wiederum kamen die Barbaren sogleich angestürmt. Und ein weiteres Mal wichen sie bei der Rückkehr der imperialen Staatsgewalt wieder.

367 gab es dann den "Verrat des Hadrianwalls" an den Feind; der Vorgang ist in der Geschichte als die Verschwörung der Barbaren bekannt. Nachdem er neuerlich wiederhergestellt war, wurde er einer örtlichen Miliztruppe anvertraut, die sich vorwiegend aus einstigen Legionären und Hilfskräften zusammensetzte und imstande war, Nachwuchs zu rekrutieren, auszubilden und eine erfolgreiche Verteidigung zu organisieren. Mit dem Zusammenbruch des Römischen Reiches, dessen Ursachen mindestens ebensosehr örtliche Unabhängigkeitsbestrebungen wie feindliche Invasionen waren, verlor aber auch der Hadrianswall jegliche Bedeutung (abgesehen einmal davon, daß er fortan eine leicht zugängliche Versorgungsquelle für Bausteine war.)

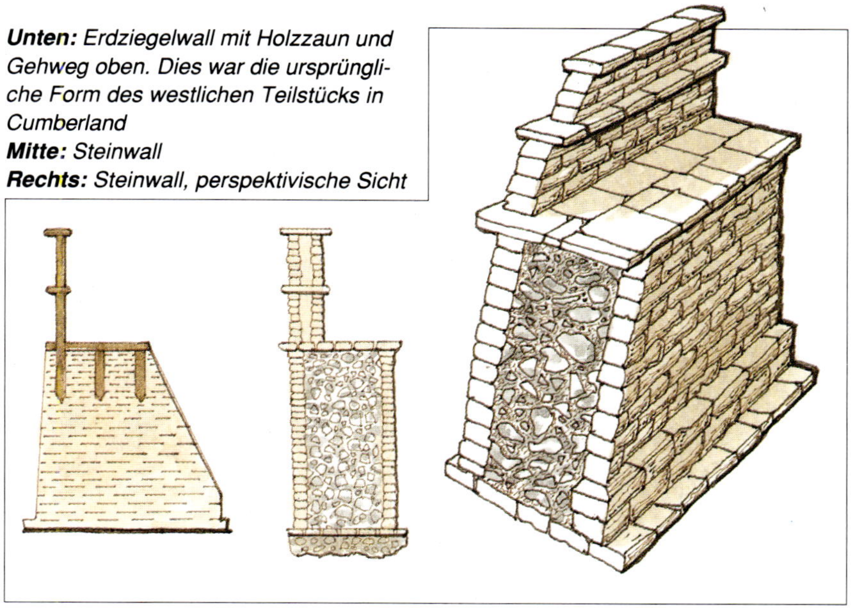

Unten: *Erdziegelwall mit Holzzaun und Gehweg oben. Dies war die ursprüngliche Form des westlichen Teilstücks in Cumberland*
Mitte: *Steinwall*
Rechts: *Steinwall, perspektivische Sicht*

Der Hadrianswall, ostwärts gesehen, an den Hotbank Crags bei Haltwhistle; eine romantische Szenerie. Einstmals war der Wall die Grenze der Zivilisation, eine militärische Zone, deren Betreten Unbefugten verboten war und die als Ausgangspunkt für Invasionen nach Norden diente

waren ihr massiver Kernpunkt. Hierosolyma wurde in Aelia Capitolina umbenannt – zu Ehren der Regierungszeit des Kaisers Hadrian (Publius Aelius Hadrianus).
Die Römer hatten etwas völlig Neues in die Gesamtstrategie der militärischen Architektur eingeführt: das Konzept des gesamten Staates als einer einzigen riesigen Festung.
Es mag dies zwar nicht das Ergebnis eines konkreten Denkprozesses gewesen sein und sicherlich sahen sie auch nicht selbst notwendigerweise ihr Reich als ein einziges Militärlager an, doch ihre Expansionspolitik insgesamt scheint doch zumindest unbewußt die Fortführung ihrer taktischen Erfahrungen und Praktiken gewesen zu sein.

DIE CASTRA STATIVA

Jeden einzelnen Tag, an dem eine römische Armee sich auf einem Feldzug befand, gab es Marschunterbrechungen, damit Gräben geschaufelt, Wälle aufgeschüttet und Palisaden gebaut werden konnten, hinter welchen die Truppe in den Stunden der Dunkelheit der Nacht in Sicherheit war. Am Morgen mußte man die Zelte wieder abbrechen, die Pfähle herausziehen und die ausgehobenen Rechtecke der Gräben und Wälle zurücklassen. Solche nur vorübergehenden Lagerplätze hießen *castra* (von castrum, das Lager). Wurden mehrere Nächte in einem solchen Lager verbracht, waren es *castra stativa*.

Diese bekamen auch Steinwälle, Holzpfähle und *castella*, nämlich erhöhte und auskragende Schanzen.
Die *castra stativa* dienten auch als Stützpunkte für Aktionen in der näheren und weiteren Umgebung. Die Legionäre ließen in ihnen ihr Gepäck zurück (die *impedimenta*) und marschierten nur *expeditus* (lediglich mit der Kampfaufrüstung) aus. Verlief die Expedition nicht vorteilhaft, konnte sich die Legion in aller Ordnung in ihr Lager zu ihren Lebensmitteln, ihrer Ausrüstung und ihrer dort wartenden Verstärkung und Ablösung zurückziehen. Und falls erforderlich, war es einfach, aus dem *castra stativa* ein permanentes Fort zu machen, indem alle Bauten nun in festem Stein ausgeführt wurden.

Nach diesem Muster und Standard entstanden so Forts in großer Zahl in den Grenzgebieten des Römischen Reiches in Nordafrika, Arabien, Asien und auf dem Balkan. Sie erfüllten denselben Zweck wie einst die altägyptischen *migdol*. In gleicher Weise waren sie sowohl Stützpunkte für weiträumige Kavallerieeinsätze wie Hindernisse für Vorstöße von Barbaren (= Nichtrömern) auf den wenigen ausgebauten Straßen durch Wildnis und Berge.
Die Marinebasen der Römer an der britischen Sachsen-Küste und im nordwestlichen Gallien, die ab 220/230 n. Chr. entstanden, waren das Küsten-Pendant zu den *castra stativa*. Es gab allerdings auch Gebiete ohne natürliche Barrieren gegen andrängende "Barbaren" oder dazu, sie auf für sie nachteilige Schlachtfelder zu drängen. Die Folge davon war, daß auf der Dobrogera-Ebene (Dobrudscha) an der unteren Donau bis ans Schwarze Meer, über die Berge und Täler des Oberen Rheins bis zur Oberen Donau, und quer durch das öde Land Nordenglands Grenzwälle gebaut wurden.
Von ihren Lagern hinter diesen Wällen marschierten die römischen Legionen und ihre Kavallerie-*alae* (Flügel) aus, um die jeweiligen "Barbaren" zuerst zu stellen und dann zu vernichten, ehe sie ihrerseits die Grenzlinien/-wälle (*limites*) erreichten, und zusätzlich dort draußen Verwüstung und Entvölkerung anrichteten, damit das Grenzgebiet mindestens eine Generation lang ruhig bliebe. Dabei kam es gelegentlich allerdings auch vor, daß infolge von Regierungsinkompetenz oder Intrigen die römischen Garnisonen unter ihre Sollstärke absanken. Das war für die "Barbaren"-Stämme diesseits dann Anlaß genug, sich mit ihren Bruderstämmen auf der anderen Grenzwallseite zusammenzutun und ihnen die Tore zu öffnen. Dann übten sich die "gesetzestreuen Bürger" dieses Landstrichs eine Weile lang in blankem Terror, bis neue Legionen kamen und das Reich wieder in Sicherheit war.
Aber es kam die Zeit, da zunächst die sinnbildlichen Schutzmauern um das Reich fielen – mindestens so sehr wie durch Einfälle fremder Völker durch örtliche Unabhängigkeitsbestrebungen – und daraufhin dann auch die wirklichen, realen Mauern, die dann verlassen und aufgegeben wurden. Immerhin hatten sie aber ihren Zweck vier Jahrhunderte lang erfüllt. Und es sollte fast doppelt so lange dauern, bis sich danach in Europa wieder eine feste Form militärischer Architektur entwickelte und fest etablierte.

In den zivilen Amphitheatern gab es Vorführungen wilder Tiere, Gladiatorenkämpfe und Demonstrationen von Christenverfolgungen. Solche der Armee waren hingegen eigentlich nur Paraden vorbehalten oder anderen militärischen Schauspielen (wie man sie heute als "Tattoos" kennt) oder sie dienten rein als Exerzierplätze. Dieses Amphitheater hier ist ein solches und befindet sich bei Caerleon am Fluß Usk in Süd-Wales. Es wurde um die Mitte der 70er Jahre n. Chr. erbaut und um das Jahr 100 neugestaltet. Nach der Zeit der Römer befand sich eben hier, jedenfalls nach der Legende, Camelot, der Hof König Arthurs

Zweites Kapitel

DIE WELT DES MITTELALTERS

Der schwerstwiegende Verlust aus dem Ende des Römischen Reiches war der Kollaps der Idee vom Weltstaat. Europa zersplitterte in eine Vielzahl mehr oder minder kleiner Königreiche, aufeinander eifersüchtiger Städte und mißtrauischer Dörfer. Es kam eine Zeit echter Selbstgenügsamkeit. Besaß ein Gemeinwesen nicht, was es benötigte oder konnte es nicht produzieren, verzichtete es eben darauf – oder starb, oder stahl es sich von den Nachbarn. Große Gemeinwesen, wie die Städte, renovierten ihre alten Stadtmauern, meistens unter der Leitung eines Militärs im Ruhestand.

Kleinere Gemeinschaften, wie abgelegene Ortschaften oder Weiler, mußten schlicht verlassen werden, wenn sich irgendeine Gefahr zeigte. Dann verbargen sich die Bewohner in den Wäldern, bis die Bedrohung vorüber war. Die Alternative war allenfalls, daß verstörte Bauern ihren nächsten Grundherrn um Schutzunterkunft hinter dessen Befestigungen baten. Das wurde ihnen in der Regel mehr unwillig als freudig gewährt und auch nur, wenn sie genügend Lebensmittel mitbrachten.

Allmählich wurde diese letztere Übung aber doch in vielen Gegenden zur Norm. Die Bauern verloren, was sie an Unabhängigkeit besessen hatten, und wurden Leibeigene und Fronarbeiter, die nur mehr das Land der Grundbesitzer bewirtschafteten und jederzeit, sobald es nötig war, zum Kriegsdienst verpflichtet werden konnten. Gleichzeitig wurden die Landeigentümer zu absoluten Herren, die Entscheidungsmacht bekamen, welche in das Leben vieler Menschen direkt eingriff, indem sie beispielsweise bestimmen konnten, ob der alte römische Wachtturm auf dem nahen Berg repariert oder erneuert oder aber stattdessen die alte prähistorische Bergfestung auf der anderen Seite des Tales wiederaufgebaut werden sollte. Dort konnte ein möglicher Feind mit Hilfe von Toren und Wegen vielleicht für immer abgehalten werden, hier wäre dafür mehr Platz für die Viehherden, Vorratsscheunen und Ställe sowie für eine Festhalle für die Soldaten des Grundherrn, eine Werkstätte für eine Waffenschmiede, eine Kapelle für seinen Priester zum Beten, und sogar noch etwas Platz für die schutzsuchenden Bauern.

Den Bauern wurde klar, daß sie ihre Ängste vor Feinden nur gegen neue Ängste vor anderen Nöten eingetauscht hatten. Konnten sie die Forderungen ihres Herrn nach Arbeit und Kornabgaben erfüllen, oder würde er ihnen rücksichtslos wie

Josselin ***(links)****, mit seinen konischen Spitztürmen und das wasserrosenumgebene Bodiam* ***(rechts)*** *entsprechen exakt den üblichen Vorstellungen mittelalterlicher Schlösser und Burgen. Tatsächlich indessen sind sie beide ziemlich untypisch. Die ursprüngliche Burg Josselin am Fluß Oust in der Bretagne wurde 1370 zu einer royalistischen Bastion gegen den bretonischen Nationalismus ausgebaut. Der Herzog der Bretagne ließ sie 1488 schleifen, später wurde daraus das heute noch erhaltene Schloß. Die noch übriggebliebenen Befestigungsanlagen wurden 1699 gesprengt. Dagegen war die viele Stile verkörpernde Wasserburg Bodiam im englischen Sussex 1385 bereits mit dem ausdrücklichen Zweck erbaut worden, sich der Vorteile der neuen Feuerwaffen zu bedienen*

Links: *Der Legende nach hauste in einer Höhle dieses Berges am Rhein ein Drache, der den Nibelungenschatz bewachte; daher sein Name Drachenfels. Siegfried tötete den Drachen, badete in seinem Blut und raubte den Schatz. In historischer Zeit, 1117, wurde der sich 315 m über den Fluß erhebende Drachenfels befestigt. Die Burg, von der heute nur noch diese Ruine übrig ist, ließ der Erzbischof Arnold von Köln 1147 erbauen.*
Rechts: *Ansicht einiger der ingesamt 88 runden Schießtürme der Außenmauer von Avila. 1090 befahl König Alfonso VII. von Kastilien seinem Schwiegersohn Raymond von Burgund, aus der Stadt eine Verteidigungsbastion, Operationsbasis und zugleich ein kulturelles Zentrum in der Mitte Spaniens zu machen. 1099 hatten die Baumeister Cassandro und Florian de Pontieu zusammen mit 2 000 Steinmetzen und Maurern sowie einer ganzen Armee zusätzlicher Arbeiter eine Festung fertig, deren innerer Durchmesser 4 km betrug. Die Arbeit war allerdings dadurch beschleunigt worden, daß man bereits vorhandene alte römische Mauern mit einbezogen hatte. Die Türme erinnern an die gerundeten Außenbastionen der Sachsenküstenforts. Einige Schießscharten haben "arabische" Spitzen, was auf die Mitarbeit von Maurern aus dem Orient hindeutet (die tatsächlich ebenso wie jüdische und christliche beschäftigt wurden). Avila war die erste europäische Festung mit zylindrischen Türmen und die erste, die in diesem Ausmaß mit Mauern umgeben wurde*

jeder fremde Dieb alles abnehmen? Würde es ihnen jederzeit möglich sein, rechtzeitig die schützende Burg zu erreichen, bevor die Marodeure sich ihrer bemächtigt hatten? Es nützte auch nichts mehr, bei Gefahr zu fliehen und sich in den Wäldern zu verstecken, denn allein die Tatsache, Untertanen ihres Herrn zu sein, machte sie zu legitimen Opfern der Steuereintreiber, Rekrutierer, Priester-Richter und aller anderen, die ebenfalls Herrschaftsansprüche auf ihr Gebiet erhoben.

DAS ENDE DES "FINSTEREN MITTELALTERS"

Gleichwohl ist es nicht ganz fair, das sogenannte finstere Mittelalter als Epoche pausenloser Unterdrückung und täglichen Mordens zu apostrophieren. Es gab durchaus Regionen, in denen die Menschen generationenlang in Ruhe und Beschaulichkeit leben konnten. Anderswo wurden an sich kaum bedeutende Scharmützel von Balladensängern oder auch sendungsbewußten, fanatischen Propagandisten, welchen das Renommee ihres jeweiligen Herrn am Herzen lag, zu gewaltigen Schlachten oder blutigen Massakern hochstilisiert.

Das Entscheidende ist, daß damals über allem die Doktrin vom Ideal der christlichen Einheit thronte. Nach Weihnachten 800, nämlich der Kaiserkrönung Karl d. Großen in Aachen für das "Heilige Römische Reich", verstärkte sich das noch. Dieses Ereignis war der Versuch, Gesetz und Ordnung eines Weltreichs wiederherzustellen, das schon vor 400 Jahren untergegangen war.

Trotz dieser Bemühungen war man um 1100 nur um zusätzliche Streitpunkte reicher, als sich rivalisierende Könige und Regenten, Herzöge und Heerführer je nach ihren jeweiligen Interessen entweder auf die Seite des Papstes oder aber des weltlichen Kaisers schlugen.

Viele dieser Protagonisten begannen sich, getrieben sowohl von der Notwendigkeit der Selbstverteidigung wie auch von ihrem religiösen Sendungsbewußtsein, steinerne Bollwerke auf unzugänglichen Bergspitzen und Höhen zu bauen, von denen aus sie ihr ganzes Herrschaftsgebiet unter sich überblicken (und also kontrollieren) und auch ihre Eroberungszüge auf Nachbargebiete vorbereiten und führen konnten. Andere Adelige verschanzten sich mitten in befestigten Handels-, Gewerbe- und Verwaltungszentren; deren Anlage und Bau ging im übrigen zurück auf die imperiale Politik Heinrichs I. zur Verteidigung des östlichen Deutschland gegen die Magyaren und Slawen in den Jahren 918-936. Diese Anlagen hießen *Burgen* und das Wort wurde so Teil vieler Städtenamen – auch in England, wohin die erobernden und besiedelnden germanischen Sachsen und Angeln ihr Wort *burgh* als Bezeichnung für befestigte Siedlungen, wie es sie dort erstmals in der Regierungszeit Alfreds d. Gr. (871-899) gab, mitbrachten.

In England konnte übrigens keine Stadt Sitz einer königlichen Münze sein, wenn sie nicht mit einem palisadenbewehrten Erdwall oder einer militärisch nutzbaren Steinmauer mit Zinnen umgeben war. Solche Städte waren auch Ausgangspunkte kavalleristischer Operationen gegen die von ihren Landeplätzen am Meeresufer ins Landesinnere einfallenden

NORMANNISCHE BURGEN

Die stabilen Mauern der normannischen Ringgraben-Burg eigneten sich vorzüglich dazu, unterdrückte Bevölkerungen in Schach zu halten

Berkhamsted Castle in Hertfordshire ist ein fast perfektes Beispiel für den Typ der Ringgraben-Burg ("motte-and-bailey castle"), wie sie die Normannen errichteten, als sie nach England kamen. Der Ringgraben mit den Maßen 137 x 91 m ist vollständig umgeben von einem überbrückten Graben, der im Winter geflutet ist. Später kam noch ein weiterer äußerer Graben hinzu. Separat und seinerseits nur zugänglich über den Ringgraben und eine weitere Brücke liegt die konische Motte von 55 m Durchmesser und 13,7 m Höhe, der sich bis nach oben auf 18,3 m Durchmesser verjüngt. Die Fundamente des steinernen Burgbaus dort scheinen bis in den Kalkfelsen am Fuße des Hügels zu reichen, was die Annahme nahelegt, daß der Bau zuerst als hoher Turm angelegt und die Hügelerde danach um diesen herum aufgeschüttet worden war.

Berkhamsted war mithin also vermutlich eine steinerne Burg aus ältester Zeit. Der erste Burgherr war Robert Graf von Mortain, Bruder Wilhelm des Eroberers. Er scheint das Land seit den frühesten Tagen der Eroberung besessen zu haben. Ein anderer seiner konischen Motte-Hügel ist übrigens – vollständig freistehend – am *Mons Acutus* (Montacute) bei Yeovil in Somerset noch erhalten. Heute ist er mit einer Steinplattform abgedeckt. In normannischer Zeit aber stand auf diesem künstlich geformten, doch ansonsten natürlichen Hügel ein kleines Fort aus Holzbauten. Und eine weitere solche Bastion auf einem natürlichen Motte-Hügel war Launceston in Cornwall. Dort gab es einst auch einen Ringgrabenplatz, obwohl er heute nicht mehr ohne weiteres erkennbar ist. Man sieht nur noch die Ruinen zweier konzentrischer Rundtürme, deren äußerer, niedrigerer der ursprüngliche Burgkern war.

Nicht mehr so deutlich erkennbar als einstige normannische Ringgrabenburg ist das heutige berühmte, königliche Schloß

Normannische Burgen

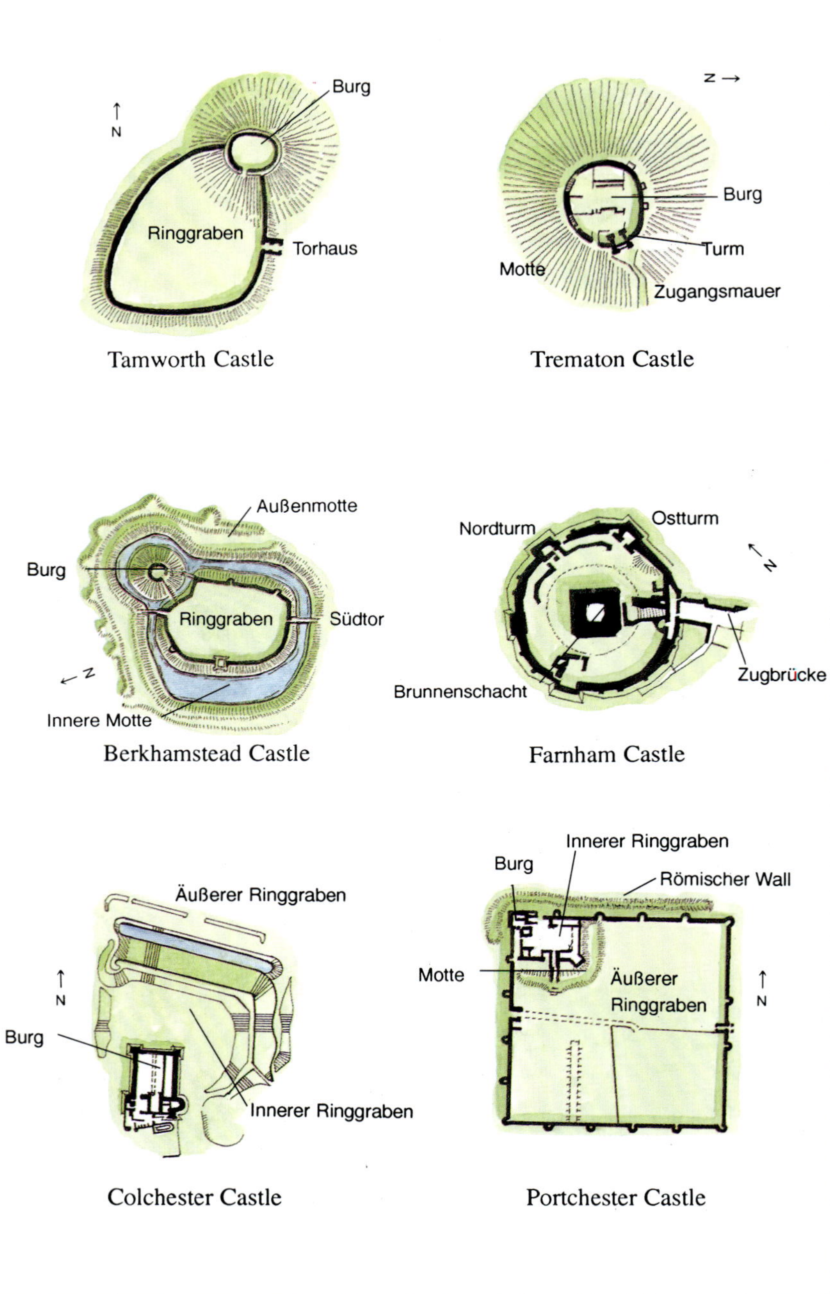

Oben: *Der Motte-Hügel, der in York für das erste Holzbautenfort Wilhelms des Eroberers 1068/69 aufgeschüttet wurde. Seinen Namen Clifford's Tower hat er von dem aufständischen Fürsten, der hier 1322 in Ketten aufgehängt wurde*

Rochester Castle ***(oben)*** *ist ein Beispiel eines rechteckigen Donjons, während der gezeigte Ausschnitt aus dem berühmten Teppich von Bayeux* ***(unten)*** *zeigt, wie man solche Bauten damals abbildete*

Windsor in Berkshire. Immerhin ist innerhalb der späteren Außenmauern des oberen und unteren Wachtbereichs auch heute noch der hohe Rundturm vorhanden, der sich auf einem steilen natürlichen Kalkfelsenhügel erhebt. Dessen unterste Fundamente stammen noch von dem Burghaus Heinrichs I., das dieser seinerseits an die Stelle des ursprünglichen Holzbau-Forts Wilhelms des Eroberers gesetzt hatte.

Eine Variation des Ringgrabenburg-Typs stellt Portchester Castle in Hampshire dar. Dort wird der äußere Ringgrabenplatz von den Mauern eines einstigen Sachsenküstenfort aus der Römerzeit gebildet. Doch statt in der Nordwestecke einen Erdkegel aufzuschütten, legte Heinrich I. nach 1120 einen inneren Ringgraben an, nämlich hinter einem gefluteten Graben mit einem steinernen Torhaus und einer Außenmauer, hinter der sich ein Donjon befindet. Eine Böschung mit Treppen stellt das Fundament für Mauern und sechs Stütz-/Strebepfeiler dar, die sich bis zu den vier Ecken und den beiden exponierten Vorderseiten des rechteckigen Burgbaus erstrecken.

Der berühmteste rechteckige Donjon Englands aber ist der Tower of London selbst. Es ist sehr wahrscheinlich, daß er an der Stelle des ursprünglichen Holzbautenforts Wilhelm des Eroberers steht. Wie Portchester stellte auch hier eine einstige römische Mauer die Außengrenze dar. Die Fundamente des späteren, großen, steinernen Londoner Turms legte der spätere Bischof von Rochester, Gundolf, um 1076 im Namen des Königs. Der Bau wurde 1097 beendet. Die heutigen Mauern von Her Majesty's Tower erheben sich aus einem abschüssigen Plinthen-Sockel (Böschung) von einer Seitenlänge von mehr als 30 m. Sie sind 3,4-4,6 m dick und erreichen eine Höhe bis 27,5 m. Ein massiver innerer Mauerring vertikaler Abschnittsteilungen teilt den Tower in zwei Einzelfestungen, die jede separat verteidigt werden konnte. Drei der vier Ecktürme sind quadratisch, nur der nordöstliche ist rund. Der von 1216-1272 regierende Heinrich III. begann mit den Außenwerken, welche die Burg schließlich in eine konzentrische Festung verwandelten. Er ließ auch den Donjon aus Gründen der Sauberkeit und Erhaltung innen und außen weißen, und seitdem heißt dieser auch *White Tower*.

1087-1089 begann Gundolf mit dem Bau einer rechteckigen Steinburg für den König in Rochester in Kent. Der Donjon wurde später vom Erzbischof von Canterbury Corbeil vollendet. Wie am Tower of London ist auch hier einer der Türme rund; allerdings war er das nicht schon beim Bau, sondern wurde so erst neu errichtet, nachdem der ursprüngliche bei dem Aufstand des Adels gegen König Johann 1215 zerstört worden war.

Interessant ist auch, daß von diesen sieben Festungsanlagen drei mit runden Hauptbauten Robert von Mortain gehörten und drei mit quadratischen Donjons dem König – mit der Ausnahme Windsors, des letzten, das ebenfalls rund ist, obwohl Königsburg. Gleichwohl spricht manches dafür, daß dies weniger ein Resultat langer Debatten über Vor- und Nachteile rechteckiger oder runder Türme war, sondern in erster Linie von den natürlichen örtlichen Gegebenheiten bestimmt; sofern es sich nicht ohnehin ganz schlicht und einfach um persönliche Vorlieben für den jeweiligen Typ von Festungsanlagen handelte.

skandinavischen Reitertrupps. Diese, die Wikinger, sind zwar vor allem wegen ihrer Seefahrten so legendär, aber sie waren sich dennoch der Wichtigkeit und Notwendigkeit sicherer Stützpunkte für ihre Schiffe und Krieger bewußt. Fanden sie sich etwa spät im Jahr fern ihrer Heimat, versuchten sie eine bewehrte Stadt als Winterquartier zu erobern. Gelang dies nicht, schleppten sie ihre Schiffe an Land, kippten die nicht mehr brauchbaren um und machten daraus Behelfshäuser. Das ganze Lager umgaben sie mit Schanzen und Zaun. Zogen sie im Frühjahr wieder ab, geschah es nicht selten, daß einige zurückblieben und mit der Zeit aus dem provisorischen Winterlager eine feste, dauerhafte Ansiedlung machten.

DIE NORMANNEN

Die Wikinger – Dänen, Schweden und "Nordmänner" – steuerten auf ihren Fahrten die gesamte damals bekannte Welt an. Man weiß heute, daß sie mit ziemlicher Wahrscheinlichkeit den Atlantik westwärts sogar bis nach Amerika überquerten. Sie eroberten Sizilien und kolonisierten, unter Rurik, weite Gegenden des rauhen Landes um die östliche Ostsee. Andere – die Normannen – ließen sich im nördlichen Gallien nieder und führten dort lange schwere Kämpfe mit ihren Nachbarn. Einer ihrer Führer war Fulk Nerra (Falk der Schwarze).

Er war einer von mehreren, die Anspruch auf das fruchtbare Land des Loiretals erhoben. Er setzte sich am Ende auch durch – dank einer Reihe umpfählter Forts, von denen jedes als Stützpunkt seiner Reiterei diente, mit deren Hilfe die rücksichtslose Ausbeutung und Verwaltung des Umlandes gesichert wurde. Außerdem gingen von ihnen die weiteren Eroberungszüge zur zusätzlichen Landgewinnung aus. Falk hatte selbst zu oft mit Feuer gegen seine Feinde gewütet, um dessen Macht genau zu kennen und sich der Vorteile von Verteidigungsanlagen aus Stein bewußt zu sein. Folglich ordnete er um 995 auch die Anlage einer solchen in Langeais, der Stadt des Herzogs von Blois, westlich von Tours an, vermutlich aber nach dem Muster seiner bisherigen Befestigungsanlagen aus Holz.

Es handelte sich dabei im Grunde lediglich um einen einzigen Turm mit einem Grundriß von 16 x 7 m. Das Mauerwerk mit seinen Schießscharten war aus verhältnismäßig kleinen und nur roh behauenen Steinen. Der Eingang führte über eine kleine Kanzel, die so angeordnet war, daß die ungeschützte (nicht schildgedeckte) rechte Seite jedes Ankömmlings den schußbereiten Bogenschützen oben auf den Zinnen zugewandt war. Im Inneren angekommen, mußte der Besucher zunächst über eine Treppe zur ersten oberen Plattform hinaufsteigen, wo sich der eigentliche Zugang zum Ostteil der Wohnquartiere befand. Das Erdgeschoß unten und auch noch der Keller darunter waren lediglich Lagerräume, der größeren Sicherheit wegen ohne jede Fensteröffnung.

Da die Herzoge der Normandie eine gemeinsame Grenze mit den Grafen von Anjou hatten, war es unvermeidlich, daß auch diese bald Grenzmauern aus Stein um ihre Territorien errichteten, samt neuen Festungen , die militärische Funktion hatten und Symbole ihrer stolzen Stärke darstellen sollten. Mit diesen

Die alten Mauern von Mksheta nahe Tiflis in Georgien. Diese Festung liegt an einer Engstelle in dem Tal zwischen dem Kaspischen und dem Schwarzen Meer, welches den Kaukasus von den Bergen Kleinasiens trennt. Im späten Mittelalter war der unabhängige Staat Georgien (der sich damals selbst Karthveli oder Karthli nannte) eine Bastion christlicher Abwehr gegen die Tartaren aus dem Osten, die Türken aus dem Westen und die Araber und Perser aus dem Süden. Der letzte König Georg XIII. dankte zugunsten von Zar Paul ab, wonach Georgien 1799 das russische Grusinien wurde

normannischen Bauten steinerner Festungen beginnt die große Periode der mittelalterlichen Burgen.
Die Bewohner Englands sahen erstmals "militärische Architektur", als die Normannen kamen. Doch sie war zunächst noch von sehr provisorischer Art. Die Ritter und ihr Gefolge hatten Wagen und Packpferde bei sich, die nicht nur Lebensmittel trugen, sondern auch massive Holzbohlen und Pfähle. Jeden Abend im Sommer, wenn das Nachtlager errichtet wurde, markierten die Troßleute ein kleines Geviert, gruben Löcher darum herum und stampften Pfosten und Pfähle ein. Das ergab ein zwar nicht uneinnehmbares Fort, aber es reichte, um sich (wie nach der berühmten Schlacht bei Hastings) aufsässiger Bauern nach einer Niederlage des feindlichen Heeres zu erwehren. Am nächsten Morgen wurde alles wieder abgebaut und die Truppe zog mit ihrem gesamten Material weiter.
Substantiellere Maßnahmen gab es allenfalls, wenn ein normannischer Fürst erstmals in einem neu eroberten Gebiet, in dem er sich niederzulassen gedachte, eintraf. Dann hatten die einheimischen Bauern für die Begradigung von Bodenunebenheiten um die Erhebung herum, auf der eine neue Burganlage vorgesehen war, Hand- und Spanndienste zu leisten, und auch für diese selbst. War kein natürlicher erhöhter Standort dafür vorhanden, mußten sie ihn durch rechteckige oder runde Schanzungen schaffen. Das ausgehobene Erdreich wurde in festgestampften einzelnen Lagen konisch aufgehäuft. Solche künstlich aufgeschütteten Hügel hießen "Motte" (= das heutige französische Wort für Erdscholle, Klumpen).
Manchmal rund um eine Motte, üblicherweise aber nur davor blieb eine große Fläche frei, die ihrerseits wieder durch Wall und Schanzen nach außen/vorne geschützt war und *bailey* (= Ringgraben; bis heute: Außenmauer einer Burg oder Stadt, erhalten im Namen des berühmten Londoner Gerichts "Old B.") genannt wurde. Dort hatte der erste Diener des Herrn (einst sein Rüstungs- und Schwertträger, auf lateinisch der *bajalus*, daher das Wort *bailey* und auch der heutige Beamten- /Verwaltertitel *bailiff*) das Kommando.
Andere Arbeitsgruppen hatten inzwischen in den Wäldern Bäume zu fällen, zuzuhauen und herbeizutransportieren, um mit ihnen den Palisadenzaun rund um den Ringgraben zu errichten und das eigentliche Fort oben auf der Motte. (Weshalb es auch üblich ist, nicht nur den Hügel selbst, sondern auch das ganze Fort auf einem solchen Hügel als Motte zu bezeichnen.)
Der Name dieses Gebäudes: *Donjon* (Bergfried oder Burgfried) war von demselben Wortstamm abgeleitet wie das lateinische *domus*, das Haus, und *dominus*, der (Haus-)Herr. Im erweiterten Wortsinn ging diese Bezeichnung dann auch auf die Kellergewölbe unter dem Haus über: *dungeon* (Verlies). Das Wort *motte* wandelte sich zum englischen bedeutungserweiterten *moat* (Wall-/Ring-/Torgraben), während sich für *donjon* oft auch einfach "Turm" oder englisch *keep* bzw. *shell keep* (= Bergfried oder Verlies, eigentliches Burghaus) durchsetzte.
Dieses innere/eigentliche Burghaus war dabei nur für den Burgherrn, seine Familie und seine unmittelbare Umgebung bestimmt. Gefolge, Gesinde, Soldaten und Handwerker lebten in Hütten auf dem und um den Ringgraben, der zugleich als Exerzier- und Paradeplatz, als Lagerstätte in Notfällen und zuweilen auch als Markt diente. Die noch geringere Dienerschaft hauste in primitiven Quartieren draußen vor der Burg und kam nur tagsüber, wenn erforderlich, zur Arbeit nach drinnen. Bei Belagerungen erlaubte man ihr manchmal, auch innerhalb der Mauern Schutz zu suchen, doch dies war keineswegs die Norm oder selbstverständlich, sondern eine besondere Gunst, deren Gewährung nicht zuletzt auch von militärischen Notwendigkeiten und Nützlichkeitsüberlegungen sowie dem sozialen Gefühl des jeweiligen Burgherrn abhing.
Mit der Fertigstellung einer solchen Burganlage samt Motte und Ringgraben waren die Sorgen des Burgherrn indessen keineswegs zu Ende und erledigt. Nun hatte er sich um die Besitzsicherung zu kümmern, die sich hauptsächlich aus der Art seiner Beziehung zu seinem eigenen Lehensherrn ergab. Wie schnell verrottete das Holz der Anlagen und Bauten? Wieviel Bargeld hatte er? Eine für jede Verbesserung der Befestigung sehr bedeutsame Frage. Denn falls er in seinem

KONSTANTINOPEL

Im Jahre 324 erwählte Konstantin Byzanz als Regierungssitz seines "Neuen Rom". Innerhalb von sechs Jahren ließ er es vollständig umbauen, vergrößern und neu befestigen. Die weitere Ausdehnung erforderte neue Befestigungsanlagen unter Kaiser Theodosius II. Die Landmauern erstreckten sich 5 km lang vom innersten Bogen des Goldenen Horns bis zum Nordufer des Marmarameers im Süden. Die Hauptmauer war 4,6 m dick und 27 m hoch. 55 m vor ihr stand eine zweite Mauer von 2 m Dicke und 5,5 m Höhe. Noch weiter draußen jenseits einer Schanzenterrasse befand sich die vorderste Verteidigungsanlage, ein 18 m breiter und 6,5 m tiefer Graben, der geflutet werden konnte und zusätzlich eine Reihe Hindernisse enthielt. Die beiden Hauptmauern waren mit je 96 Schießtürmen (die innere) bzw. Bastionen (die äußere) bestückt. Auf beiden konnten auch die schwersten Katapultgeschütze der Zeit installiert werden, und zwar so, daß die äußeren nicht das Schußfeld der inneren verstellten. Jedes Durchgangstor war eine gewaltige Festungsanlage für sich. Über ein Jahrtausend lang erwies sich diese Verteidigungsbastion als uneinnehmbar.

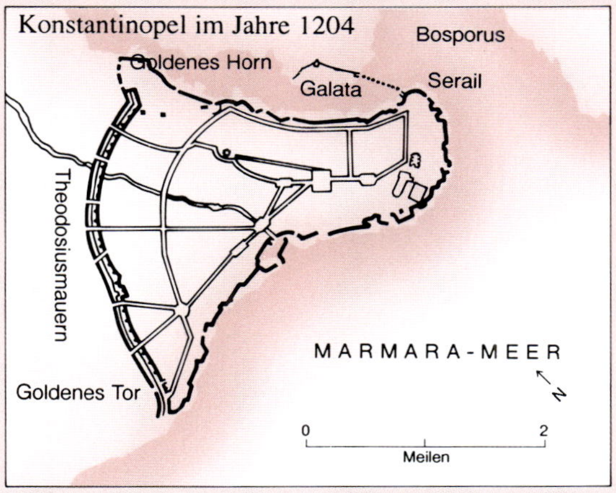

Konstantinopel im Jahre 1204

***Oben:** Die Zitadelle von Kairo, deren Bau 1176 von Saladin begonnen wurde*
***Links:** Beaumaris ist eine perfekt konzentrisch angelegte Burg auf der Insel Anglesey. Die Bogenschützen auf den Türmen der inneren Ringmauer konnten über die auf den niedrigeren der äußeren hinwegschießen.*

eigenen Herrschaftsbereich nicht selbst einen geeigneten Steinbruch besaß, mußte der Burgherr das Material und die Bauleute, Maurer, Steinmetze dazu herbeischaffen lassen, gegen Entgelt natürlich; auch die Gerüstbauer, ohne deren Erfahrung und Fachwissen kein größerer Hochbau möglich war. Diese Handwerker waren alle frei und selbständig, sie waren keines Grundherrn Leibeigene oder Bedienstete und konnten nicht kraft Fronpflicht zu ihrer Arbeit gezwungen werden. Und sie pflegten sich auch nicht mit magerem Lohn oder Naturalien (Brot, Käse und Bier) zufriedenzugeben, also mit "Kost und Logis". Ganz im Gegenteil, sie wollten ordentlich und richtig mit Gold- und Silbermünzen bezahlt werden. Und wenn der Burgherr keine hatte, bekam er auch keine Burg aus Stein. Was nicht so gut für ihn war, weil sein Prestige und, mehr noch, seine ganze buchstäbliche Existenz nicht zuletzt

von dem Besitz einer solchen abhing. Kurz, er mußte ganz einfach alles daran setzen, möglichst bald seine eigene steinerne Burg zu bauen.
Dazu wurde dann normalerweise zunächst ein neuer, freier Standort gesucht, teils, damit das bisherige Fort aus Holzbauten und -anlagen während des Baus ungestört weiterbenutzt werden konnte, und teils wegen der Tatsache, daß eine steinerne Burg wegen ihres massiven Eigengewichts einen sehr viel festeren Untergrund und sehr viel stabilere Fundamente benötigte als es ein aufgeschütteter Erdhügel ermöglichte, wie sorgfältig und stabil dieser auch immer angelegt sein mochte. Das ist der Grund, weshalb die meisten Steinburgen auf Felsengrund stehen oder zumindest dort, wo natürliches, stabiles Stützmaterial gleich in der Nähe verfügbar war. Auf diese Weise unterstützte jeweils die örtliche Topographie die Verteidigung. Und als Nebeneffekt wurde durch die damit verbundene herausgehobene Lage an besonderen Orten oder weit oben in der Höhe über dem Land auch das Selbstwertgefühl des Burgherrn beträchtlich und buchstäblich über seine Umgebung erhoben.
Dabei war noch gar nicht von den rein praktischen Vorteilen einer so günstigen Aussichtslage die Rede. Diese Burgen erlaubten nicht nur den Überblick über alle Straßen und Brücken in der Umgebung, sondern mehr noch, die Möglichkeit deren Beschusses von oben herab unterband jeden nicht erwünschten Verkehr auf ihnen. Ein handgespannter Armbrustbogen hatte in der Hand eines tüchtigen Schützen eine Reichweite bis zu 200 m, ein mit Feder aufgezogener, auch schwerere Rüstungen durchschlagender, Pfeil bis zu 350-400 m. Katapultgeschütze erzielten ebenfalls Reichweiten bis zu 400 m. Dabei wurden die Entfernungen und die Schnellkraft der Geschosse noch durch die Schwerkraft begünstigt, die andererseits die Anstrengungen der von unten nach oben zu schießen Gezwungenen, erschwerte.
Kein Heer konnte es sich leisten zu versuchen, die Gefahrenstelle nur möglichst rasch selbst unter Inkaufnahme von Verlusten zu passieren und im übrigen die Festung oben links liegen zu lassen. Es war ja stets möglich, daß dort oben eine ansehnliche Zahl Ritter und Bewaffnete bereit standen oder auf der Lauer lagen, um der eigenen Nachhut in den Rücken zu fallen oder noch schlimmer, allen den Rückzug abzuschneiden, falls Gott ihnen in ihrem Invasionsunternehmen so gar nicht beistehen wollte. Eine Burg am Wege, da führte buchstäblich kein Weg vorbei, mußte, mit anderen Worten, zwangsläufig erobert werden, am besten im sofortigen schnellen Sturm. Die Verteidiger saßen auf großen Vorräten an Nahrungsmitteln und allgemeiner Ausrüstung, während die Invasoren alles mit sich schleppen mußten, was sie an Versorgung und Nachschub benötigten, oder andernfalls höchstens gezwungen waren, sich mit Requirierungen entlang ihrer Marschstrecke den Haß der Bevölkerung zuzuziehen; wobei auch noch mit deren nicht geringen Erfahrungen im Verbergen ihrer wenigen, nach den Abgaben-Eintreibungen ihres eigenen Fronherrn verbliebenen Vorräte zu rechnen war. Oben auf der Burg hatten sie es warm und trocken und ihre Betten und ihren sanitären Komfort. Auf dem Marsch waren Regen und Schnee zu ertragen, Schlamm und nasse Füße, Steine unter der feuchten Schlafdecke, Latrinenmorast und die ständige Gefahr eines Angriffs der Ausfallsarmee des Feindes. Unter diesen Umständen kamen langdauernde Belagerungen nicht in Frage. Erfolg oder Mißerfolg sofortigen Sturmangriffs zeigten ohnehin, auf wessen Seite Gott im vorliegenden Fall stand.

Links: Die Reste der Ringgrabenmauer von Berkhamsted Castle nordwestlich Londons mit dem jetzt mit einer Treppe versehenen Übergang über den gefluteten Graben hinauf zur Motte
Rechts: Die Burg Odiham mit ihrem oktagonalen Grundriß in der Nähe von Basingstoke in Hampshire. 1216 hielten dort drei Ritter und zehn Vasallen einem 7 000 Mann starken französischen Heer 15 Tage lang stand

CADBURY CASTLE

Um das Jahr 500 gründete ein unbekannter britischer Stammeshäuptling seine Festung Cadbury Castle an der Stelle eines seit langem verlassenen prähistorischen Bergforts in Somerset. Der oberste Wall war mit einer ungemörtelten Steinlage bedeckt, darunter befand sich eine holzverstärkte Erdfüllung. Obenauf ragten Holzzinnen. Ein eindrucksvolles Durchgangstor gab es ebenfalls. Unter den Gebäuden dahinter war eine 19,2 x 10,4 m messende Festhalle. Die mittelalterliche Großartigkeit dieses Komplexes ergänzt seine historische Bedeutung und die (legendäre) Überlieferung, daß sich hier das sagenhafte Camelot, der Hof König Arthurs, befunden habe; es ist ja auch nur eine Reitstunde vom sagenhaften Avalon in Glastonbury entfernt. Mit dem Fortschreiten des "Finsteren Zeitalters" wurde der Ort wieder verlassen, aber im Winter 1009/1010 ließ König Ethelred eine königliche Münze einrichten, woraufhin eine neue Mauer auf dem einstigen obersten Wall errichtet wurde, 6 m dick aus mörtelverbundenem Felsgeröll und schieferplattenverkleidet.

Frühe Prähistorik

Späte Prähistorik

Frühes Mittelalter (Arthur-Zeit)

1009/1010-1019 n. Chr.

Mit dieser Art ritterlich-fatalistischer Burgen-Kriegsführung waren auch gewisse Konsequenzen verbunden. Kein König konnte es beispielsweise hingehen lassen, daß ein rebellischer Fürst im Besitz seiner Burg blieb. War er nicht sofort zu fangen, mußte der Herrscher sich wohl oder übel auf eine lange Belagerung einlassen oder diese Aufgabe Söldnern übertragen, weil er selbst sich ja auch wieder seinen Regierungsgeschäften widmen mußte, von denen viele ohnehin mit Burgen und Festungen zu tun hatten. Denn die mittelalterlichen Burgen waren ja keineswegs nur militärische Niederlassungen, sondern auch die Zentren der Feudalverwaltung. In der für diese typischen buchstäblichen Privatisierung von Gesetz und Ordnung verteilte der König Burgen und Land an seinen Adel, damit dieser auf den Lehen in eigener Regie für Gesetz und Ordnung sorgte, Steuern eintrieb und speziell in Grenzgebieten die vorderste Verteidigungslinie gegen jedwede Invasion

von außen bildete. Da und dort handelte der König selbst als Burgherr und benützte seine eigene Burg als Kampfbasis gegen übermächtige Untertanen oder feindliche Heere, die sich als zu stark für die Lehensvasallen und Statthalter draußen im Lande erwiesen. Doch im Normalfall begnügte sich der König damit, seine Vasallen die Arbeit für ihn tun zu lassen; vorausgesetzt natürlich, sie lieferten ihm ordentlich den ihm zustehenden (oder jedenfalls geforderten) Anteil an den Steu-

Edinburgh Castle: Festung, Regierungssitz, Palast, Gefängnis, Museum, Arena für militärische, aber auch kulturelle Veranstaltungen; Ort der St. Margaret's-Kapelle und des schottischen "National War Memorial" ern und Abgaben, die sie eintrieben, ab, und erledigten auch sonst alle Pflichten, die von ihnen als Lehensleute erwartet wurden.

Sicher zu sein, daß man den Richtigen mit einem Lehen versehen hatte, war freilich nicht immer ganz einfach. In einer eher analphabetischen Gesellschaft mit einem ziemlich vielschichtigen System von Eheallianzen, Annullierungen, Exkommunikationen, Minderheiten und Regentschaften mußten selbst prinzipiell loyale Vasallen immer im Sinn behalten, daß der heutige Prätendent auf den Thron schon morgen der echte Lehensherr sein konnte. Den einfachen Leuten mochte es zwar kaum erkennbar sein, Tatsache ist dennoch, daß nicht zuletzt aus diesem Grunde die Belagerungs-Kriegführung im Mittelalter relativ "gentlemanartig" absolviert wurde, bei der dem Gegner stets die Möglichkeit gelassen wurde, "ehrenvoll" abzuziehen oder "mit Würde" zu kapitulieren.

DIE KREUZFAHRERBURGEN

All dies änderte sich mit den Kreuzzügen, und die neue Haltung drückte sich auch sogleich in den neuen Entwicklungen der Burgenarchitektur aus.

Jerusalem ist den Juden als Stadt ihres Tempels heilig, den Christen als die Stätte der Kreuzigung Jesu und der Auferstehung, und den Moslems als der Ort, den Mohammed auf wunderbare Weise noch vor seiner Vision des Wortes Gottes erblickte. In ihrer Geschichte hat diese Stadt schon oft ihre Herren gewechselt. Besonders irritierend war ihre Eroberung im Jahre 637 durch die Araber im Zuge der ersten Ausbreitung des Islam. 1077 eroberten sie die Seldschuken-Türken – ebenfalls Moslems. 18 Jahre später rief Papst Urban II. zum ersten Kreuzzug mit dem Ziel der Rückgewinnung der heiligsten Stätten der Christenheit auf. Gepredigt wurde Erlösung, versprochen war Abenteuer. Und der wirklich konkrete, praktische Zweck war Profit.

Das Resultat war ein volles Jahrhundert mediterranen Konflikts. Es gab acht Kreuzzüge unterschiedlichen Erfolgs, während derer Jerusalem erobert, regiert und wieder verloren und ebenso Konstantinopel erobert, ausgebeutet und ebenfalls wieder verloren wurde.

Was immer auch die persönlichen Motive der diversen Kreuzfahrer gewesen sein mögen, diejenigen, die das Heilige Land wirklich erreichten und dort kämpften, erkannten bald, daß für sie dort nichts auch nur annähernd so wichtig war wie ihre ganz persönliche Selbsterhaltung. In ganz besonderem Maße traf dies sogar auf die Mönchs-Krieger der Kreuzfahrer-Ritterorden zu, die in den Garnisonen der "überseeischen Königreiche" zurückblieben, nachdem alle anderen heimgekehrt waren. Anfangs lebten sie zwar in verhältnismäßig ruhigem Frieden und mit wachsendem Komfort in den eroberten Festungen im Lande aus alter Zeit oder auch in neugebauten oder zumindest restaurierten Türmen und Zitadellen, die in der Regel das sachliche normannische Aussehen hatten, wie sie es von zuhause in Frankreich kannten.

Doch ab 1114 wurde ihre zahlenmäßige Unterlegenheit gegenüber den Sarazenen immer größer und sichtbarer. Zudem nahmen die Sarazenenkommandeure den zelotischen islamischen Eifer an und machten türkisches Militär mobil. Für sie waren die Kreuzfahrerburgen mittlerweile Symbole der "Frankenherrschaft" und der Besudelung des Landes durch die Ungläubigen geworden. Man konnte sie nicht ignorieren und

JERUSALEM

Die moslemischen Araber eroberten das byzantinische Jerusalem im Jahre 637. Danach erlebte die Stadt (umgetauft in El-Kuds, "Die Heilige") mehrere Moslem-Herrscher und erst am 7. Juni 1099 erreichte der Erste Kreuzzug die Mauern vor der Stadt.

Der erste Ansturm schlug fehl. Daraufhin bauten die beiden Baumeister (Gaston von Bearn und William von Ricou) zwei riesige Belagerungstürme, die sie, um sie feuersicher zu machen, ganz mit Lederhäuten überziehen ließen, die Frauen und ältere Pilger zusammennähen mußten. Doch im harten Gefecht ließen sich die Kreuzfahrer auseinandertreiben; und die Besatzungen oben auf den Türmen wurden fast seekrank, so sehr schwankten die Türme.

Daraufhin wurde die Aufmerksamkeit der Kreuzfahrer auf die Nordmauer gelenkt, wo riesige Matratzen von massiven Balken herabhingen, um das Mauerwerk abzudecken und zu schützen. Mit einem ihrer Belagerungstürme schnitten sie eine dieser Matratzen ab und zündeten die anderen an. Der dicke schwarze Rauch verwehrte den Sarazenen die Sicht, ließ sie fast erstikken und vertrieb sie von den Zinnen oben. Die Kreuzfahrer ließen nun die Zugbrücke ihres Turms herab und stürmten in die Stadt.

Am 20. September 1187 aber waren es dann die Kreuzfahrer, die belagert wurden nicht genug Leute hatten und denen auch kein Heer von außen zu Hilfe kam. Nach einem mißlungenen Ausfall, eroberten die Sarazenen am 3. Oktober 1187 die Stadt.

Das byzantinische Jerusalem um 530 n. Chr.

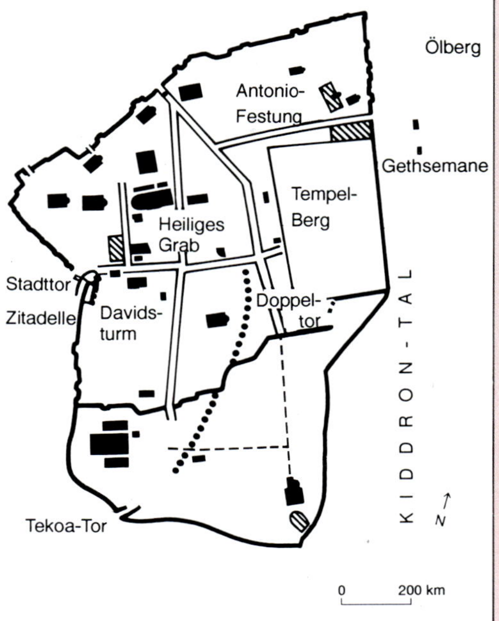

ihnen auf dem Wege zu günstigen Schlachtfeldern auch nicht ausweichen. Sie zu belagern brachte ebenfalls nichts ein. Sie widerstanden hartnäckig und ergaben sich nur "ehrenhaft". Jede einzelne Kreuzfahrerburg war deshalb zu stürmen und entweder zu zerstören oder auf irgendeine Weise zu reinigen, vorzugsweise mit dem Blut ihrer Insassen; es sei denn, diese bekehrten sich und wurden Moslems. Was für die Kreuzfahrer natürlich ein Ding der Unmöglichkeit war, nachdem ihr ent-

Säulenpfeiler von fast 2 m Durchmesser stützen dieses Kreuzbogengewölbe in der Kreuzfahrerhalle der Burg Akko an der palästinensischen Küste

KREUZFAHRERBURGEN

In dem Kampf gegen die Mauren waren die Kreuzfahrerburgen die Vorposten des Christentums in heidnischem Land

Die Krieger-Mönche, die nach dem erfolgreichen Ende des 1. Kreuzzugs (1096-99) als Garnisonen im Heiligen Land blieben, bauten Forts und Festungen nach ihrem besten Vermögen für die Zeit und den Ort, mit Vertrauen auf Gott und in ihre eigenen Fähigkeiten, die jeweils besten Stellen ausgesucht und die Mauern unüberwindbar gemacht zu haben. Das ergab eine auf den ersten Blick völlig von Zufällen bestimmte Ansammlung verschiedenster Anlagen, deren Besatzungen die feindselige Bevölkerung ihres Umlandes beherrschten, verwalteten und besteuerten. In der Regel standen diese Burgen aus Gründen der Unzugänglichkeit oben auf steilen Berggipfeln, damit die Belagerer schon von vornher-ein auch mit einer feindlichen natürlichen Umgebung zu kämpfen hatten, aber auch, um sich mit der nächsten Festung in der Entfernung durch die freie Luft mit Signalen verständigen zu können. Den "Franken" ging es in erster Linie darum, sicherzustellen, daß keine ihrer Bergfestungen angegriffen werden konnte, ohne daß die Aggressoren sich über Land nähern mußten, das bereits von einer benachbarten Feste aus kontrolliert und beherrscht wurde, oder zumindest allenfalls auf einer Straße, die sie mit ihren eigenen Katapulten von oben beschießen konnten.

Oberste Priorität (wenn dies ihrer Umwelt auch nicht sichtbar wurde) besaß die Vorratshaltung von Lebensmitteln und Wasser. In Sahyun (oder Saone) gab es steingemauerte Zisternen mit einem Fassungsvermögen von einer Million Litern Wasser, das lebenswichtig nicht nur für die Menschen war, sondern auch für die für Gegenattacken unerläßlichen Pferde. (Und jede belagerte Festung dieser Art, deren Verteidiger gezwungen waren, bereits das Fleisch ihrer Pferde zu essen, wußte, daß damit die letzte Chance eines Ausbruchs dahin war.)

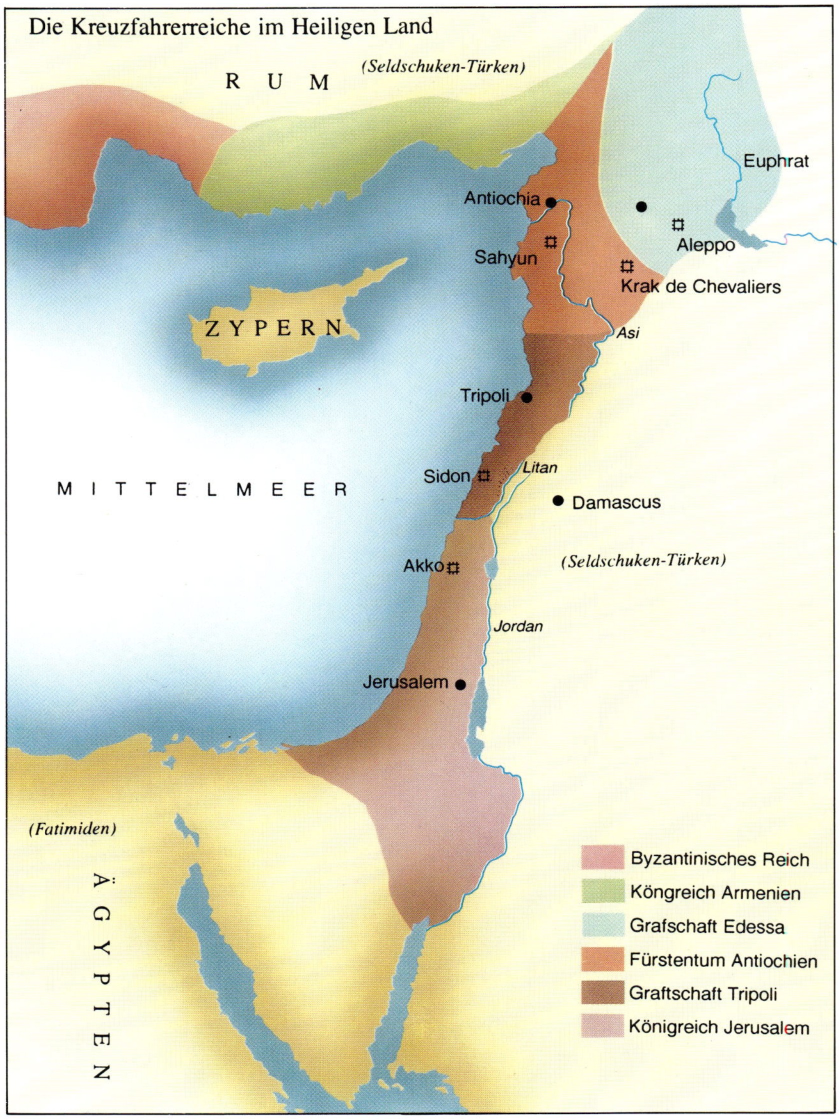

Sahyun, an der Stelle einer einstigen rechteckigen byzantinischen Festung, (aber viel größer als diese) bewachte den südlichen Zugang zum syrischen Antiochia (dem heute in der Türkei gelegenen Antakya). Es erstreckte sich über eine Gesamtlänge von 600 m. Die obere und untere Wachtregion waren beide von eigenen, durch einen Graben voneinander getrennten Außenmauern umgeben. Der einzige Zugang ins Innere führte über eine künstliche Schlucht, die von Hand in den harten Fels geschlagen wurde, quer über die gesamte Gratbreite von 130 m, 27 m tief und mit 19 m zu breit, um eine freitragende Brücke darüber zu schlagen, die auch Pferde trüge. Man ließ

Die Zitadelle von Aleppo (dem heutigen Haleb /Syrien) wurde von den Sarazenen nach dem Abzug der Kreuzfahrer erbaut. Dieses Foto hier zeigt, daß das Glacis selbst ohne seine einstige Bepflasterung und erodiert vom Regen auch heute noch einem Angreifer keinerlei Schutz böte

deshalb einen schmalen Pfeiler in der Mitte dieses künstlichen Abgrunds als Mittelstütze für eine transportable Brükkenplatte stehen. Die meisten Türme der aus den frühen Jahren des 12. Jh. stammenden Festung Sahyun haben eine quadratische Form.

Krak des Chevaliers nördlich von Homs in Syrien wurde ebenfalls um die gleiche Zeit befestigt und 1142 den Johanniter-Rittern übergeben. Auf deren Bauten und Umbauten geht der Großteil des heutigen Aussehens zurück. Es handelt sich um eine konzentrisch angelegte Burg mit einem Zugang über vier Richtungsänderungen und acht Toren in drei Torgängen, immer vorausgesetzt, man schlägt an jeder Ecke den richtigen Weg ein. Drei quadratische (ein vierter ist eine spätere Ergänzung der Sarazenen) und neun runde Türme sind in die direkt am Felsenkliff verlaufende Außenmauer eingefügt. Die inneren Mauern erheben sich über einem immensen Talus (Plinth, Sockel). Sie sind mit sieben Türmen verschiedenen Typs versehen, darunter auch einer Poterne für schnelle Überfall-Kommandounternehmen nach draußen gegen Belagerer. Ein Teil des unteren Wachtbereichs bildete ein riesiges Wasserreservoir. Es gab noch weitere Zisternen als Sammelbecken des Winterregenwassers. Krak des Chevaliers besaß zusätzlich sogar eine Windmühle; ein großer Vorteil, weil sich Korn länger lagern ließ als bereits ausgemahlenes Mehl. Außerdem hatte man wohl auch einen Lagerraum für Gewürze und Soßen, Zuckerwerk und Süßigkeiten, Öl, Trockenobst und Kräuter – alles zur Kostabwechslung gegen die Eintönigkeit der gestapelten, ungewürzten, bröseligen Fladen.

2 000 Johanniter hielten auf diese Weise im Jahre 1188 einen Monat lang der Belagerung durch Saladin stand, bis dieser unverrichteter Dinge wieder abzog, um sich leichteren Zielen zuzuwenden. 1271 allerdings war die Besatzung von Krak des Chevaliers, als sie nur noch aus 200 Mönchskriegern und ihren Bediensteten bestand, zu schwach, um ihre gesamten Außenwehren zu besetzen. Nachdem die Sarazenen einmal die Außenbastion erobert hatten, unterminierten sie einen der inneren Mauertürme. Die Johanniter waren damit in ihrem Burghaus eingeschlossen, das selbst Teil der inneren Mauer war. Mit jedem Rückzug fanden sie es allerdings angesichts ihrer schrumpfenden Verteidigungslinie leichter, sich zu verteidigen, zumal, da die vorangegangenen drei Belagerungswochen die Truppen des Sultans Beibar bereits so strapaziert hatten, daß diesem der Preis, den ihn der endgültige Sturm wohl kosten würde, zu hoch erschien. Also griff er zu einem – erfolgreichen – Trick mit einem Moslem fränkischen Aussehens, der sich als Kurier ausgeben sollte, dem es gelungen sei, mit Kapitulations-Instruktionen der Johanniter-Oberen durch die sarazenischen Linien zu gelangen. Aber dennoch – Legenden waren damit geboren; Legenden, die noch späte Nachfahren inspirierten. Hätte z. B. ein gewisser Student namens T. E. Lawrence im 20. Jh. es nicht unternommen, eine Arbeit über die Kreuzfahrerburgen zu schreiben – was mit einer Reise in den Orient verbunden war –, dann sähe die Welt dort heute wahrscheinlich etwas anders aus...

schlossenes Ziel gleichfalls in der Ausrottung ihrer Feinde bestand. Beide Seiten waren auf genau gleiche Weise überzeugt davon, daß ihnen, fielen sie im heiligen Kampf, das ewige Leben sicher sei.

Die Burgen im Heiligen Land wurden also ganz spezielle Schlacht-Felder (*killing-grounds*) mit Waffensystemen, die eigens dafür entwickelt worden waren, wenigen Verteidigern das Ausharren, so lange es nur ging, zu ermöglichen, wonach sie dann ihre Haut so teuer wie nur möglich zu verkaufen suchten. Die üblicherweise auf unzugänglichen Felsenbergen stehenden massiven Festungen wurden dazu nun mit zwei oder sogar drei konzentrischen Mauern umgeben, die nach innen anstiegen, so daß die auf der jeweiligen Mauer stehenden Schützen über ihre Kameraden auf der niedrigeren vor ihnen hinwegschießen konnten. Jede dieser Umgebungsmauern war durch zwei Schießtürme verstärkt, die über die Mauer hinaufragten, oder mit Einzelbastionen von gleicher Höhe wie die Mauer oder aber niedriger als sie, beide üblicherweise rund, weil diese Form schwieriger zu unterminieren oder zerstörbar war als rechteckige Bauten. Ein anderes Hindernis gegen unerwünschte Untertunnelung war die Flutung des Torgrabens, auch wenn das die sommerliche Wasserknappheit eigentlich gar nicht zuließ. Direkt aus den steil abfallenden Felsen aufragende Burgmauern wurden zusätzlich durch Manschetten oder Plinthleisten geschützt, die Böschung oder Talus genannt wurden. Sie verliehen den Mauern zusätzliche Schutzwirkung und stabilisierten sie auch im Falle von Erdbeben. Vor allem aber verhinderten sie den Einsatz von Sturmleitern, die auf diese Weise gar nicht erst anstellbar waren, oder sich zumindest, wenn auf ebenen Grund gestellt, als entweder zu kurz erwiesen oder aber so unsicher und ungünstig anlagen, daß sie beim Aufstieg mehrerer Soldaten fast mit Sicherheit durchbrachen.

Ein anderer Vorzug dieser *Talus* war, daß sie Steine, die die Verteidiger auf sie hinabwarfen, schrapnellartig zerspringen ließen. Damit die Männer oben auf den Zinnen dies besorgen

Oben: *Die befestigte Einfahrt zum Hafen von Sidon im Libanon. Die Dammbrükke rechts ist modern. Die frühere an dieser Stelle aus dem 13. Jh. konnte bei Annäherung von Feinden zertrennt werden*
Rechts: *Zwar verhältnismäßig klein im Vergleich zu anderen Forts in Wales, erhebt sich der normannische Wachturm der alten Burg Bronlly jedoch eindrucksvoll über seinem Motte-Hügel an der* marcher *(Grenze) von Brecknockshire (heute Powys)*

Unten: *Belvoir im Norden von Israel*
Das dortige moderne Talwasserreservoir ist eine Erinnerung daran, wie man sich einst zuverlässig auf die Winterregenzeit verlassen konnte, um die steinernen Wassertanks und Zisternen der Bergforts aufzufüllen

Rechts: *Rumeli Hisari am europäischen Ufer des Bosporus knapp nördlich Istanbul. Obwohl die Türken die Festung noch 1454 völlig renovierten, legten sie keinerlei Wert darauf, die neuesten Entwicklungen auf diesem Gebiet zu berücksichtigen*

konnten, ohne sich selbst gefährlich exponieren zu müssen, legte man steinerne Wehrgänge vor den oberen Rändern der Mauern an, in deren Boden sich Löcher befanden. Offiziell "Maschikulis" (oder "Maschikulierungen") genannt, wurden diese *meurtrières* ("Mordlöcher") bald ein fester Bestandteil des Festungsbaus.

Weiterhin gab es Fallgatter und Zugbrücken, Sackgassen und gedeckte Gänge, letzteres, damit Versorgung und Ablösung für die äußeren Mauern gefahrlos erfolgen konnte. Außerdem ließen sich die äußeren, mittleren und inneren Mauern mit zusätzlichen Quermauern unterteilen. Sehr oft waren die Umgänge und Gehwege oben auf den Mauern nur über die Durchgänge der flankierenden Türme erreichbar, was bedeutete, daß jeder Angreifer, der es bis zu einer Mauer geschafft hatte, deshalb noch lange nicht drinnen war. Die in die Türme führenden Tore waren zwar im Vergleich zu denen auf Bodenhöhe schwach, konnten aber dennoch allem widerstehen, was die Angreifer, die dabei ständig den Geschossen von den inneren Mauern und den anderen Türmen ausgesetzt waren, über ihre Sturmleiter heraufgeschleppt haben mochten.

Für Offensivzwecke waren die Kreuzfahrerburgen mit einer

CHATEAU GAILLARD

Chateau Gaillard ist eine alte Burg über der Seine bei Rouen. Erbaut hat sie 1197-98 Richard I. von England. Der *Donjon* war nur über einen inneren Ringgraben zugänglich, welcher von einer sog. Futtermauer umgeben war (= nach der Art sich überlappender Bastionen). Dorthin gelangte man über eine steinerne Brücke im mittleren Ringgraben. Dessen Umfassungsmauer war von einem quadratischen und drei runden Türmen gesäumt und nur erreichbar über eine Zugbrücke über den Graben und den viertürmigen äußeren Ringgraben. Dieser wiederum konnte selbst nur über eine weitere Zugbrücke erreicht werden.

Dennoch hatte Chateau Gaillard seine Schwachpunkte. Beispielsweise gab es unter einem nicht vergitterten Kapellenfenster einen Abwasserkanal, und die steinerne Brücke über die Futtermauer bot Angreifern einige Deckung. Eine Kombination von Blockade, Angriff und Unterminierung den ganzen Winter 1203/04 hindurch endete schließlich damit, daß Chateau Gaillard in französische Hände fiel.

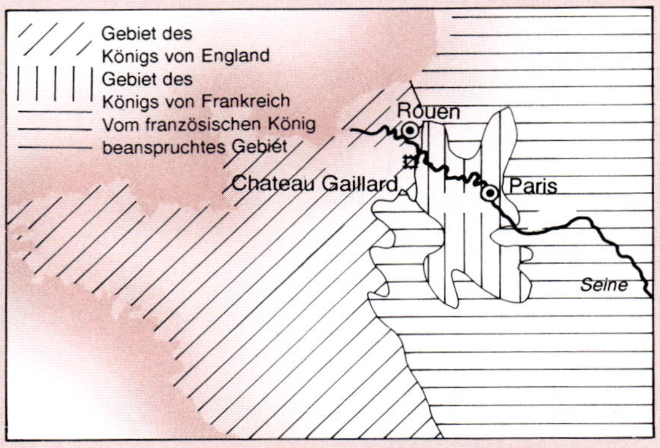

***Links:** Teilansicht der Befestigungsanlagen von Carcassonne, die 1285 als royalistisches Bollwerk im Gebiet der Albigenser in Südfrankreich wiederaufgebaut wurden (restauriert ab 1844 von Viollet-le-Duc)*

Anzahl kleiner, stark befestigter sog. *Poternen* (Ausfallpforten/-pförtlein) ausgestattet. (Diese sind nicht zu verwechseln mit den normalen Durchgangspforten für Fußgänger in friedlichen Zeiten, damit die großen Haupttore nicht geöffnet werden mußten.) Die *Poternen* konnten die Belagerten für schnelle Überraschungsschläge gegen die Belagerer nützen: Ausfall, zuschlagen, rasch wieder zurück hinter die Mauern, ehe der Feind sich erholt hat und reagieren kann.

Oft wird angenommen, die Kreuzfahrer hätten all dies von ihren Feinden übernommen und die überlebenden Rückkehrer hätten dieses Wissen dann auch im Westen in der gesamten Christenheit verbreitet. Doch es ist kaum denkbar, daß die "Franken" ausgerechnet von den Arabern deren spezifische Militärarchitektur übernommen hätten. Deren *alcazabas* waren aus rauhem Beton gebaut, einem mit grobem Kies und Steinen versetzten Mörtel, der in transportable Holzkästen gegossen wurde. Zwangsläufig ergab dies die Notwendigkeit rechteckiger Bauformen mit ebensolchen Türmen an den vier Ecken der Mauer und neben den Toren. Ihre Mauern hatten Spitzen über den Schießscharten. Die Wohnquartiere waren sehr karg und niemals fehlte natürlich eine Moschee mit

***Oben:** Belver in Palma de Mallorca besitzt luftige Wohnquartiere innerhalb eines* castillo *mit dicken Umfassungsmauern. Wurde es notwendig, konnte die Besatzung sich über eine Brücke in den separat stehenden maschikulierten Turm hinten zurückziehen*

Minarett, von dem herab der Muezzin die Gläubigen zum Gebet rief. Im Laufe der Zeit wurden mehrere dieser *alcazabas* vergrößert und aus Stein neu gebaut, nunmehr *alcazars*: Verteidigungspaläste für regionale Militärgouverneure.

Allerdings übernahmen die moslemischen Araber, wenn sie bereits besser besiedelte und entwickelte Gebiete eroberten, auch viele der dort schon existierenden Festungen. Die meisten in der Levante waren in der Tat von byzantinischen Baumeistern errichtet oder jedenfalls von ihnen beeinflußt.

Die gesamte byzantinische Außenpolitik und Diplomatie, Strategie und Taktik liefen darauf hinaus, jeden Gegner auf möglichst große Distanz zu halten und auch möglichst schnell aus möglichst großer Enfernung zu besiegen. Die Militärarchitektur folgte dem Ziel, einen direkten Angriff auf die Mauern Konstantinopels (oder einer anderen Stadt des Reiches) so ungeheuer kostspielig an Menschenleben zu machen, daß die Schwächung des Feindes groß genug war, um ihm mindestens eine Generation lang keinen neuen Versuch zu erlauben. In dieser Denktradition waren die Befestigungen das Ergebnis praktischer Erfahrungen und des fortgesetzten Studiums alter Schriften und deren moderner Interpretation, und die Kreuzfahrer waren davon beeindruckt genug, daß sie Einzelheiten davon in ihre eigenen Festungsbauten übernahmen und deren Technik dann später in Europa verbreiteten.

Wieso aber, wenn die Vorteile runder Türme, konzentrischer Mauern und von Maschikulis so offensichtlich waren, hatte

DIE MITTELALTERLICHEN FESTUNGEN INDIENS

Die hochentwickelten Defensivstrukturen auf dem indischen Subkontinent konnten es jederzeit mit den Elefanten und Belagerungstechniken von Angreifern aufnehmen

Wie in vielen anderen Bereichen ist der indische Subkontinent auch in der Geschichte der militärischen Architektur das Bindeglied zwischen den Traditionen des Fernen Ostens und den Kulturen des Orients und Europas. Trotzdem ist er von beiden so weit entfernt, und durch Gebirge, Meere, Wüsten und Dschungel so isoliert, daß fremde Einflüsse, bis sie dorthin gelangten, sich immer schon verändert hatten, und dort in der indischen Umgebung noch weiter mutierten. Es ist deshalb durchaus möglich, die Evolution eines eigenen indischen Stils der Befestigungsanlagen zu erkennen, wie er sich durch die Gegebenheiten von Klima, Terrain und Gesellschaftsstrukturen dort herausbildete.

Außer in den alluvialen Überschwemmungsebenen, wo aber deshalb die Herstellung von Ziegeln möglich ist, waren Steine in Indien niemals Mangelware, sondern überall reichlich verfügbar, selbst in bewaldeten Regionen. In der Regenzeit werden sie überallhin angespült und liefern wenigstens in dieser Hinsicht einem drängend übervölkerten Land problemlosen Überfluß. Wie viele Menschenopfer jede Überschwemmung, Seuche oder Hungersnot auch fordert, diese Verluste werden alsbald wieder ausgeglichen. Niemals mangelte es an Soldaten für kämpfende oder Garnisons-Heere, niemals an Arbeitern, die Steine schleppten und massive Mauern, die direkt aus Felsmassiven aufsteigen, erbauten. Die so einst entstandenen Festungen lagen zwar oft weit von Frischwasserquellen entfernt, doch dem half man ab mit riesigen steinernen Tanks und Zisternen, in denen von Saison zu Saison der Monsunregen gesammelt wurde und von denen aus man mit Leitungs- und Aquäduktsystemen die Wohnhäuser und Viehställe versorgen konnte; ein ganz entscheidender Vorteil gegenüber jedem Belagerer,

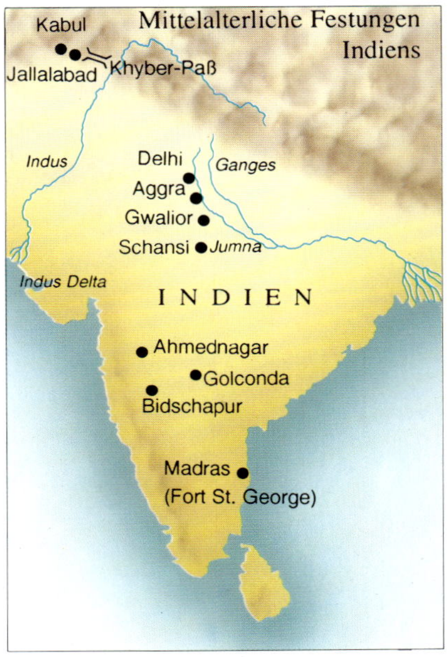

der seinen ganzen Wasserbedarf mitbringen und die steilen gewundenen, oft zu Treppen ausgehauenen Pfade die Berge hinaufschleppen mußte. Außer in der unmittelbaren Umgebung des Haupttors gab es oft kaum eine Stelle, wo man irgendeine Sturmleiter hätte ansetzen, geschweige denn einen hohen und schweren Belagerungsturm anfahren können. Selbst das Instellungbringen von Katapultgeschützen in einigermaßen genügender Reichweite hatte seine Schwierigkeiten.

Die Inder besaßen diese und andere Ausrüstung durchaus. Da gab es ihre *manjaniqs* (das Pendant zu den *petrariae*, den Steinschleudern), mit denen Steine und Felsbrocken bis zu 220 kg und mehr Gewicht geschossen werden konnten, die *maghribi* als nächstgrößeres Kaliber ab 220 kg Schleudergewicht (das Gegenstück zur Katapult-*ballista*), die kleinere *arradah* (der *catapulta* entsprechend) und die der *scorpio* vergleichbare Armbrust-*charkh*. Man installierte sie an

Oben: *Das Amar-Sing-Tor am Roten Fort in Agra. Angreifer, die über diese Brücke das Außentor durchbrochen hatten, mußten sich dann nach rechts zwischen den beiden quadratischen und runden Türmen wenden und dann nach links weiter durch die nächste Außenmauer dahinter vordringen. (Die Zinnen oben sind eine Rekonstruktion der Briten aus dem 19. Jh.)*

Mauern und Bastionen zum direkten Beschuß der Belagerer. Es mag Alexander der Große gewesen sein, der die reine eigentliche Katapult-Artillerie auf seinem Feldzug von 327-325 v. Chr. erstmals auf den Subkontinent brachte.

Die meisten Erstürmungen in Indien wurden aber mit Rammböcken und Elefanten bewerkstelligt, mit deren Hilfe die oft bis zu 8 m hohen Tore aufgebrochen wurden (sie waren so hoch für die zeremoniellen Einzüge der mit den typischen *howdah*-Sitzen gesattelten Prachtelefanten). Zur Gegenwehr gegen Rammkommandos an den Toren gab es verschiedene Methoden. Die flankierenden Mauern neben dem Tor konnten in langen geschwungenen Kurven gebaut sein, oder der Zugang nur über eine steile Treppe hinabgehen, oder über eine Brücke, und dann erneut nach oben; oder der Torbefestigung selbst konnte noch eine zusätzliche Befestigung oder ein Vorwerk vorgelagert, oder das Tor durch quergespannte Ketten zusätzlich gesichert sein. Um die Elefanten am Eindrücken des Tores zu hindern, waren die 15 cm dicken Torbohlen oft mit Eisenplatten mit herausstehenden Dornen von bis zu 40 cm Länge und 5 cm Durchmesser benagelt.

Durchbrachen die Angreifer den 3,5-5 m breiten Durchgang dennoch, standen sie gleich vor dem nächsten Tor, welches sie ebenfalls erst einmal auf gleiche Weise aufbrechen mußten. Da aber konnten sie von verborgenen Durchgängen, Plattformen und Wehrgängen aus angegriffen werden, von Soldaten, zu deren Bewaffnung ein spezieller Dreizack gehörte, mit dem sie die Dickhäuter in Flanken und Beine stechen konnten. Es gab außerdem Querbalken und Stämme, die man auf die Eindringlinge herabfallen lassen konnte, wenn sie in einem engen Flaschenhals in nachteiliger Lage zusammengedrängt waren. Die Bogenschützen der Belagerer blieben mittlerweile zwar nicht untätig und wüteten unter den Verteidigern, aber diese antworteten natürlich auf ähnliche Weise hinter ihren gerundeten oder zugespitzten Schießscharten oder auch aus den großen Schießlöchern oder mit Deckeln zu verschließenden Kanonenöffnungen auf den Zinnen, die dort eingefügt worden waren. Ungefähr ab 1350 gab es auch die Technik der Maschikulation in vielfältiger Form, oft als deckelverschlossene Kisten in einer Giebelkrage.

Die übliche Anwendung von Waffen nur gegen Personen – nämlich das Töten von Menschen, ohne dabei Sachschaden anzurichten – förderte eine reiche dekorative Ausschmückung der Befestigungsanlagen. Derlei steigerte auch das Ansehen des jeweiligen Herrschers, der damit nicht nur seinen unermeßlichen Reichtum demonstrierte, sondern auch seine Macht, seine Überlegenheit und seine Erhabenheit über gewöhnliche Sterbliche. Besonders eine dieser Palast-Festungen war der Überlieferung nach so voller Diamanten, daß ihr Name zum Inbegriff für Schätze und Kriegsglück wurde. Bis heute heißen in den USA diverse Gold-und Silberminen noch so – nämlich "Golconda".

Das echte Golconda liegt im einstigen Dekhansultanat (dem heutigen Bundesstaat Andra Pradesh) nahe Haiderabad in Zentralindien. Wie bei den meisten indischen Festungen begann auch sein Aufstieg um 1206, als Indien eine Landschaft zahlloser halbselbständiger Staaten war. Die Zitadelle Bala Hissar von Golconda krönt einen steilen und felsigen Berg. Konzentrische Steinmauern von insgesamt 1,8 km Länge laufen rund um ihre Basis.

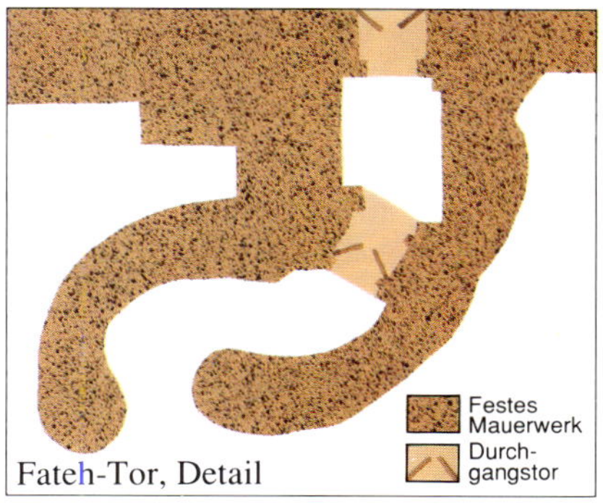

***Oben:** Die Zitadelle von Gwalior, mit ihrer das gesamte Plateau oben umlaufenden zinnen- und bastionenbewehrten Mauer, überragt die Wohnviertel unten*
***Links:** Das gekurvte Fateh-Tor nach Golconda hinein hatte 7 m dicke Mauern*
***Unten:** Stadtplan von Golconda. Die Erweiterung der Stadtmauer, zu der auch die Neungezackte Bastion gehört, wurde 1724 gebaut*

***Unten:** Das Lahore-Tor des Forts Lal Qila (Rotes Fort) in Delhi, der Mogul-Hauptstadt Indiens, erbaut 1638-58*

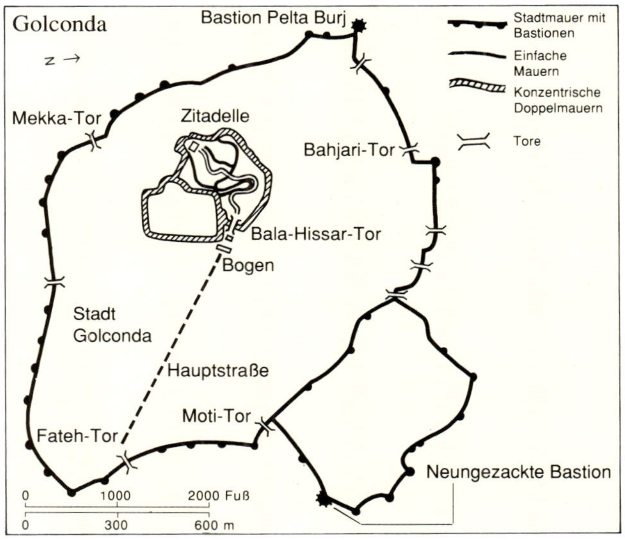

SCHLOSS BALMORAL

Das Schloß Balmoral, die königliche Residenz am Fluß Dee in Schottland, sieht vielleicht so aus wie eine alte Burg aus dem Mittelalter, ist tatsächlich jedoch nur ein im Zeitalter der ersten industriellen Revolution gebauter Palast. Prinz Albert kaufte den Grund 1852 und gab ein angemessen feudales und pittoreskes Landschloß in Auftrag. Balmoral kann hier als Beispiel für die Nachempfindung einer gewissen Faszination an mittelalterlichen Burgen und Schlössern in neuerer Zeit dienen, wie sie oft noch bis heute von Architekten und Künstlern bis hin zu Autoren und Filmemachern empfunden wird.

Oben: *Balmoral Castle* ***Unten:*** *Seine Lage*

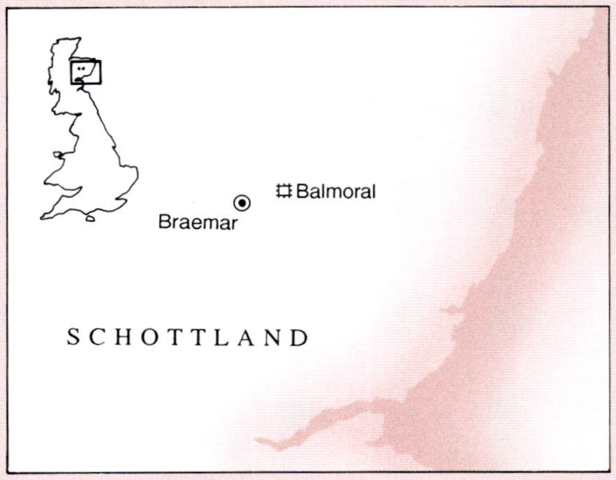

man sich ihrer nicht schon früher bedient? Schließlich war der runde Turm schon seit Römerzeiten bekannt und Teil mittelalterlicher Befestigungen gewesen, wenn zwar verbreiteter im Norden Europas, so doch auch im normannischen Königreich in England. Tatsächlich waren mehrere normannische Burgen schon seit ihren allerfrühesten Anfängen in der Form riesiger Rundtürme angelegt und eine Art Schalen-Bauten: die Unterkunfts- und Lagerräume befanden sich in Mauerhohlräumen. Im übrigen war der Bau runder Außenmauern von Türmen weniger kostspielig als der rechteckiger *Donjons*, für die speziell behauene Ecksteine, die sogenannten Quadersteine, erforderlich waren. Doch wie erklärt sich das Fehlen früher Steinmaschikulierungen in Europa? Wehrgänge und Brustwehren aus Holz vor den Mauerzinnen waren durchaus üblich und erfüllten auch denselben Zweck wie die Maschikulis. Aber warum waren sie nicht von Anfang an auch hier aus Stein? Zumal, da restaurierte Bergforts schon seit langem die Vorteile konzentrischer Mauern bewiesen hatten? Selbst wenn fränkische, normannische und teutonische Adelige keine Kenntnis von Westeuropa hatten, so hatten sie doch, wenn sie Verwandte weiter südlich besuchten oder auf Pilgerfahrt ins Heilige Land aufbrachen, genug Gelegenheit, bzyantinische und mediterrane Befestigungsanlagen zu sehen und zu studieren. Warum also dauerte es bis nach den Kreuzzügen, bis diese weitverbreiteten architektonischen Einzelheiten auch bei ihnen eingeführt wurden?

Die Antwort heißt nur teilweise: der Trägheitseffekt. Denn wie aufgeschlossen der einzelne Adelsherr auch immer sein mochte, so sah er doch kaum je Anlaß, noch völlig einwandfreie Mauern und Türme einfach niederzureißen, nur weil Fremde anderswo anders bauten. Außerdem konnten die Befürworter der rechteckigen Türme Beispiele genug anführen, daß sie im Orient neben runden auch solche gesehen hatten. Es bestand also wenig Anlaß, nicht einfach nur den Fall abzuwarten, daß sich durch eine ganze oder teilweise Zerstörung durch Belagerung und Kampf die Notwendigkeit eines Neubaus ergab. Dann konnte man immer noch neue Bauideen übernehmen. Aber selbst dann war es nicht zuletzt eine kostspielige Angelegenheit, konzentrische Mauern und die offensichtlich nicht gestützten Simse von Maschikulationen zu errichten.

Die Kreuzzüge konzentrierten nicht nur das Denken der Militärs auf den Burgenbau und seine Zweckmäßigkeiten, sondern zwangen auch die Herrscher zu sorgfältigeren finanziellen Überlegungen. Neue und höhere Steuern zur Finanzierung der königlichen Expeditionen (auch Lösegelder für gefangengenommene Könige) machten die Regierungskassen zwar flüssiger. Aber unumgänglich blieb ein Teil dieses Geldes immer in dem Land, aus dem es stammte, oder wurde von anderen Projekten verschlungen.

Noch mehr Geld stand zur Verfügung, als die Orden, wie etwa die Tempelritter, Anlagemöglichkeiten für das Gold und Silber suchten, das ihnen ihre Gläubigen spendeten. Nachdem die Kreuzzüge vorüber waren, beschlossen sie, dieses Geld in die Monarchien zu investieren, mit der Absicht, die anfallenden Zinsen für ihre jeweiligen karitativen Unternehmungen zu verwenden. Nur, die Könige Europas klagten die Orden, nachdem sie deren Geld verbraucht hatten, der Lasterhaftigkeit und

Links: *Die Pariser Bastille wurde in ihrer ursprünglichen Form 1370 zur Verteidigung des Stadttors Porte Sainte Anne erbaut. Acht maschikulierte Zylindertürme ohne jede Ecke, damit kein Verfall möglich sei, waren Feuerstationen nach vorne zur Umfassungsmauer hin, die selbst so hoch wie diese Türme war. Damit wurde rasche Verstärkung an jedem Punkt möglich*

Unten: *Der Rundturm von Conisborough Castle nahe Doncaster in Yorkshire wurde von Hamelin Plantagenet, dem Halbbruder von Heinrich II., um 1185 erbaut. Er ist 27 m hoch und steht innerhalb eines Ringgrabens. Die Außenstützpfeiler scheinen einer Überlegung während des Baus entsprungen zu sein. Sie wären gegen eine gezielte Zerstörungsabsicht sehr verwundbar gewesen*

Zauberei an und entledigten sich ihrer Rückzahlungspflicht auf einfache und drastische Weise, indem sie sie beseitigten. Es waren sehr viel weniger die Kreuzzüge selbst als das durch sie in Umlauf gekommene Geld, was die großen königlichen Schlösser und Stadtburgen des späten Mittelalters überall entstehen ließ.

DIE ENTWICKLUNG DER KANONEN

Diese Bollwerke nun wurden entscheidend in den Kriegen des erwachenden Nationalismus, der autokratischen Monarchien und der religiösen Auseinandersetzungen; die zunehmende Erbitterung, mit der diese geführt wurden, machte die einstige "würdige" Kapitulation immer unmöglicher. Die typische europäische Befestigungsanlage wurde mehr und mehr der

Links: *Der Keep von Donnington Castle in der Nähe von Newbury in Berkshire aus dem 14. Jh. wurde im Bürgerkrieg dreimal belagert*

Oben: *König Dermot MacCarthy of Munster baute 1446 Blarney Castle über dem Fluß Martin. Das Außenmauerwerk ist Teil der Maschikulation*

buchstäbliche *killing-ground*, das Schlacht-Feld, und immer weniger der Schauplatz zwar brutaler, doch "ritterlicher" Kämpfe. Es war das ideale Klima für einen rasch aufblühenden neuen Geschäftszweig: den Handel mit Schießpulver und Kanonen.

Das Aufkommen dieser neuen Waffentechnik etwa ab 1320 machte die alten Burgen nicht etwa über Nacht überflüssig. Im Gegenteil, es erhöhte zunächst ihren Verteidigungswert. Die ersten Kanonen, die bis zu 664 kg, also fast eine dreiviertel Tonne wogen, mußten auf schweren Wagen transportiert und auf Holzrahmenlafetten gesetzt werden, wo sie dann die meiste Zeit einer Belagerung stationär blieben. Sehr viel einfacher war es da für einen Burgherrn, sich seine Kanonen in Friedenszeiten anzuschaffen und sie oben auf den Mauern in Stellung zu bringen. Der gleiche Ausgangsvorteil galt für das "Zubehör": Salpeter, Schwefel und Holzkohle zur Mischung des Schwarzpulvers. Sie ließen sich in verhältnismäßig trockenen, sicheren Verliesen lagern, während die Belagerer draußen ihr Pulver im Freien mischen mußten, womöglich noch in der Nässe oder unter gefährlichen Umständen. Es war noch nicht möglich, Schwarzpulver auf Vorrat zu mischen. Es hatte die Neigung, sich wieder in seine Bestandteile zu trennen. Erst die Erfindung des gekörnten Schießpulvers, in welchem jedes einzelne Korn alle Einzelbestandteile in genauer Proportion enthielt, löste das Problem. Auch größere Explosionskraft wurde damit übrigens erzielt, was wiederum die Schußkraft, Reichweite und Zielgenauigkeit erhöhte.

Gleichwohl steckte die Kenntnis der metallurgischen Chemie noch in den Kinderschuhen. Immer noch konnte es jederzeit passieren, daß Kanonen wegen Überhitzung explodierten, wenn aus ihnen mehr als ein paar Schuß täglich abgegeben wurden, oder die Kugel im Rohr steckenblieb: der gefürchtete Rohrkrepierer. Es konnte außerdem ziemlich lange dauern (in Konstantinopel 1453 zwölf Tage!), bis in eine dicke Mauer endlich ein Loch geschossen war. Und bis dahin konnte den Belagerern alles mögliche widerfahren, einschließlich der Tatsache, durch die Kanonen der Belagerten oben auf deren Mauern gezwungen zu sein, soweit zurückzuweichen, daß die eigenen Kugeln keine genügende Reichweite mehr hatten. Man konnte zwar Schießpulver auch in einem Tunnel unter den Mauern zur Explosion bringen oder in einer vor dem Tor plazierten Bombe mit Lunte und Zündschnur; aber auch da bestanden Probleme wie z.B. der ausreichend langen Zündschnur, damit nicht der Bombenleger mit der Bombe selbst in die Luft flog.

Von diesen beiden Möglichkeiten einmal abgesehen, lagen selbst bei einem Sturmangriff die Vorteile des neuen Schießpulvers noch lange vor allem bei den Verteidigern. Die ganze architektonische Ausstattung einer Burg von der Zinne bis zur Schießscharte und vom "Mörderloch" und Fallgatter bis zu den konzentrischen Außenmauern war gegen die frühen Feuerwaffen fast noch genauso wirksam wie bisher gegen die lediglich hand- und mechanisch geschleuderten Geschosse. Ein Soldat auf der Sturmleiter hatte keine Möglichkeit, seine Muskete nachzuladen, wenn er sie einmal abgeschossen hatte. Oben hinter den Zinnen hingegen konnten die Schützen mit Hilfe anderer, die nachluden und neue Gewehre reichten,

quasi pausenlos feuern, jedenfalls so schnell, wie das Nachladen/Auswechseln ging. Gelang es den Belagerern dennoch, ihren Fuß auf die Mauer oben zu setzen, konnten sie immer noch weggefegt werden – mit einem einzigen Kartätschen-Hagelgeschoß (aus kleinen Kügelchen, Nägeln und allen möglichen sonstigen harten Bestandteilen), das tötete und verwundete, aber keinen Sachschaden anrichtete.
Freilich eigneten sich nicht alle Burgen zur Verteidigung mit Kanonen. Umfassungsmauern waren zuweilen zu eng für einen sicheren Rückstoß. Die stabilsten und in gleicher Weise die am dünnsten gedeckten und befestigten Mauern boten oft kein Schußfeld, Pfeilschußöffnungen mußten erst vergrößert werden, um auch das Abschießen von Feuerwaffen zu ermöglichen, gleich ob Handpistolen oder langläufige Musketen (samt allen Variationen, die es damals schon gab: Luntenschloß, Steinschloß, Arkebuse usw.; deren gesamte Aufzählung würde Seiten füllen). Dies alles führte schließlich zur Form des runden Schießlochs am unteren Ende der Schießscharten für Bogen und Armbrust, wofür sich in England der Name "cross-and-orb" einbürgerte (etwa: "Bogen und Kugel", zu deutsch "Schlüsselscharten"). Für größere Kanonen wurden die Schießscharten und Zinnen jedoch zu großen Öffnungen erweitert. Normalerweise mit Läden verschlossen, wurden sie nur zum Schießen geöffnet, dann aber sehr weit, um den Kanonieren die erforderliche Bewegungsfreiheit zu geben.
Die Denker und Planer beschäftigten sich mittlerweile bereits mit dem Guß leichterer und dabei stärkerer Kanonenrohre sowie den Problemen der Ballistik. Der Beitrag Charles' VIII. von Frankreich zur Belagerungskriegführung war 1494 die Einführung der fahrbaren Artillerie von leichterem Gewicht und mit größerer Feuergeschwindigkeit durch Rohre, die in der Höhe verstellbar waren und eiserne Kugeln abfeuerten. Die fahrbaren Lafetten erleichterten nicht nur den Transport, sondern den Kanonieren auch das Instellungbringen und die schnelle Stellungsveränderung, wenn es die Situation erforderte oder eine günstige Gelegenheit dazu einlud. Mit dieser Mobilität und der neugewonnenen größeren Zielgenauigkeit war es der Artillerie fortan möglich, sich bei der Beschießung von Festungsmauern auf einen genauen Punkt zu konzentrieren und so schneller und zuverlässiger Breschen in sie zu brechen. Andererseits hingegen waren für die Artilleristen oben auf den Mauern einer belagerten Festung fahrbare Kanonen von keinerlei Nutzen. Sie konnten auch damit ihre Geschütze nicht rasch und bequem transportieren. Auch Räder halfen treppauf und treppab oder zum Transport von einem Turm auf den anderen nicht.
Kurz, es wurde immer klarer, daß die Burgenbauer sich etwas einfallen lassen mußten, wenn sie überleben und weiterhin "im Geschäft" bleiben wollten. Die ersten einschlägigen Maßnahmen waren einfach, die existierenden Mauern noch dicker zu machen, was natürlich bald an die Grenzen des Machbaren und Praktikablen stieß. Eine andere Idee war die Verdickung und Rundung der Schießscharten auf den Zinnen, nachdem dieser Bereich sich als besonders anfällig gegen fast horizontalen Beschuß erwiesen hatte (denn so kamen die Kanonenkugeln von unten dort an: auf dem Höhepunkt ihrer Flugbahn, wenn die Kanoniere genau visiert hatten). Die Außenseiten der Türme und Mauern ließen sich in dieser Hinsicht ebenfalls durch zusätzliche Rundungen und Schrägungen verbessern.

Doch insgesamt waren das alles im Grunde nur Provisorien. Früher oder später mußten Burgen gebaut werden, die in ihrer Gesamtstruktur allen neuen Erkenntnissen und Notwendigkeiten Rechnung trugen – den ganzen "modernen" Entwicklungen der Waffentechnik nämlich, vom Schießpulver und der Kanone bis zur Handfeuerwaffe und den jetzigen, großen, stehenden Heeren.
Die Kosten für letztere waren der entscheidende Grund für das Ende der bisherigen Privat-Burgen und -Heere, samt den immer größer gewordenen Korps von Ingenieuren, Pionieren und Architekten, die nunmehr die Wissenschaft und theoretische Mathematik der Renaissance mit der praktischen Technologie, Militärwissenschaft und den traditionellen Fähigkeiten der Maurer und Steinmetze vereinigten, um die Befestigungsanlagen der Neuzeit zu errichten.

Links: *Tintagel in Cornwall, die romantischste aller Burgen aus dem Sagenkreis König Arthurs. Der Ort war schon seit prähistorischer Zeit besiedelt. Die hier zu sehende Große Halle datiert von 1140-75. Die Burg selbst ist bereits seit 1330 verlassen*

Drittes Kapitel

DIE WELT DER RENAISSANCE

Das sichtbarste Merkmal der Artillerie-Zweckbautenforts der Renaissance war, daß sie im Vergleich zu den hochragenden Burgen des Mittelalters niedrig und geduckt aussahen. Das war natürlich kein Zufall. Aufragende Höhe war nun kein Vorteil mehr. Die Fortschritte in der Metallurgie der Kanonen und der ballistischen Mathematik hatten zur Folge gehabt, daß die Beschränkungen der Schwerkraft für aufwärts gerichtete Kanonen bald kaum noch wesentliche Bedeutung hatten. Im Gegenteil, zu starke Neigung nach unten war sogar ein ausgesprochener Nachteil. In Extremfällen rollten die Kanonenkugeln aus dem Rohr, noch ehe sie abgeschossen waren. Selbst schon eine leichte Abwärtsneigung verminderte die Schußkraft einer Kugel. Bruchteile von Zentimetern bei nicht fest an der Pulverladung anliegenden Kugeln genügten da schon, um einen Verlust von Abschußgeschwindigkeit, Zielgenauigkeit und Einschlagstärke zu verursachen.

Eine aufwärts zielende Kanone hingegen sorgte dafür, daß Pulverladung und Kugel eng aneinandergepreßt lagen; mit den daraus resultierenden Vorteilen, daß die aus ihr nach oben sausenden Kugeln heftig in Zinnen und Maschikulis krachten, die ja einst nur zur Abwehr von Pfeilen gebaut worden waren, und von Steinen, die nicht härter waren als die der Mauer selbst.

Die "modernen" Artillerieforts benötigten nun auch keine hohen Ausguckplätze und -türme mehr. Dies ließ sich jetzt durch erheblich einfachere, leichtere Strukturen von der Art von Schiffsmasten besorgen, die sich damit auch leicht und schnell ersetzen ließen, wenn sie zerstört worden waren; wobei inzwischen die Position des Feindes ohnehin längst ausgemacht war. Der einzige wirkliche Vorteil von Höhe für die noch glattläufigen Kanonen der Zeit war, daß damit ihre Reichweite vergrößert wurde, weil die Abfallkurve der Kugel bei nachlassendem Antrieb flacher wurde.

DIE NEUE ARCHITEKTUR

Ein anderer Faktor, der das niedrige Profil der neuen Forts mitbestimmte, war, daß ihre Mauern nun sehr viel dicker sein mußten als früher, teils wegen der größeren Durchschlagskraft der Kanonenkugeln, teils auch im Hinblick auf den Rückstoß der eigenen Kanonen und anderer, mit Feuerwaffen verbundenen Erschütterungen. Und wenn die ersten neuen Renaissanceburgen nun auch komplette Steinbauten waren, bestanden doch die Mauern später oft wieder nur aus Wällen festgetretener Erde und Gerölls, eingefaßt mit Vermauerungen oder Ziegelwerk, was eine Kombination aus Elastizität und Widerstandskraft ergab. Mauern dieser Dicke indessen hatten viel zu

Unten: *Château du Haute-Koenigsbourg bei Colmar im Elsaß. Zusammen mit dem benachbarten Lothringen war diese Region – in Deutschland seit eh und je als Einheit Elsaß-Lothringen verstanden – jahrhundertelang zwischen Frankreich und Deutschland umstritten. In dieser Festung dominieren deutsche Einflüsse (Hochkönigsburg!). In ihr befinden sich auch bereits Kanonenschießscharten für diese damals neue Waffe*

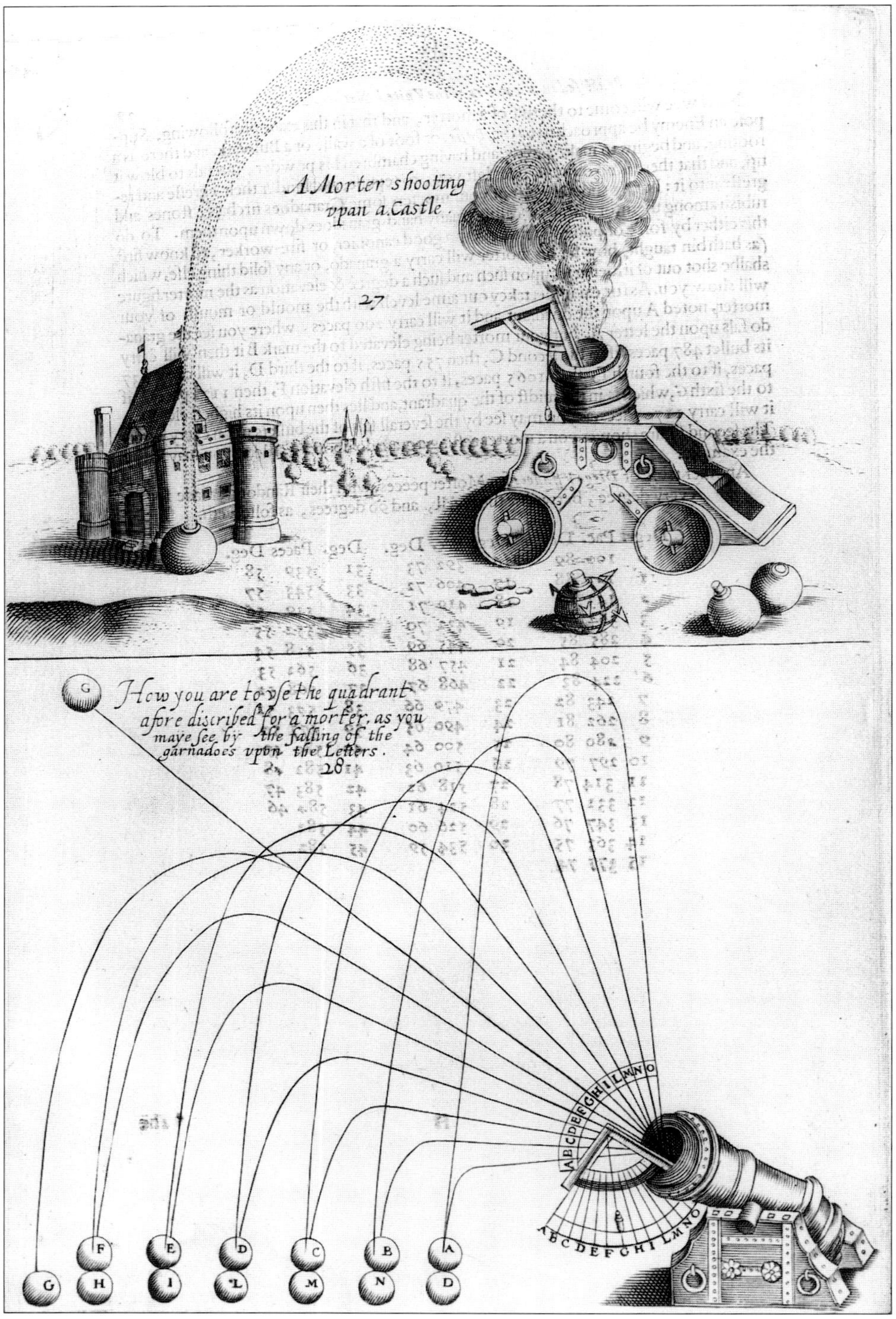

Rechts: *Die Befestigungen von Rhodos. Die Böschungsmauer (Talus oder Plinthe) im Vordergrund ist alles, was noch vom Naillac-Turm übrig ist, welcher der östliche Verankerungspunkt der großen Hafensperrkette war. Der Palast des Großmeisters der Johanniter ist im Hintergrund zu sehen, hinter den Bäumen des "Gartens der Auvergne"*
Links: *Artillerieinstruktionen aus der Nachrenaissance-Zeit. Im Gegensatz zu den horizontal feuernden Kanonen mit festen Kugeln schleuderte ein Mörser eine Hohlgranate mit Schießpulver nach oben und über die Festungsmauern hinweg (die hier weggelassen sind). Ein Quadrant bestimmte einen Viertelkreis. Das untere Diagramm zeigt, daß die Flugbahn, je vertikaler der Abschuß nach oben, desto höher, dafür aber kürzer wurde. Jenseits des 45°-Winkels nahm die Reichweite ab, weil die Schwerkraft den horizontalen Flug verkürzte. An den meisten Granaten wurde vor dem Abschuß die Außenlunte gezündet. Gelegentlich versuchte man auch schon die Technik, die Lunte sich durch die Abschußflamme selbst entzünden zu lassen (für eine Art Zeitzündereffekt der Explosion nicht sofort beim Einschlag, sondern erst später). Das obere Bild zeigt sowohl den "glatten" Zerstörungsschuß (Kugel) wie schrapnellartige Segment- oder Kanistergeschosse, die vor allem einen "antipersonellen" Effekt hatten, d. h., Menschen verletzten und töteten*

viel Gewicht, um sie noch hochziehen zu können; räumliche Expansion war fortan nur noch nach Grundfläche möglich.
Es wäre gleichwohl ein Irrtum anzunehmen, die Mauern dieser neuen Forts seien sehr niedrig gewesen. Tatsächlich erreichten sie immer noch ein Vielfaches an Höhe eines Menschen, zumal die gesamte Festung normalerweise auch noch von einem tiefen, oft trockenen Graben umgeben war, der allein schon leichten Zugang verhinderte; ein Hindernis, das aus der Bodenperspektive und von ferne zunächst unsichtbar blieb. Bis der Angreifer tatsächlich an seinem Rand stand, konnte er, soweit er durch den Pulverdampf der Schlacht überhaupt etwas wahrnahm, allenfalls Teilstücke der Festungsmauer dahinter erkennen, von deren Zinnen herab die Kanonen der Belagerten ihre kompakten und auch Kartätschen-Geschosse herabfeuerten, letztere nach der Art von Schrotladungen, die Tod und Verderben wie einen Schutzschleier ausstreuten.
Die Angreifer wußten auch, daß sich hinter den Festungsmauern Unterkünfte befanden, Lagerräume, Nahrungsmittel-, Pulver- und Kugel-Vorräte, alles von einem bisher im Mittelalter

DER KREML

Iwan III. wurde 1462 Großfürst von Moskau. Zehn Jahre später heiratete er Zoë Palaeologus, eine kaiserliche Prinzessin aus Konstantinopel, das 1453 von den Türken erobert worden war. Mit ihrer Ankunft begann auch die Doktrin von den weltbeherrschenden Drei Rom: das eine am Tiber, das zweite am Bosporus und nun das dritte an der Moskwa. Iwan der Große wurde ein Caesar (nämlich Zar). Die Zitadelle seiner Hauptstadt sollte eine gewaltige Mauer haben wie Byzanz und auch einen riesigen Turm wie den von Galata. Und wo konnte man bessere Baumeister dafür finden als im Land des "ersten Rom"? Das Ergebnis war der Kreml. Dessen Ziegelmauern (erbaut von dem aus Bologna stammenden Rodolfo Fioravanti) bilden fast ein Dreieck mit einem Durchmesser von 2,5 km. Sie sind 20 m hoch und bis 3,4 m dick. Jeder der insgesamt 19 Türme ist eine autarke Festung für sich, wenn auch eine recht beengte mit Raum für nur einige Kanonen auf jedem Stockwerk. Innerhalb des Kremls befindet sich ein Komplex von Palästen, Kathedralen und anderen öffentlichen Gebäuden, aber nicht im italienischen, sondern im russisch-orthodoxen Stil.

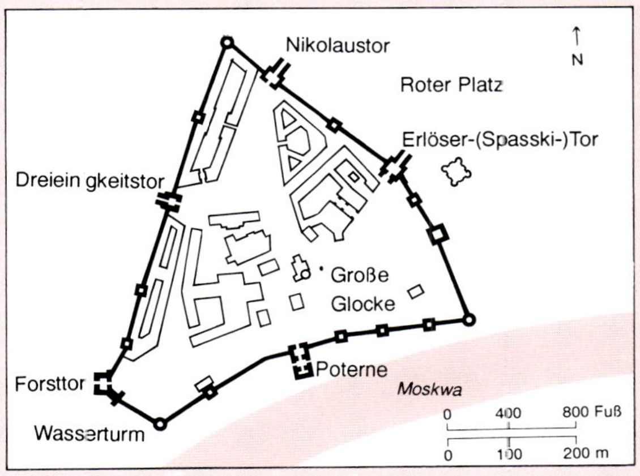

Plan des Kreml

Roter Platz: Das Spasski-(Erlöser-)Tor des Kreml

unbekannten Standard, in sicheren, zusätzlich befestigten und geschützten trockenen Räumen, beleuchtet und belüftet. Die Soldatenunterkünfte im Inneren der Festungen waren ebenfalls so komfortabel geworden, daß sie Wohlbefinden und damit auch hohe Kampfbereitschaft garantierten. Die Besatzungen waren Fachleute für die Wartung der Artilleriewaffen und ihre Bedienung. Es gab auch schon regelrechte Beamte, die richtige Büros mit künstlicher Beleuchtung für die ganze Papierarbeit benötigten, welche die neuen Waffen verursachten. Und die Kanoniere hätten im übrigen ihre Geschütze nicht optimal bedienen können, wenn sie in schlecht belüfteten Kasematten dabei halb erstickt wären. Mittelalterliche Burgen, voll besetzt, hatten einstmals einige hundert Ritter, Lanzenträger und Bogenschützen beherbergt, jeder mit nur einer einzigen Waffe: Schwert, Pike oder Bogen. Ein Mann oder selbst eine Anzahl Männer mehr oder weniger machten da keinen besonders großen Unterschied. Die Artilleriefestungen der Renaissancefestungen hingegen benötigten nur noch kleine Mannschaften, die einige Kanonen bedienten und damit ein Maximum an Zerstörung erzielten. Allerdings konnte schon eine einzige Geschützmannschaft, die durch Krankheit, Verletzung oder Unterernährung ausfiel, den Verlust des ganzen Forts bedeuten. Dies und auch neue medizinische Erkenntnisse der Zeit führte zur Einrichtung von Unterkünften, die "ge-

__Rechts:__ "Schlüsselbart"-Schießscharte ("cross-and-orb") am St. Mawes Castle vor Falmouth, Cornwall
__Unten:__ Die drei Ebenen in St. Mawes, von Süden gesehen. In Kriegszeiten ließ man die Schiffskanonen aus dem 18. Jh. natürlich nicht so offen und ungeschützt stehen

sundheitsorientiert" waren, nämlich den Ausbruch von Krankheiten und Seuchen möglichst verhindern sollten.
Zu alledem begann sich mit der Renaissance auch ein ganz neues Menschenbild der Individualität durchzusetzen. Wenn es auch für den einzelnen Soldaten sicherlich noch nicht immer erkennbar war, so begann "der Staat" nun doch, sich für seine Ausrüstung, Ausbildung, Ernährung, Bekleidung, Bezahlung und "Freizeitgestaltung" verantwortlich zu fühlen, selbst wenn letzteres zunächst nur in der zwangsweisen Teilnahme an sonntäglichen Kirchgangparaden bestand und darin, ihn zur Alkoholmißbrauchs-Prävention der Prügelstrafe zu unterziehen, wenn er zu tief ins Glas geschaut hatte.
Kein Burgherr von einst wäre auch nur auf den Gedanken gekommen, seine kriegsdienstverpflichteten Bauern selbst mit

THE CAMPING OF THE KING AT MORGVISON

Links: Heinrichs VIII. Belagerungs-Camp 1544, als die englische Armee ("uniformiert" mit dem Georgskreuz) Boulogne einnahm. Es sind Arkebusiere zu sehen, Pikenleute, Hellebardisten, Reiter und diverse Kanonentypen. Fässer und Tonnen sind die üblichen Behälter für alles. Ein Wagen ist mit Getränkefässern beladen. Links unten ein "Imbißstand" für gekochte Speisen. Nicht weit weg ein Appell einer Truppe. Die konischen Fahrzeuge scheinen für den Zeltetransport zu sein. Im Hintergrund brennt die feindliche Stadt, während heftiger Regen und Wind andere Strapazen im Felde demonstrieren. Hüte und Zelte werden weggeweht, darunter eines für die das Heer begleitenden Damen. Ein verschrecktes Pferd weigert sich zu gehen, und einer der Soldaten, den dies alles sehr frustriert, verbirgt sein Gesicht

Rechts: Fort St. Elmo auf Malta aus dem 16. Jh. mit Modernisierungen des 20. Jh.

Waffen auszustatten, von allem anderen ganz zu schweigen. In den Artillerieforts der Renaissance und der folgenden Jahrhunderte war all dies nun fester Bestandteil der Konzeption und Praxis.

Vor allem aber stellten diese neuen Festungen wirklich rein militärische Architektur dar. Sie waren Feuerstellungen, Infanteriegarnisonen, Signalstationen und bemannt mit Berufssoldaten. In Friedenszeiten blieben sie lediglich mit den nötigen Wartungs- und Unterhaltsmannschaften besetzt, sonst lebte dort niemand. Sie waren insbesondere keine königlichen oder herzöglichen Paläste und Residenzen mehr. Die Herrschenden und Mächtigen lebten nun in ausschließlich zivilen Komplexen wie beispielsweise Hampton Court oder Versailles, weit entfernt von allen Grenztruppen oder Festungen, dennoch aber im Zentrum eines Netzwerks von Kommunikation, das durch Kuriere auf schnellen Pferden besorgt wurde und eine ganz neue Klasse von Fachleuten hatte entstehen lassen: finanzielle, religiöse, landwirtschaftliche, Marine-Berater und -Manager und was es sonst noch alles an staatlichen Bereichen gab. Kriegsführung war jetzt nur noch eine von vielen Staatsangelegenheiten, die ebenfalls an befähigte und Vertrauen genießende Untertanen delegiert wurde. Nur die exzentrischsten oder wirklich "professionellsten" Könige führten ihre Truppen noch tatsächlich persönlich ins Feld.

Gleichwohl zeigten die meisten Fürsten nach wie vor mehr Interesse an ihren Armeen als an allen anderen Regierungsgeschäften. Und auf diesem Gebiet waren sie, wie auf jedem anderen auch – zumal die Renaissance eine Epoche neuer Ideen und auch neuer Technologie war – je nach ihrer Persönlichkeit beeinflußbar von schmeichlerischen oder kompetenten Vertretern und Befürwortern bestimmter Waffen, Taktiken oder Feldzugsplänen. Was in dieser Hinsicht die militärische Architektur angeht, ist die Entwicklung der englischen Küstenfestungen unter den Tudors ein gutes Beispiel, nämlich die Suche nach dem wirklich effektivsten Typ einer Befestigungsanlage.

HEINRICH VIII.: VERTEIDIGER DES BRITANNISCHEN REICHES

Heinrich VIII. hatte nach der Beschlagnahme des Vermögens der Klöster Geld genug, um sich seinen Wunsch eines strategischen Waffensystems zu erfüllen, nämlich den Bau von Artillerieforts an der Küste, wo stets, real oder befürchtet, die Gefahr der Invasion französischer Heere bestand, ganz besonders in sehr verwundbaren Marinehäfen. Dort könnten die Angreifer dann in nachteilige Kampfpositionen getrieben und von der eigenen Landarmee leicht besiegt werden, während die Royal Navy sich die Schiffe der Invasionsarmee vornähme, die nicht ohnehin schon durch die Küstenforts und deren Ausfallskommandos ausgeschaltet wären, und dann sofort den Kampf auf den Kontinent hinübertrüge. Das erste Konzept dieses Systems basierte auf den Vorstellungen des Böhmen Stephan von Haschenperg. Dessen Burgen waren von Rund-

KÜSTENVERTEIDIGUNG ZUR TUDORZEIT

Heinrichs VIII. klassisches Motto der Strategie der drei F ("Forts-Flotte-Feldheer") verschonte Britannien vor Invasoren

Im Jahre 1538 verkündete Heinrich VIII. sein Konzept der Errichtung vollständig neuer Forts in Sandown, Deal, Walmer und Sandergate in Kent, in Calshot und Hurst am Solent-Kanal in Hampshire, und in Portland in Dorset. Blockhäuser (einfachere Gebäude mit nur einer Kanonenplattform und Platz für einige Musketenzinnen) wurden errichtet: zwei in Tilbury und drei in Gravesend an der Themse, zwei in Cowes auf der Isle of Wight, und eines in Sandsfoot gegenüber von Portland. Die schon existierenden Befestigungsanlagen in Dover bekamen drei neue Geschützbatterien und ein alter Turm in Camber in Sussex wurde zu einem kompletten Fort ausgebaut. Dies alles geschah bis 1540. Blockhäuser bekamen danach auch Brownsea Island in Poole Harbor und Harwich in Essex. St. Mawes und Pendennis Castle verwehrten den freien Zugang zu Falmouth in Cornwall, und zwei weitere Blockhäuser in Dale und Angle sicherten die Zufahrt zu Milford Haven. Der Fluß Humber wurde durch ein Fort und zwei Blockhäuser in Kingston-upon-Hull geschützt.

***Oben links:** Heinrich VIII., 1509-47 König von England*
***Oben:** 1520: Französische und englische Flaggen wehen und Kanonen donnern Salut von den neuen Blockhäusern, als die Royal Navy ihren König zum Treffen mit François I. auf dem Field of the Cloth of Gold geleitet. Im Hintergrund blickt die normannische Burg von Dover auf die Festivitäten herab – ein Intermezzo in den nahezu ununterbrochenen Feindseligkeiten mit Frankreich*
***Links:** Perspektivischer Schnitt durch Deal Castle*

Deal Castle war das typische Beispiel für alle. Es hatte eine perfekt symmetrische Form nach den Vorstellungen des Böhmen Stephan von Haschenperg. Der runde Zentralturm (oder *Keep*) war von sechs halbkreisförmigen, nicht ganz so hohen Bastionen umgeben. Darum herum verlief ein noch etwas niedrigerer und weiterer Ring sechs halbkreisförmiger Bastionen. Jede Ebene und jedes Dach war mit Kanonen bestückt, deren Streukreise durch Kanonenzinnen in den Mauern zwischen den Schießscharten einander überlappten. Die ganze Festung war umschlossen von einem künstlichen Graben, der völlig von Musketenfeuer aus Toren auf der untersten Ebene der äußeren Bastionen abzudecken war. Der einzige Zugang führte über eine Zugbrücke mit Fallgitter in eine der Außenbastionen. Waren Angreifer bis dorthin gelangt, mußten sie sich immer noch ihren weiteren Weg bis zum Zentralturm erkämpfen, ehe sie Zugang zum Rest der Festung bekamen.

Nicht alle von Heinrichs Festungen waren so komplex angelegt wie Deal. Einigen fehlte der künstliche Außengraben und sie waren auf das Feuer aus den niedrigsten Geschützstellungen gegen die anrückende Infanterie angewiesen. Walmer und Sandown in Kent wurden nur durch simple Zentraltürme komplettiert, die von einem getrennten Komplex von vier halbkreisförmigen Bastionen umgeben waren. St. Mawes hatte eine kleeblattförmige Einfassung durch drei Bastionen, Portland besaß nur separate Bastionen – zwei Flügel saßen am inneren Turm und verliefen in geschwungener Linie mit fünf Schießöffnungen. Pendennis bestand aus einem vollständig mit einer einzigen umlaufenden Batteriestellung umgebenen *Keep*. Der Turm von Hurst war nicht rund, sondern zwölfeckig und von drei Bastionen umgeben. Sandgates Außenring von Bastionen hatte eine Form, die man am besten als Ellipse mit drei Spitzen bezeichnen könnte. In Camber gab es fünf halbkreisförmige Bastionen; die Verbindungsaußenmauer formte ein flaches V, dessen zwei Spitzen zum anrückenden Feind wiesen. In Hull wurde dieses Prinzip noch weiter vervollständigt, indem dort die quadratische Burg mit zwei spitzbogenförmigen Bastionen zu ihren beiden Seiten bestückt wurde.

***Oben:** Deal Castle wurde erstmals 1648 während des englischen Bürgerkrieges belagert*
***Unten:** Burgen und Befestigungsanlagen an der Südküste, die im Zuge des Festungsbauprogramms Heinrichs VIII. gebaut oder umgebaut wurden*

Heinrich VIII. entfernte sich dann von Haschenpergs "runden" Ideen und wandte sich mehr dem "modernen" italienischen Festungsdesign zu. Dies wird besonders sichtbar in Southsea Castle, mit dessen Bau 1543 begonnen wurde. Sein *Keep* war quadratisch und umgeben von einem ebenfalls quadratischen, aber zum *Keep* rechtwinkligen Ringgraben. Die nördliche und südliche Außenmauer bildeten so eckige Bastionen auf italienisierte Art. Ost- und Westecke wurden rechteckige Kanonenplattformen aus fester Erde, auf denen die schwersten Geschütze in Stellung gebracht werden konnten. Den ganzen Komplex umgab ein trockener Graben.
Heinrichs VIII. Strategie der Drei F: Fort-Flotte-Feldheer bewährte sich. Trotz des Verlustes seines großen Schiffes *Mary Rose* bei dem Angriff auf Portsmouth 1545 gelang es der französischen Flotte nicht, durch die Linie der Royal Navy zu brechen und an deren unterstützenden Forts vorbeizukommen. Und eine Landung direkt vor Henrys Landheer riskierte sie nicht, zog sich statt dessen vielmehr zurück und begnügte sich mit der Plünderung der Isle of Wight, ehe sie wieder abzog.
Um die Insel als ständige Basis auszubauen, befahl Heinrich VIII. daraufhin den Bau zweier weiterer Burgen auf ihr. Die eine in Sandown hatte einen V-förmigen Vorsprung, die andere in Yarmouth bekam eine bogenförmige Bastion. Spätere Ausbauten schon existierender Befestigungsanlagen wurden ähnlich geformte Bastionen, in der Regel aus Erdaufschüttungen zur Dämpfung der Einschläge der schweren Kanonenkugeln. Eindrucksvolle Fassaden mit Ziegeln oder Steinen waren nur dünne Außenverkleidungen.
Die englische Weiterentwicklung der Pfeilspitzenbastion setzte sich im letzten Jahr der Regierung Mary Tudors (= Maria I.) 1558 fort und wurde unter Elizabeth I. beendet – mit den Festungsanlagen von Berwick-on-Tweed, dem englischen Brückenkopf auf dem schottischen Ufer des Grenzflußes. Die ganze Stadt wurde mit einer polygonalen Mauer umzogen. Jeder Ecke waren die Pfeilspitzenbastionen vorgelagert. Deren Kanonen deckten das gesamte Vorfeld ab und kein Heer konnte die Brücke über den Tweed – und damit den Zugang nach Süden – erreichen, ohne zuerst sie ausgeschaltet zu haben.

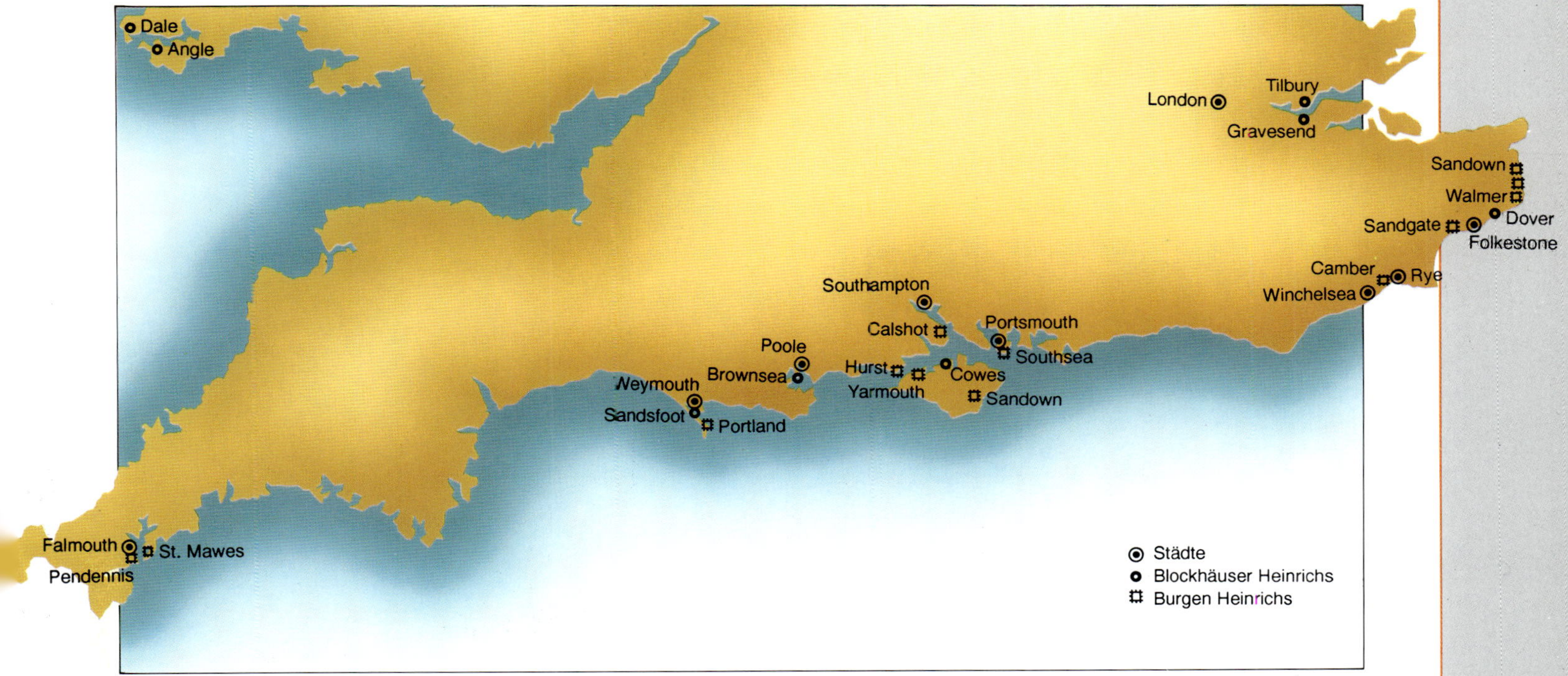

***Links:** Fort Tilbury. Das Wassertor, erbaut unter der Regierung Charles II. Als 1897 dieses zufällige Foto entstand, war hier das Hauptquartier des Thames District Establishment, das bis heute für die Bewachung des Zugangs von See her nach London zuständig ist*

bastionen umgebene Rundtürme, die es ermöglichten, die Kanonen ringsherum hinter den Zinnen und Schießscharten in jede beliebige Stellung zu bringen. Die Grundrisse dieser Festungen sahen gelegentlich wie Tudor-Rosen oder ein Kleeblatt aus, in anderen war der innere *Keep* von einer ganzen Geschützbatterie umgeben oder hatte zwei befestigte Flügel. Gemeinsam war ihnen jedenfalls allen die Rundform. Sie sah auf den Planzeichnungen sehr gefällig aus und war in der Theorie die perfekte Verteidigung schlechthin, nachdem sich einschlagenden Kanonenkugeln nicht eine einzige ebene, platte Fläche anbot. Selbst die Zinnen waren noch nach außen gerundet, um Einschüsse nach oben und über die Köpfe der Kanoniere auf dem Dach hinweg abzulenken.

In der Praxis allerdings hatte die Sache einen ganz bedeutenden Nachteil. Für die Verteidiger wurde das Schießen nach unten in den toten Winkel vor den Mauern sehr schwierig bis unmöglich, es sei denn, die Zinnen und Schießscharten wurden so weit nach vorne gesetzt und geöffnet, daß die Mannschaften ihrerseits direktem Beschuß ausgesetzt waren. Die Forts hatten ja nicht nur die Aufgabe einer Küstenwache, also der Abwehr einer auf See anfahrenden Flotte, sondern gleichermaßen auch der Abwehr traditioneller Angriffe anstürmender Infanterie sowie der artilleristischen Zerstörung von der Landseite her anrückenden Belagerungsgeräts und feindlicher Artillerie. Jede Minute, die das Fort so aushielt, gab seiner seewärts gerichteten Artillerie Zeit, weiter auf die Kernmasse der Invasionsflotte zu feuern, sie von der Anlandung ihrer Invasionstruppen abzuhalten und damit der Feldarmee und Kriegsmarine Heinrichs VIII. Zeit zum Anrücken und Eingreifen zu verschaffen.

HAARLEM

Haarlem war im 16. Jh. ein Symbol holländisch-protestantischer Rebellion gegen die spanisch-katholische Tyrannei. Ihre Mauern waren nur 6 m hoch mit runden Türmen und einer Vorschanze vor dem nördlichen Kruispoort. Sie hatte eine Bevölkerung von 18 000 Zivilisten und 6 000 Garnisonssoldaten.

11. Dezember 1572: Don Federico de Toledo zieht mit 17 000 Mann vor Haarlem auf.

18. Dezember 1572: Die Beschießung beginnt.

20./21. Dezember 1572: Spanischer Sturm auf Kruispoort zurückgeschlagen. Die Spanier beginnen Gräben auf die Vorschanzen von Kruispoort zu anzulegen.

15. Januar 1573: Die Besatzung von Haarlem gibt die Position Kruispoort auf. Die Spanier dringen in die Stadt ein und finden sich einer *retirata* gegenüber (einem inneren Graben-Bastionen-System).

31. Januar 1573: Spanischer Sturm zurückgeschlagen. Bergleute aus Lüttich beginnen einen Tunnel unter den Mauern hindurch zu graben, werden aber durch Bergleute aus Haarlem mit einem Gegentunnel gestoppt.

25. März 1573: Ein Ausfall der Verteidiger von Haarlem erobert einen spanischen Lebensmittelkonvoi.

28. Mai 1573: 100 spanische Schiffe unter Graf Bossu besiegen Martin Brands 150 holländische Schiffe auf dem Haarlemsee. Haarlem hat keine Lebensmittel mehr.

9. Juli 1573: Das holländische Heer wird besiegt.

12./13. Juli 1573: Haarlem kapituliert.

14. Juli 1573: Großer Einzug der Spanier in Haarlem. Sie haben 12 000 Mann verloren. Die holländischen Verluste betragen 4 200, nicht gerechnet die Verluste der Zivilbevölkerung durch Hunger und Krankheiten. Weitere 1 735 Garnisonssoldaten und Zivilisten werden durch Enthauptung oder Ertränken hingerichtet.

***Oben:** Zeitgenössischer Stich von Haarlem, 1595*
***Unten:** Wer die Zuidersee kontrollierte, konnte auch Haarlem blockieren*

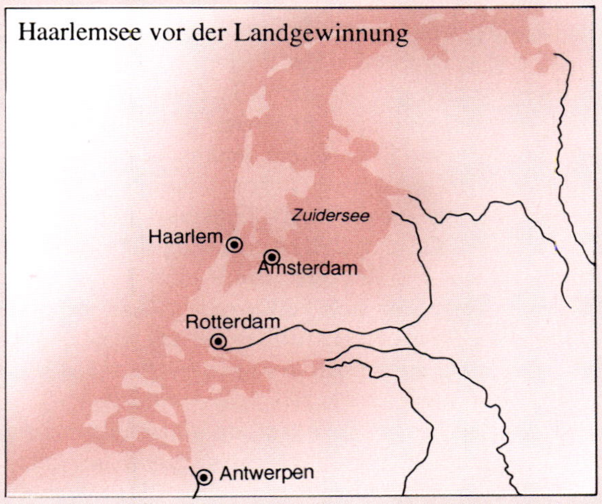

Mit dem Fortschreiten des Bauprogramms wandelten sich auch die Konstruktionskonzepte der Festungen.

Ob es nun daran lag, daß schon bei der Realisierung der Bauten ihre Nachteile so offenkundig wurden, daß die Tudor-Baumeister selbst Änderungen und Verbesserungen anregten (unter königlicher Aufsicht), oder daran, daß inzwischen neues Wissen über die Fortschritte der italienischen Militärarchitektur bekannt wurde, ist unbekannt.

Eindeutig ist jedenfalls, daß vom Beginn des Baus von Deal Castle 1538 bis zur Vollendung von Yarmouth Castle 1547 eine totale Konzeptionsänderung von den deutschen hin zu den italienischen Vorstellungen erfolgte.

Diese italienischen Vorstellungen brachen jedoch nicht völlig mit den geschwungenen Linien. Einige Bastionen glichen in ihrem Grundriß einem gotischen Spitzbogen, dessen Scheitelpunkt in die wahrscheinlichste Richtung eines feindlichen Angriffs zeigte, um so die einschlagenden Geschosse abzulenken. Es war dies eine Konsequenz praktischer Erfahrungen. Doch auch Geometrie und Trigonometrie, die in der Renaissance aufblühten, bewiesen mathematisch, daß Bastionen mit V-förmigem Grundriß die effizienteste Verteidigung ermöglichten. Kanonen an der Basis des V garantierten, daß kein stürmender Angreifer sich der Mauer nähern konnte, ohne nicht auch seitlich beschossen zu werden. Und wenn diese Geschütze dann auch noch in Mauernischen standen, waren sie ihrerseits vor direktem Beschuß geschützt.

Diese Erfahrung schlug sich in Bastionen von Pfeilspitzenform nieder, die, mit Variationen, für die nächsten drei Jahrhunderte das typischste Merkmal europäischer Befestigungsanlagen wurde.

DIE MEISTER DER RENAISSANCE

Die Namen Albrecht Dürer und Leonardo da Vinci werden häufig mit der Geschichte militärischer Entwürfe in Verbindung gebracht. Dürer, geboren 1471 in Nürnberg, schrieb, illustrierte und druckte eine Abhandlung über Befestigungsanlagen, die zwar nicht die erste ihrer Art war, aber doch als erste das Thema "öffentlich" machte; direkten praktischen Einfluß auf die Bautechnik hatte sie jedoch kaum. Die Entwürfe, die Dürer anregte, waren lediglich mittelalterliche Rundtürme, die für die Bestückung mit Kanonen und die damit zusammenhängenden Notwendigkeiten modernisiert und mit vertikal gebogenen Zinnen zur Ablenkung einschlagender Kugeln versehen waren. Ob die eine oder andere deutsche Stadt tatsächlich nach Dürers Vorschlägen umgestaltet worden ist oder nicht, mag strittig sein. Man darf auch vermuten, daß oder ob Stephan von Haschenperg eine Kopie von Dürers Schrift in seinem Gepäck hatte, als er am Hofe Heinrichs VIII. auftauchte. Beides bleibt jedoch unbeweisbare Spekulation.

Leonardo da Vinci (1452-1519) ist dagegen weltweit als wissenschaftliches Universalgenie anerkannt, u.a. auch als Festungsarchitekt und weitsichtiger Erfinder von Belagerungsmaschinen und anderen Waffen. Und doch gibt es auch bei ihm keinerlei Nachweis dafür, daß er jemals mit dem Entwurf für eine tatsächliche Festungsanlage oder der tatsächlichen Herstellung neuartigen militärischen Geräts beauftragt worden wäre. Er war auf diesem Gebiet ein reiner und ausschließlicher Theoretiker mit auch nur sehr geringen Kenntnissen praktischer Probleme beispielsweise von Hitze, Chemie oder Mechanik. Seine vielen Miniaturskizzen und -zeichnungen

Links: Die Belagerung von Malta. 23. Juni 1565. Die Türken drängen von den Schanzen und Belagerungswerken, welche eine Zweiteilung am Berg Sceberras bewirken, vor. Ihrer Übermacht unterliegen die Johanniter-Ritter im sternförmigen Fort St. Elmo. Nun können die türkischen Galeeren, die bereits die ganze Insel umzingelt haben, zum direkten Sturm auf die Wälle in den Großen Hafen einfahren und so den christlichen Hauptstützpunkt auf den beiden gegenüberliegenden Halbinseln erobern. Das türkische Landheer greift inzwischen die landwärts gelegenen Verteidigungsanlagen von Senglea und Birgu an. Gleichwohl ist Mustafa Pascha angesichts seiner Verluste von 4 000 Mann, die ihn allein die Einnahme von Fort St. Elmo kostete, wenig optimistisch und zieht ab

Rechts: Tour du Marinka, Korsika. Ein typischer mediterraner Landspitzen-Turm, Ausguck und Zuflucht zugleich, wenn Piratengefahr drohte. Der Eingang lag üblicherweise auf halber Höhe und war, zumindest teilweise, nur über eine entfernbare Leiter erreichbar. Die hier zu sehende untere Treppe stammt sichtlich erst aus neuerer Zeit. Ganz oben sind die Schießscharten zu erkennen, darunter die rundumlaufende Maschikulation zum Hinabwerfen von Geschossen auf direkt anstürmende Angreifer. Interessant auch die dichte, gestrüppartige, aromatisch duftende Vegetation am Fuße des Turmes. Sie wird "Maquis" genannt und gab im 2. Weltkrieg der französischen Untergrund-/Widerstandsbewegung, die in Gestrüpp und Unterholz ihre Verstecke hatte, den Namen

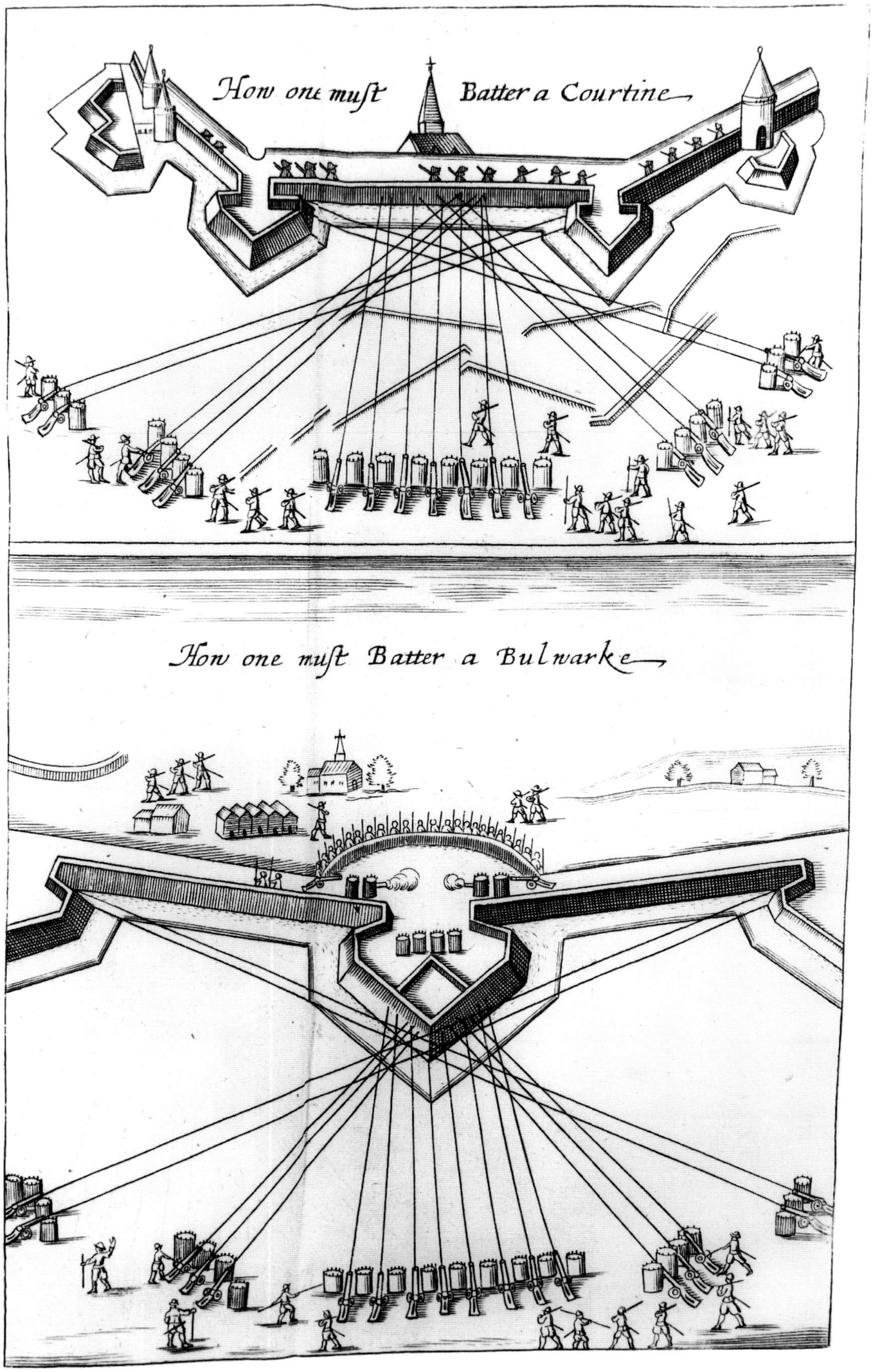
How one must Batter a Courtine
How one must Batter a Bulwarke

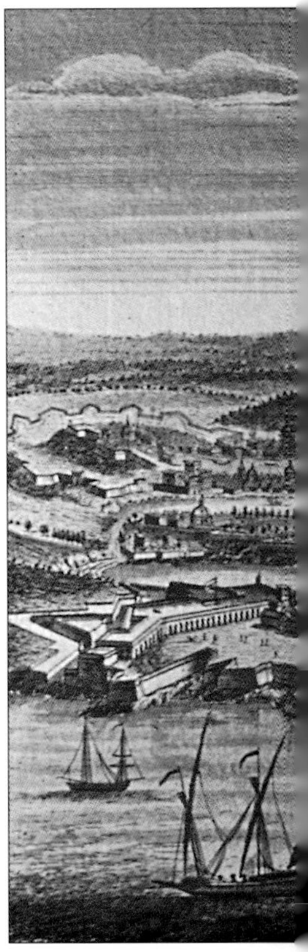

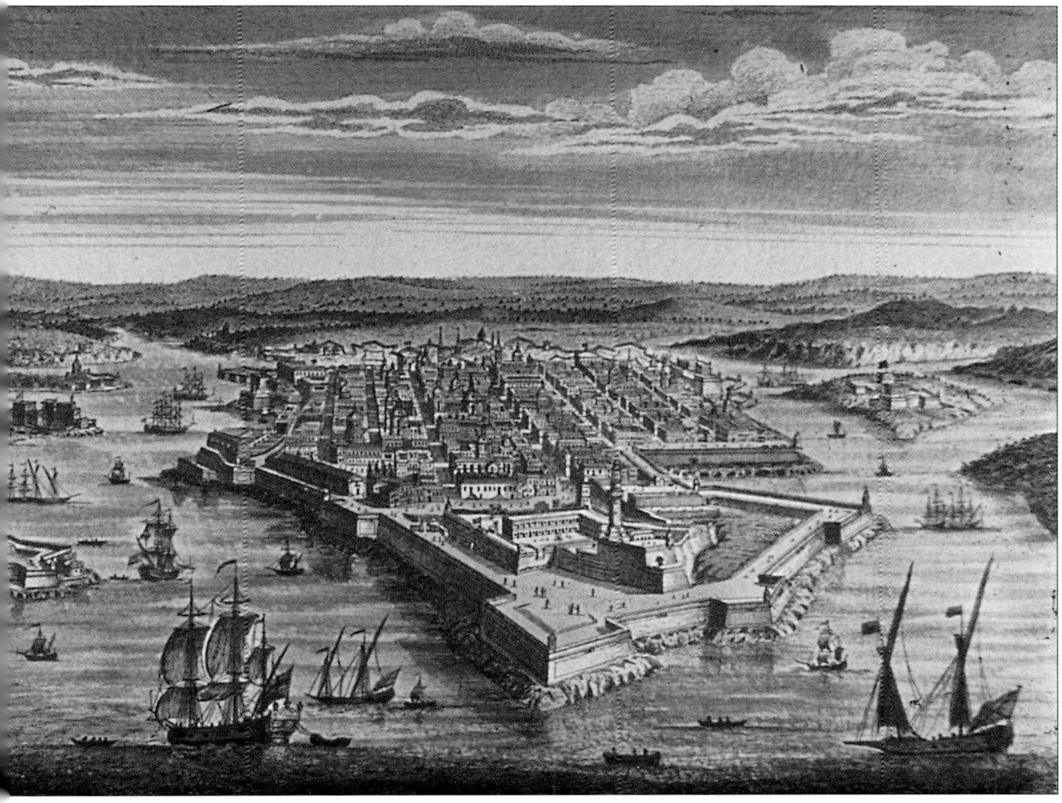

***Ganz links:** Artillerieinstruktion von 1673 für den konzentrierten Beschuß einer Umfassungsmauer **(oben)** und einer Pfeilspitzenbastion **(unten)**. Unter den weiteren Befestigungen sind auch ein Hornwerk und ein Ravelin-Außenwerk vor den Toren links bzw. rechts. Hinter der unteren Bastion befindet sich eine permanente* retirata, *also zweite Abwehrbarriere, dazu noch eine zusätzliche improvisierte, zur Abriegelung der ganzen Bastion. Die zwei vor den Kanonen patrouillierenden Wachen demonstrieren, daß a) die Batterien direkt und mit erhöhter Flugbahn schießen und b) sie außerdem auch vor feindlichem Feuer durch die eigenen Feldschanzen geschützt sind*

***Links:** La Valletta, Malta, in einer Darstellung des 18. Jh. aus der Vogelperspektive*

lassen im übrigen auf eine gewisse optische Kurzsichtigkeit schließen, die auch der Grund gewesen sein könnte, warum er sich nie real existierende Festungsanlagen in der freien Landschaft näher angesehen hat.

Was solide Militärarchitektur betraf, waren zwei andere Renaissancekünstler bei deren praktischen Umsetzung konkreter beteiligt. Michelangelo (1475-1564) befand sich zu der Zeit, als Florenz gegen die Medici rebellierte, in der Stadt. Die republikanische Regierung ernannte ihn zu ihrem Generalkommissar für Befestigungen, und er organisierte den Bau von Bastionen und selbst einer *Motte*-Anlage. Außerdem befestigte er den Berg San Miniato, wozu er einen Plan von 1496 für die Vorwerke der 130 km weiter nördlich gelegenen Stadt Ferrara verwendete. Es handelte sich dabei um echte Feld-Vorwerke/-Schanzen, nämlich um mit rohen Ziegeln, Holzbalken und Astbündeln (Faschinen) verstärkte Erdstellungen. Diese Art Anlagen fingen Geschosse gut ab und waren leicht, schnell und billig zu erstellen. Offenbar hatte Michelangelo, der ja eigentlich als Maler und Bildhauer "nur" Künstler war, gute Arbeit geleistet, denn der Feind bombardierte diese Stellungen zwar, machte aber keinen Versuch, sie zu stürmen, und beschränkte sich darauf, die Zugänge nach Florenz für die Versorgung zu blockieren. Es dauerte geschlagene neun Monate dieser Blokkadenbelagerung, bis die Stadt ausgehungert genug war, um sich am 2. August 1530 zu ergeben.

Ein weiterer Künstler hatte sich noch früher sowohl mit florentinischen wie militärischen Dingen befaßt: Filippo Brunelleschi (1377-1446). Sein Hauptruhm rührt vom Dom von Florenz her, und insbesondere von dessen gewaltiger Kuppel. Doch von noch größerer Bedeutung, technisch gesehen, war seine Anwendung – wenn nicht Erfindung – eines riesigen Drehkrans dafür. Erst dieser, aus Holz und mit gewaltigen Steinen als Gegengewicht, hatte die Maurerarbeiten in dieser Höhe ermöglicht. Mit seiner Hilfe konnte man schwerste Steine sehr weit nach oben transportieren und genau plazieren – aber ebenso natürlich auch Kanonen. Es war ein bedeutender Fortschritt für das Heben schwerer Lasten, verglichen mit den früheren Methoden, zu denen man Erdrampen und Holzgerüste benötigte.

Brunelleschi blieb jedoch im wesentlichen ein "ziviler" Künstler und Baumeister, der nur bei wenigen Gelegenheiten militärische Aufträge ausführte.

Militärische Technik war zwar wohl immer schon normalerweise eine Disziplin für Spezialisten. Von diesen ist uns beispielsweise aus der Kreuzfahrerzeit der Name des Petrus Peregrinus von Maricourt überliefert oder der des Simon Dyker aus Ardres in Frankreich um 1200. Und gewiß gab es da noch viele andere. Nichtsdestoweniger geschah es dann aber erst im Laufe des 16. Jh., daß der Bau von Festungsanlagen den allgemeinen Baumeistern und Planern völlig aus den Händen glitt, auch den gelegentlichen, talentierten Amateuren, und daß nun dafür ein Stand aufkam, den man als hauptberufliche Spezialisten für Befestigungsbauten bezeichnen könnte; Männer, die sonst keine andere Tätigkeit ausübten, die keinen anderen Rang, keinen anderen Platz in der Gesellschaft hatten als allein diesen.

Ein sehr anschauliches Beispiel dafür ist die Florentiner Dynastie der Sangallo, die Geschäftspartner Michelangelos waren. Francesco Giamberti, geboren 1405, hatte zwei Söhne, Guiliano di Francesco Giamberti und Antonio da Sangallo den Älteren, sowie eine Tochter namens Smeralda. Deren Sohn war Antonio da Sangallo der Jüngere. Sie waren keine Bau-

DIE GROSSE ZEIT DER TÜRKEN

Der Eroberungszug der Türken aus dem Osten gegen die Christenheit wurde durch die entschlossene Verteidigung Kretas, Maltas und Wiens zum Stehen gebracht

Im Jahre 1310 richteten die Johanniter, der Orden des Heiligen Johannes von Jerusalem, ihren Sitz auf der Insel Rhodos im östlichen Mittelmeer ein, gerade 10 km vom moslemischen Kleinasien entfernt. Diesen Vorposten des Christentums betrachteten die Türken als Piratennest, von dem aus sarazenische und arabische Händler gemordet und ausgeraubt und die Überlebenden auf den Galeeren der Ungläubigen versklavt würden. 1480 hatte Sultan Mohammed II. (der Eroberer Konstantinopels) genug und schickte eine See- und Landstreitmacht von 160 Schiffen unter Meschid Pascha aus, die am 23. Mai in Rhodos eintraf.

Zu dieser Zeit war die Stadt einschließlich des Großen Hafens vollständig von Mauern umgeben, deren einzelne Abschnitte von Franzosen, Deutschen, Auvergnern, Spaniern, Engländern, Provençalen und Italienern verteidigt wurden. Es gab auch Außenschanzen und einen Graben und jedes Durchgangstor war eine Festung für sich, ebenso wie die Zitadelle (oder das Collachium) selbst, in der sich das Hospital der Ritter, ihre Herberge (Kaserne) und der Palast des Großmeisters befanden. Quer über die Hafenbucht war vom Turm St. Angelo auf der Windmühlenplattform bis zum Naillac-Turm eine Kette gespannt. Letzterer stand ebenfalls auf einem Felsvorsprung, der nordwärts gerichtet war und an dessen Ende sich der Festungsturm St. Nikolaus erhob, der den Großen und den Alten Hafen voneinander trennte. Am Boden der flacheren Gewässerteile des letzteren waren dornengespickte Planken angebracht.

Ein erster türkischer Ansturm gegen die westliche Mauer wurde zum Halten gebracht. Daraufhin bombardierten die Türken den St. Nikolaus-Turm als Vorbereitung eines Angriffs von See her. Ihre Galeeren eigneten sich für diesen Zweck besonders gut, nachdem sie nur

***Unten:** 12. September 1683: Sobiecki greift das große türkische Belagerungsheer vor Wien an, gerade als die Ottomanen zum Sturm auf die Stadt ansetzen wollen*

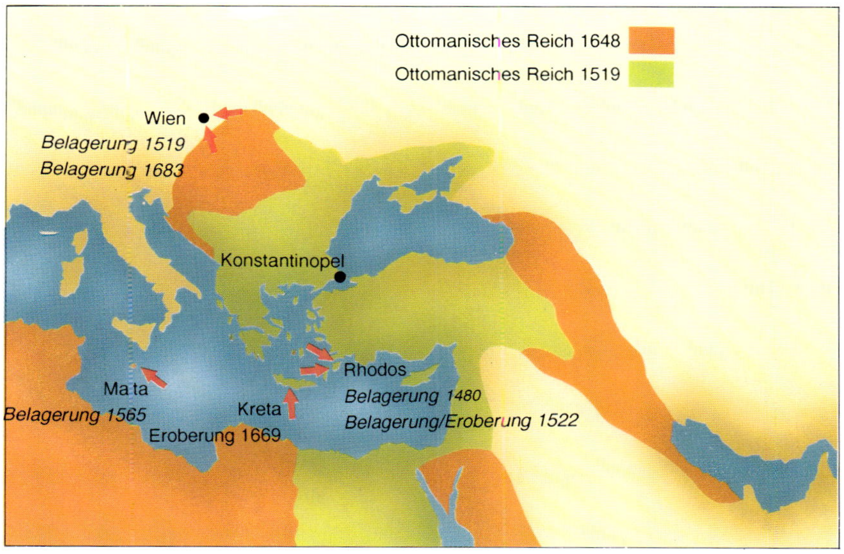

*Die Karte **oben** zeigt die Expansion der Ottomanen zwischen 1519, als sie Ägypten, Palästina, Kleinasien, den Balkan und das nördliche Schwarze Meer beherrschten, und 1648*

***Oben:** Die Pontonbrücke der Türken wird fortgerissen, zerbricht und verhindert den Sturm auf den St. Nikolaus-Turm auf Rhodos (1480)*

sehr geringen Tiefgang und ihre Kanonen am Bug hatten. Doch dieser Angriff wurde zurückgeschlagen. Nun gruppierten die Türken sich neu und konzentriert an der Südostmauer der Stadt. Doch als sie die ersten Breschen geschlagen hatten, erkannte Meschid Pascha, daß die Verteidiger bereits innere Verteidigungslinien aufgebaut hatten. Und nicht nur das, die Ritter unternahmen auch einen Ausfall, zerstörten die Belagerungsgeräte und zogen sich ohne Verluste sofort wieder zurück. Meschid Pascha befahl einen neuen Sturm auf den St. Nikolaus-Turm über eine Pontonbrücke. Doch ein Engländer namens Rogers tauchte darunter und löste deren Anker. Und als die Türken darauf ihre Brücke mit Hilfe von Booten in Position zu bringen suchten, wurde sie von den Kanonen der Verteidiger zerschossen.

Die Türken erlitten in zwei aufeinanderfolgenden weiteren Angriffen so schwere Verluste am Nikolaus-Turm, daß sie keinen weiteren Versuch mehr unternahmen. Stattdessen befahl Meschid Pascha nunmehr den Artilleriebeschuß der ganzen Stadt und organisierte inzwischen einen neuen Sturm an der Südwestecke. Diesmal unterminierten seine Pioniere den trockenen Graben und schütteten dann eine Erdrampe bis zur oberen Höhe der Mauer auf. Hier nun trat die Steinschleudermaschine der Ritter in Aktion.

Dieser Waffentyp war um 1147 eingeführt worden und immer noch in Gebrauch, obwohl es mittlerweile schon das Schießpulver gab. Seine Schleuderkraft bezog er nicht mehr von der Elastizität von Sehnen, Flechsen und gedrehtem Haar, sondern von dem soliden Gewicht eines langen Hebelarms, der gespannt und dann losgelassen wurde. Die Reichweite betrug bis zu 450 m,

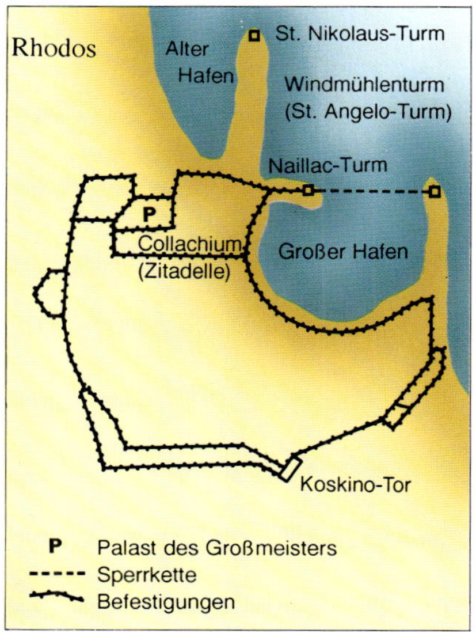

*Die Karte von Rhodos **(oben)** zeigt, wie der St. Nikolaus-Turm die Zufahrt sowohl in den Alten wie in den Großen Hafen dominierte. Letzterer wurde zusätzlich vom Naillac- und vom Windmühlenturm geschützt. Zwischen beiden war eine riesige schwere Kette gespannt*

doch der größte Vorteil waren die sehr hohe Flugbahn und die große Zielgenauigkeit. Das Gegengewicht ließ sich am Hebelarm verschieben und so die Reichweite variieren. 1480 rieb die Steinschleudermaschine hier auf Rhodos nicht nur die Rampenbaupioniere auf, sondern zerstörte durch ihre schweren Einschläge in den Boden auch die Grabentunnels, deren restliche Zerstörung mit einem Ausfall vollendet wurde.

Nachdem es trotz einer Blockadepalisade rund um die ganze Stadt kein Anzeichen einer Kapitulation gab, befahl Meschid Pascha die Fortsetzung des Artilleriebeschusses, an dessen Ende ein weiterer Sturmangriff stand, in dessen Verlauf auch tatsächlich der Südostteil der Stadtmauer einbrach. Diesmal kam mit den Angreifern ein Attentäterkommando, das Order hatte, den Großmeister Aubusson zu töten. Tatsächlich verwundete es ihn aber nur, dann wurde sie wieder verjagt und auch die ganze türkische Armee begann mit dem Rückzug ihrer Schiffe. Am gleichen Tag, da sie abfuhren, am 18. August 1480, trafen zwei spanische Schiffe mit Nachschub und Verstärkung ein.

1522 hatten die Ritter von Rhodos nicht nur alle Schäden aus der Belagerung von 1480 und dem Erdbeben von 1481 besei-

Oben: *Malta, 28. Juni 1565: Nach der Einnahme von Fort St. Elmo drängen die Türken gegen Senglea und Birgu (und an dessen Spitze gegen das Fort St. Angelo). In der Mitte die Pontonbrücke, zu beiden Seiten die Sperrketten*
Links: *Ein wunderbares Porträt Suleimans des Prächtigen, geboren 1494, Sultan der Türkei von 1520-66*

tigt, sondern ihre Befestigungsanlagen noch zusätzlich verstärkt. Der Eingang zum Koskino-Tor zum Beispiel führte über eine Zugbrücke über einem Graben zu einer runden Artilleriebastion, dann nach links, dann nach rechts, wieder links und noch einmal rechts, und dann erst geradeaus durch das Innere Tor in einer 12 m dicken Mauer. Die Garnison Villier de l'Isle Adam war 700 Ritter und 5 300 Mann Fußvolk stark.

Die ersten von schätzungsweise 100 000 Türken gingen am 28. Juli 1522 an Land. Tunnelschächte und Gegentunnels waren ein bestimmender Teil dieser Belagerung. Zuerst aber hatten die Türken noch den ganzen August damit zugebracht, Gräben zuzuschütten, um damit Zugang bis zu den Mauern zu erhalten. Es bedurfte sieben massiver Sturmangriffe, ehe die entscheidende Offensive im November 1522 möglich war, die jedoch ebenfalls abgewehrt wurde. Suleiman hatte inzwischen bereits – im Kampf und durch Krankheiten – 60 000 Mann verloren und noch andere Feldzüge zu führen als nur diesen. Und der Winter stand vor der Tür. Er bot also einen Waffenstillstand an. Es wurde die ehrenhafte Übergabe vereinbart und am 21. Dezember 1522 verließen die übriggebliebenen 180 Johanniter-Ritter und 1 500 Mann Fußvolk Rhodos.

Auf dem europäischen Kontinent breitete sich Suleimans Macht nun unwiderstehlich auf dem ganzen Balkan aus. Am 27. September 1529 stand er mit 125 000 Mann vor Wien und bedrohte dort insbesondere die schwache mittelalterliche Südflanke der Mauer. Sie gruben Tunnels darunter und unternahmen mehrere Sturmangriffsversuche auf die Hauptstadt der Habsburger. Breschen wurden in die Mauern geschlagen, doch dahinter hatten der Graf Salm und seine 16 000 Verteidiger eine *retirata* improvisiert, eine zweite Feldverteidigung, die nach wie vor den Zugang zur Stadt verwehrte. Wie schon einst auf Rhodos entschied Suleiman auch hier, es sei zu spät im Jahr für einen langen Feldzug, und zog am 14. Oktober 1529 unverrichteter Dinge ab.

Die Johanniter-Ritter hatten sich mittlerweile um eine neue Bleibe umgesehen und nahmen 1530 das Angebot Karls V. an, des Herrschers des Heiligen Römischen Reichs, der ihnen das zu seinem spanischen Reichsteil gehörende Malta überließ (weshalb sie sich fortan auch Malteser-Ritter nannten). Zwar hatten sie wenig mit den Maltesern selbst zu tun,

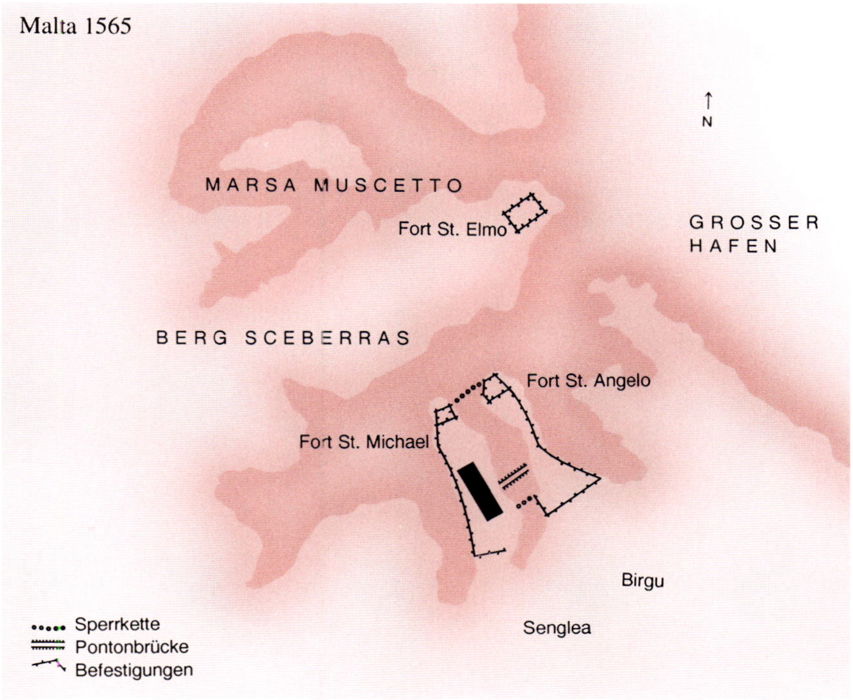

doch etablierten sie immerhin ihre aus sieben Galeeren bestehende Flotte an dem strategisch entscheidenden Punkt am Nordende der Insel. Dort teilte die schmale Halbinsel des Bergs Sceberras den Hafen in zwei Becken, deren östliches "Großer Hafen" genannt wurde. Die beiden dort hineinragenden Halbinseln Senglea und Birgu wurden "nach dem neuesten Stand der Technik" von Bartolomeo Genga mit den Forts St. Michael und St. Angelo befestigt. Ketten zwischen ihnen unterbanden unbefugte Zufahrt auf dem Wasser. Beide waren auch als eine einzige, gemeinsame Festungsanlage konzipiert. Ein weniger starkes Fort am Ende von Sceberras wurde St. Elmo getauft.

Auf den Befehl Suleimans des Prächtigen hin, mit den christlichen Korsaren ein für allemal aufzuräumen, begannen Mustafa Pascha und Piale Pascha (der türkische General und Admiral) am 18./19. Mai 1565 mit der Anlandung von insgesamt 36 000 Mann auf Malta. Zuerst sollte nach ihrem Plan St. Elmo genommen werden, weil ihnen dieses Fort die Nutzung des westlichen Hafenbeckens und damit Schiffsangriffe auf die beiden Hauptforts ermöglichen würde. Dieses Ziel wollten sie in sechs Tagen erreichen. Tatsächlich fiel Fort St. Elmo aber erst am 23. Juni. 1 300 Christen und 4 000 Türken waren tot, darunter Dragut Reis, der Marinekommandeur des Sultans, der gekommen war, um die Führung zu übernehmen. 600 Christen landeten als Verstärkung ebenfalls auf Malta und kämpften sich zu Schiff durch die feindlichen Linien bis Birgu.

Die Türken zogen indessen den Belagerungsring um die Zwillingsfestung zu Lande und zu Wasser noch enger. Ihre Angriffe wurden zum Dauerzustand, wenn auch ein Reitereientsatzangriff aus der maltesischen Hauptstadt Medina etwas Entlastung brachte. Danach aber drängten die Türken mit noch größerer Heftigkeit heran, bis endlich doch noch am 7. September 1565 ein volles Entsatzheer aus Sizilien eintraf. Zuerst ordnete Mustafa Pascha den Rückzug seiner restlichen Truppen auf die Schiffe an. Als er aber hörte, daß die Verstärkung der Christen lediglich 6 000 Mann betrug, befahl er seinen müden Soldaten doch wieder einen neuen Sturm; aber sie wurden in diesem Durcheinander dann von den Christen glatt geschlagen. Am 11. September zogen sie schließlich ab. 30 000 Türken und 8 000 Christen waren umgekommen.

Im Nachhinein lassen sich diese Niederlagen als der Wendepunkt der türkischen Expansion nach Europa sehen. Für die Menschen, die an den Grenzen des türkischen Reiches lebten, sah es indessen noch für einige Generationen gar nicht danach aus. 1683 zogen die Türken unter Sultan Mohammed IV. noch einmal vor Wien zu einer Belagerung auf. Die Stadt war inzwischen nach den Plänen des deutschen, aber von den Italienern beeinflußten Baumeisters Daniel Spreckle (1546-89) neu befestigt worden. Der General der Türken war Kara Mustafa Pascha. Seine 138 000 Soldaten folgten dem üblichen Belagerungsschema, indem sie sich mit Gräben immer näher an die Stadtmauern heranarbeiteten, um dann durch eine geschlagene Bresche den endgültigen Sturm ohne Rücksicht auf Verluste zu unternehmen. Adäquate Verteidigungsmaßnahmen für sich selbst hatten sie keine getroffen. Am 12. September 1683 traf König Johann Sobecki aus Polen mit 30 000 Mann als Verbündeter Österreichs ein, warf sich auf die türkischen Stellungen und zur Abenddämmerung nahm der Türkische Ansturm tatsächlich ab.

Oben: *Nach 1565 wurde La Valetta auf dem Berg Sceberras erbaut. 1798 vertrieb Napoleon die Malteser-Ritter von dort. Die Malteser rebellierten daraufhin mit Unterstützung der Briten. Deren Royal Navy wurde der bestimmende Faktor auf Malta. Zusammen mit der Army und der RAF sowie mit maltesischen Streitkräften verteidigte sie die Insel noch im 2. Weltkrieg gegen Blockade sowie See- und Luftangriffe* meister, sondern Planer und Bauausführer, Vertragshandwerker und Bauüberwacher, Berater, Finanzbuchhalter und Ausbilder. Unter anderem hatten sie das Ostia-Tor in Rom gebaut, ein dreiseitiges Festungsfort mit zwei zylindrischen Türmen und einem polygonalen *Donjon*, dessen Scheitelpunkt in die Richtung der größten potentiellen Gefahr wies. 1487 versahen die Sangallo die Stadtmauer und die Zitadelle von Poggio Imperiale mit zehn Bastionen. In Nettuno an der Küste südlich von Rom versetzten sie 1501-1503 die vier dreieckigen Bastionen weiter nach rückwärts, wo sie dann bis zu den Ecken des Forts reichten. In der Fachsprache "zurückgenommene Flanken" genannt, war das Ergebnis dieses Umbaus ein Pfeilspitzengrundriß, der erste sicher bekannte dieses Typs überhaupt. Was wie Widerhaken aussah, wurde "Orillon" genannt (Bollwerks-/Basteiohr) und konnte gerundet sein oder auch spitzwinklig.

Ein Sangallo-Schüler war Micheli di Sanmicheli, gebürtig 1484 aus Verona. Als er aus florentinischen Diensten in die Venedigs ging, begann er 1530 in seiner Heimatstadt die Stadtmauer neu zu bauen. Er entwarf natürlich auch Bastionen, aber deren Erdschanzen verstärkte er mit Ziegeln. Die Mauern stützte er zusätzlich mit Widerlagern (Gegenverschanzungen) in Bogenform, so daß sie unterhalb des zinnengeschützten Mauerumgangs einen geschützten Korridor hatten. Im Grundriß hatten die Bastionen gerade Seiten, die an der

Spinalongha im Nordosten Kretas. Ein 1519 erbauter, befestigter venezianischer Außenposten, bis 1759 von den Türken nicht eingenommen. 1904 wurde darin eine Aussätzigenkolonie untergebracht. Heute ist es eine leere Ruine

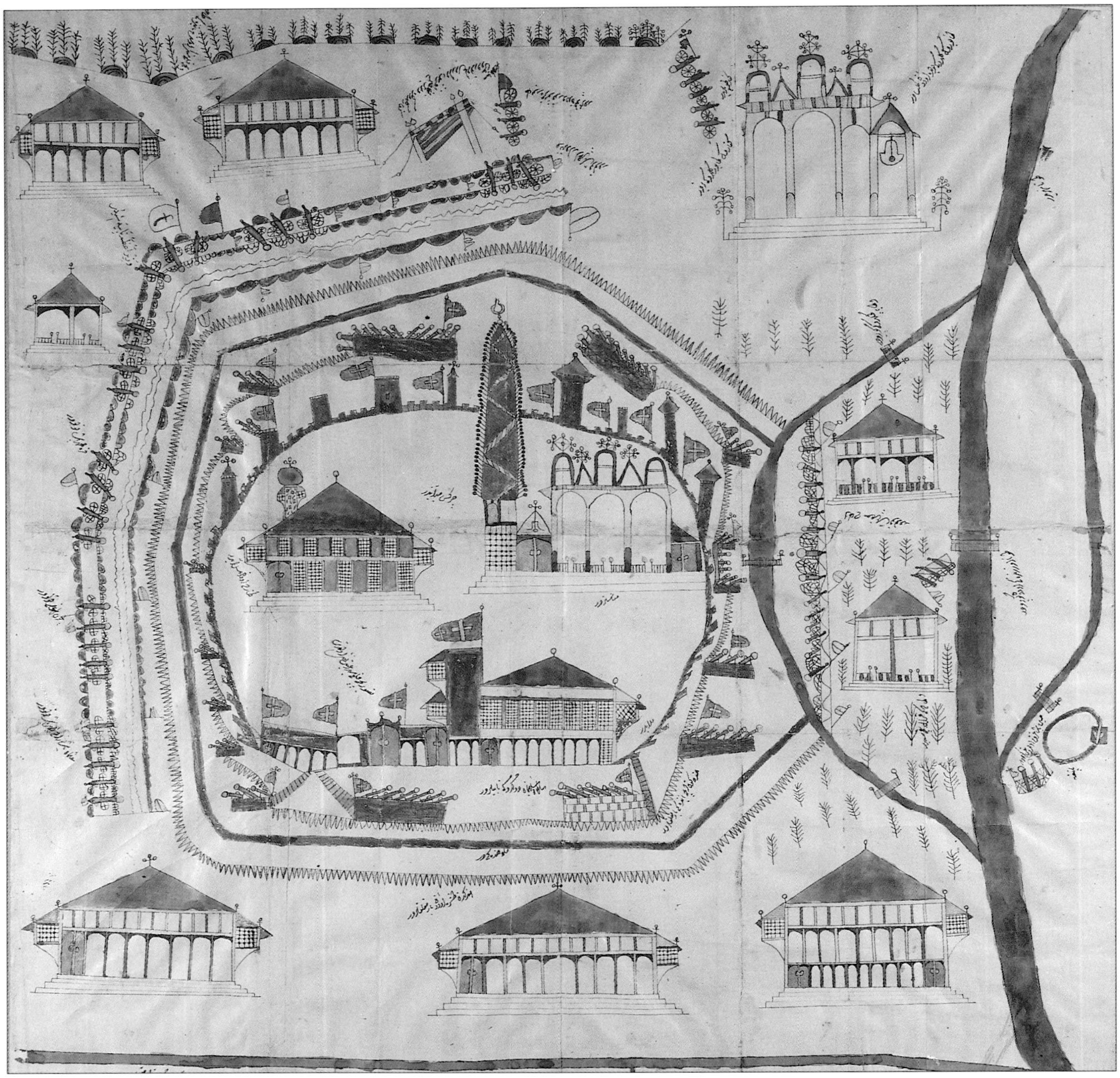

Türkische Skizze von Wien, 1683. Rechts die Donau, in der Mitte der Stefansdom. Ringsum ein innerer, mit Bastionen und Türmen sowie Brustwehren mit Zinnen versehener Mauerring, dazu eine Serie von Verschanzungen, Stellungen und provisorischen Redouten. Weiterhin ein äußerer Wallring. Zu den türkischen Anlagen gehören: Zirkumvallation, Hauptinfanterieposition sowie Gräben und Schanzen vor der rollenden Artillerie; keine Vorkehrungen für einen Angriff durch eine Entsatzarmee

Mauer endeten. Die obere Ebene ihrer Seiten war jedoch etwas zurückgesetzt, während es an den unteren Schießscharten gab, aus denen nach unten geschossen werden konnte; die Wirkung war die einer frühen Kaponnière (= Laufgraben, Schießgrube). Mit seiner Porta Nuova in Verona führte Sanmicheli auch die Mode der zwar starken, aber geschmückten Festungseingänge ein.

Sanmicheli baute nicht nur in Italien Festungen. Er befestigte auch venezianische Kolonien in Übersee, wobei ihm sein Neffe Gian Girolamo Sanmicheli, dessen Schwager Luigi Brugnoli und die ganze nachfolgende Militärarchitekten-Dynastie der Savorgnano halfen.

Zwischendurch bauten oder modernisierten sie (und mit ihnen wieder ihre Schüler und örtlichen Bauunternehmer) Candia, Canea und Retimo auf Kreta, Famagusta und Nikosia auf Zypern sowie Sebenico, Zara, Zante und Korfu in der Adria.

TÜRKISCHE EXPANSION

All diese Orte waren weniger Operationsbasen als vielmehr befestigte Zufluchten für Venezianer im Ausland: Händler, katholische Priester, Verwaltungsbeamte und deren Familien und Dienerschaft, die in Fällen von Bedrohung darauf hoffen konnten, mit Hilfe der kleinen, örtlichen permanenten Garnisonen so lange aushalten zu können, bis eine Seestreitmacht aus Venedig eintraf, um die griechisch-orthodoxen Rebellen niederzuhalten oder eine moslemische Invasion abzuwehren. Denn zu dieser Zeit dominierten noch nicht Atlantik und Pazifik den Welthandel, sondern das Mittelmeer – eben der Raum der türkischen Expansionen.
70 000 Türken, die gerade erst, am 8. September 1570, Nikosia gestürmt hatten, standen zehn Tage später vor Famagusta. Ihre Blockade und ständige Zermürbungstaktik schwächten Marcantonio Bragadino und seine 7 000 Venezianer und Zyprioten bis zum Hauptsturmangriff im April 1571. Sie bedienten sich dazu Laufgräben, die so tief wie der Mauergraben selbst waren und bis zu diesem führten. Dann schütteten die Belagerer eine als Rampe bis zu den Zinnen hinaufreichende doppelte Böschung auf, die sie nun sowohl zum Unterminieren benutzen konnten wie zum Hinaufstürmen. Das Unternehmen kostete sie 30 000 Mann, doch selbst der Rest war den Belagerten drinnen immer noch zahlenmäßig sechsmal überlegen, wobei noch nicht gerechnet war, daß diese ja auch Verluste hatten. Ohne Hoffnung auf Entsatz handelte Bragadino Anfang August 1571 schließlich die Bedingungen für eine ehrenvolle Übergabe aus und, wie er hoffte, die Repatriierung seiner Leute am Ende. Venezianer und Zyprioten marschierten am 6. August 1571 guten Glaubens auf zeremonielle Weise aus, doch Mustafa Pascha befahl, sie alle gefangenzunehmen und in die Sklaverei zu führen. Und zuvor mußten sie noch die Schäden der Befestigungen von Famagusta ausbessern.
Die Furcht vor türkischen Grausamkeiten förderte fortan die Errichtung befestigter Zufluchtsorte im ganzen christlichen mediterranen Raum. Dessen westlicher Teil war der Einflußbereich Genuas. Die genuesischen Forts stellten eine Architektur dar, die auf die römischen Wachttürme an der germanischen Grenze in Deutschland (die *burgi*) zurückgingen und auch auf die keltischen *brochs* in Schottland sowie auf die Ausgucktürme der alten Hebräer auf den Feldern Kanaans. Sie dienten in Kriegszeiten oder wenn Piratenüberfällen von See oder Land befürchtet wurden, als Wachtstationen. Näherten sich die Korsaren, wurden oben auf ihnen Feuer entzündet, die für die Einheimischen das Signal waren, zu flüchten und sich in den Bergen zu verstecken.
Einige dieser Türme waren groß genug, um auch den Dörflern der Umgebung samt aller ihrer tragbaren Habe Unterschlupf zu bieten. Lediglich leichtbewaffnete Banditen hatten da wenig Chancen. Sie waren weder imstande, die Mauern zu unterminieren, noch einen Belagerungsturm anzufahren, der den in halber Mauerhöhe gelegenen Haupteingang erreichen konnte. Und natürlich standen ihnen auch keine Kanonen zur Verfügung, welche die 4,5 m dicken Mauern zerschießen konnten. Viele dieser Türme waren schon in alten Zeiten gebaut und seitdem ständig gewartet und in Schuß gehalten worden.
Die Genuesen pflegten diese Art Türme schlicht überall, wohin sie auch kamen, zu errichten. Die frühen waren quadratisch, die späteren (einschließlich des gewaltigen Galataturms von Konstantinopel) rund. Die unter genuesischer Leitung im 16. Jh. erbauten waren ebenfalls rund und etwa 12 m hoch bei 13 m Durchmesser, mit einer Brustwehr mit Zinnen und Schießscharten. Sie ähnelten sehr der klassischen Turmfigur eines Schachspiels.
Einer davon stand auf der Höhe über der Bucht von San Fiorenzo im Norden Korsikas auf der dortigen Hochebene, die mit Myrthensträuchern bewachsen ist und deshalb Pointe Mortella genannt wird.
Andere italienische Baumeister hatten inzwischen ihre Kenntnisse und Dienste den Herrschern Nordeuropas angeboten. 1544 zeigte Girolamo Pennachi Heinrich VIII., wie man ein pentagonal bastioniertes Lager zur Belagerung von Boulogne errichtet. Dieses wurde im folgenden Jahr noch ausgebaut, als die Engländer dort ihrerseits belagert wurden.

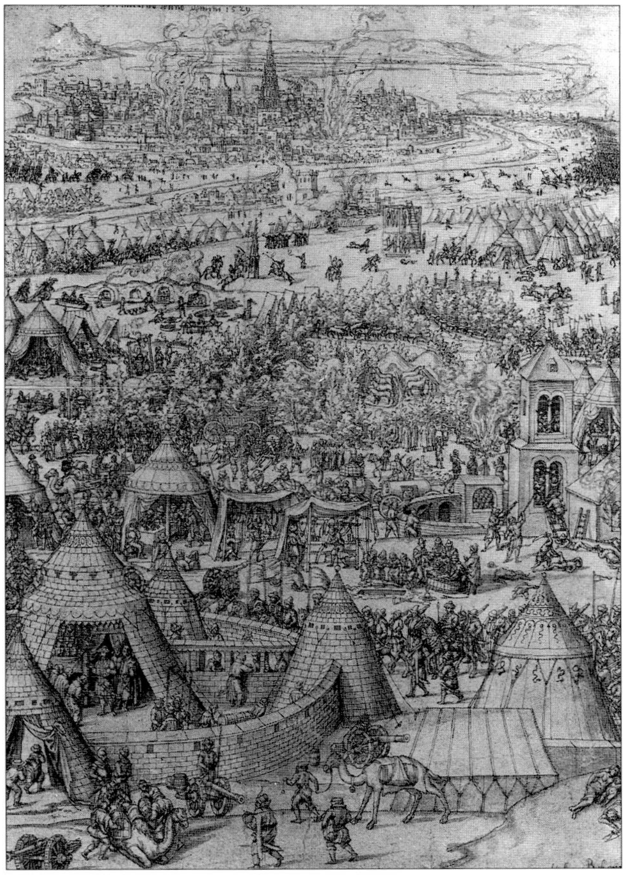

Die letzten Tage der türkischen Belagerung Wiens von 1529. In seinem hier stilisiert dargestellten Zeltlager bedenkt Suleiman der Prächtige seine prekäre Versorgungslage und entschließt sich zum Abzug. Das Flehen der christlichen Gefangenen bleibt jedoch unbeachtet. Sie werden abgeschlachtet, andere wirft man ins Feuer brennender Kirchen. Plündergut ist für die damit beladenen Kamele zu schwer. Schöne Frauen werden in die Sklaverei mitgeführt

VAUBAN

Die technische Meisterschaft Vaubans beherrschte die Wissenschaft der Befestigungen hundert Jahre lang

Vauban begründete die systematische Anwendung der "Parallel-Sappen"-Gräben. War eine Zirkumvallation unbedingt nötig, wurde sie gegraben. Normalerweise jedoch ließ Vauban nur soviel machen, wie erforderlich war. Enge Gräben wurden in einer Reihe von Zickzacklinien oder "Traversen" hinaus zu den Mauern angelegt, um zu verhindern, daß durch einen einzigen Kanonenkugeleinschlag der Graben verschüttet wurde, selbst wenn dessen Hauptaufschüttung in Feindrichtung war. Die Frontsappe war von einem fahrbaren Schutzwehrschild geschützt, während eine überdachte Galerie Schutz von oben bot. Gabionen (mit Erde gefüllte Schanzkörbe) erhöhten Brust- und Rückenwehren sowohl an den Zugängen wie an den Lateralgräben, die parallel zu den eigentlichen Schanzen vorgetrieben wurden. Die Truppen in der vordersten Linie rückten damit dann in noch weiter vorgeschobene Positionen.

Soweit wie nur möglich wurde im Schutz der Nacht gearbeitet. Wenn das oft genug geschehen war, hatten sich Vaubans Truppen nahe genug an den Feind und an dessen Stellungen herangearbeitet, daß sie einen Damm über eine Motte aufschütten, oder eine Sappe unter die Mauern hindurch anlegen konnten, wo dann eine Bodenmine aus Kanonenpulver gelegt wurde.

In gleicher Weise koordinierte Vauban das Feuer sorgfältig positionierter Geschützbatterien so, daß – tagsüber jedenfalls – sie und nicht die Infanterie einen Ausfallsversuch jederzeit verhindern konnten. Inzwischen konzentrierten sich andere Kanonen auf die schwächsten Abschnitte der Mauer. Vauban nützte ferner bewußt das Rikoschetieren, das Abprallfeuer, um hinter den Schanzen oder in den gedeckten Gräben in Dekkung liegende Truppen zu eliminieren, noch ehe die Infanterie gegen sie eingesetzt werden mußte. Den Beschuß der

Stadt selbst befürwortete er nicht. Aktionsziel war immer nur die Einnahme, nicht die Zerstörung. Zur festgesetzten Zeit erreichte die Kanonade ihren vorgesehenen Höhepunkt an sowohl direkter Bombardierung wie auch Feuerschutz. Die Mauern fielen, die Mine im Tunnel wurde gezündet, die Sturmtruppen brachen durch die Breschen in den Mauern und eroberten die Festung. Auf diese Weise nahm Vauban z.B. 1673 Maastricht nach gerade 13 Belagerungstagen ein, und andere Aktionen unter seiner Leitung führten auf ähnliche Weise zum Erfolg.

Um sicherzustellen, daß sich seine eigene Taktik nicht einmal gegen ihn selbst wenden würde, benützte Vauban die Friedenszeiten zwischen den diversen Kriegen dazu, Frankreichs Festungen so umzubauen, daß sie der Art Belagerung, wie er sie selbst praktizierte, widerstehen oder sie jedenfalls erheblich verlängern konnten. Studien in Geometrie und allgemeiner Mathematik führten ihn zu seiner Theorie darüber, wie die optimale Form einer Festung auszusehen habe und wie sie noch vor Baubeginn genau festzulegen sei.

Links: *Vauban*
Rechts oben: *Bildliche Erläuterung aller Fachausdrücke im Befestigungswesen und der Belagerungstechnik, wie sie zu Vaubans Zeit institutionalisiert waren, in einer zeitgenössischen englischen Darstellung. Links unten ist ein "Cheval-de-Frise" abgebildet, englisch Turnpike, deutsch "Spanischer Reiter". In späteren Zeiten wurden diese Spanischen Reiter auch als Mautschranken verwendet, die rücksichtslose Reiter daran hindern sollten, ohne Wegezoll einfach über die Schlagbäume zu springen und davonzujagen; von dieser Ableitung kommt die heutige englischsprachige Straßenbezeichnung turnpike (=gebührenpflichtige Autobahn)*
Rechts unten: *Das belgische Namur am Zusammenfluß von Sambre und Meuse war immer ein Knotenpunkt von Straßen zwischen Frankreich und Deutschland, also auch ein gegebener Festungsort. 1695 wurde es von William III. von England und den Niederlanden von den Franzosen erobert*

Vauban war zwar stets bereit, seine eigenen Ideen und Vorstellungen den geographischen Gegebenheiten anzupassen. Gleichwohl blieb für ihn die Idealform immer der achtzackige Stern von 900 m Durchmesser. Die auf die Bastionen zulaufenden Mauern verliefen in scheinbar geraden Linien – scheinbar deshalb, weil jede Seite in ihrem mittleren Drittel leicht zurückgenommen war, damit dieser Teil auf diese Weise auch von Flankenfeuer und von den Schützen auf den äußeren beiden Dritteln erreichbar blieb und diese gleichzeitig selbst durch das Flankenfeuer von dort gedeckt waren. Ideal waren auch vier Tore ungefähr in den vier Himmelsrichtungen

Die Außenwerke bildeten eine Gesamtstruktur aus 16 Zacken, je eine Zacke vor jeder Mauer und jeder Bastion, alle zusammen umgeben von einer komplizier-

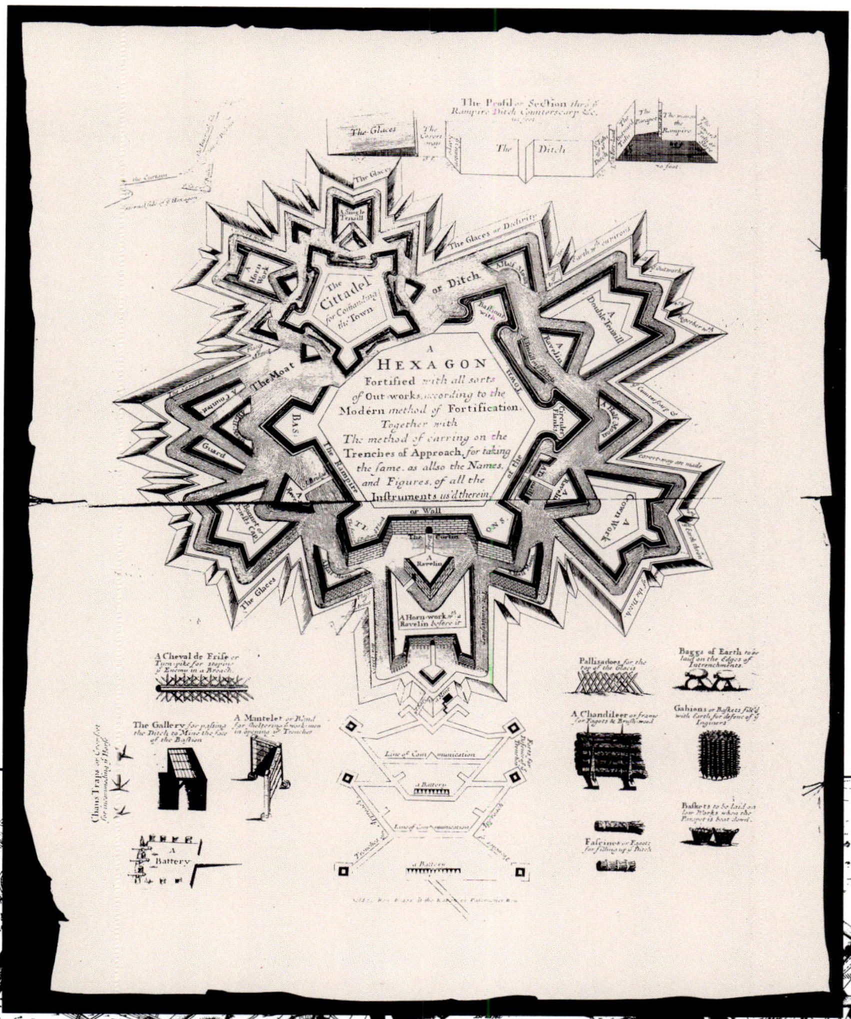

ten Serie von Wallgräben. Von diesen aus war auch das Schießen in die Flanken oder den Rücken eindringender Truppen möglich, und sie waren alle auch ausgerüstet mit schußfeldüberlappenden Artilleriestellungen; dies deshalb, weil sich dann die Kanonen der Belagerer so weit auf Abstand halten mußten, daß sie mit ihrem Beschuß das Festungsinnere nicht mehr erreichten.

Die Garnisonsbesatzung lebte in Unterkünften unmittelbar hinter ihrem jeweiligen Verteidigungsabschnitt. Zivilisten wohnten und arbeiteten mehr im Stadtzentrum. Weil fast alle von Vaubans befestigten Städten für einheimische Bewohner gedacht waren, bestand nicht immer die Notwendigkeit für eine Zitadelle. Stattdessen wurden die Stadtzentren als große offene Plätze gestaltet. Tatsächlich hatte es Vauban immer mit Garnisonsstädten als Ganzes zu tun, was also den Bau von Wohnhäusern und Kirchen einschloß. Der reine Militärarchitekt hatte damit also auch bestimmenden Einfluß auf die zivile Architektur.

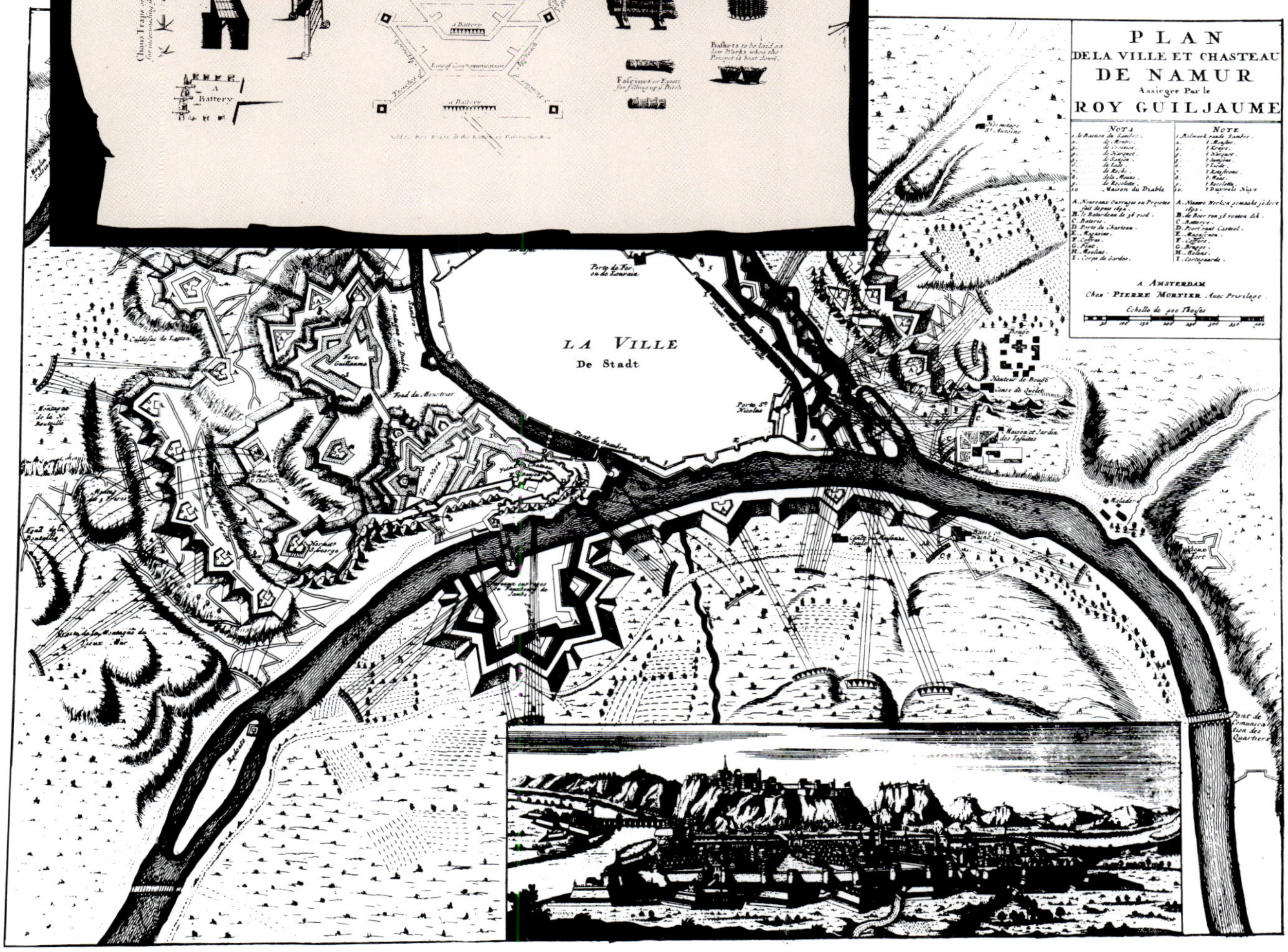

1558 berieten Giovanni Portarini und Jacopo Contio den Festungsoffizier Sir Richard Lee, wie er mit den Problemen fertig werden konnte, die sich bei der Befestigung von Berwick-on-Tweed ergaben.
König Johann III. von Schweden, der von 1568-92 regierte, holte vier Brüder aus Mailand namens Paar (wobei dieser Name vermutlich schon schwedisiert ist), um ihm Borgholm und Kalmar zu bauen. Ebenfalls aus Mailand zogen Pietro Antonio Solario und Alevisio da Milano nach Rußland und errichteten von 1485-99 in Moskau den Kreml.
Simone Genga (1530-96, aus der florentinischen Baumeisterfamilie dieses Namens) ging mit Stephan Báthory von Transsylvanien im Balkan nach dessen Wahl auf den dortigen Thron nach Polen, und fungierte als Berater für die Anlage von Befestigungen und die Praxis von Belagerungen, im speziellen gegen Pskow, die Festungsstadt, die den Zugang zum Südende des Peipus-Sees an der Grenze des heutigen Estland kontrollierte. Der Winterfeldzug dort dauerte vom 18. August 1581 bis zum 15. Januar 1582. Dann wurde er mit einem Patt-Waffenstillstand beendet.
Dann war da noch Francesco Paciotto d'Urbino (1504-76), bekannt teils unter seinem zweiten Vornamen, teils unter seinem Familiennamen. Er stand im Dienst des Herzogs von Savoyen. Er war ein Spezialist für die Zitadelle, die Festung innerhalb einer bereits befestigten Stadt in feindlichem Land. Die Stadt mußte als Stützpunkt und Operationsbasis für das eigene Heer gehalten werden, während zugleich dem Feind jede strategische Kommunikation und sonstige Aktivität verwehrt werden mußte. Auf die Kooperation der Stadtbewohner als Bürger des feindlichen, besetzten Landes konnte man immer nur solange zählen, wie man sie in Furcht halten konnte oder wie es in ihrem eigenen Interesse lag. War beides nicht mehr der Fall, mußte man davon ausgehen, daß sie, wenn möglich, mit den eigenen Leuten draußen gemeinsame Sache

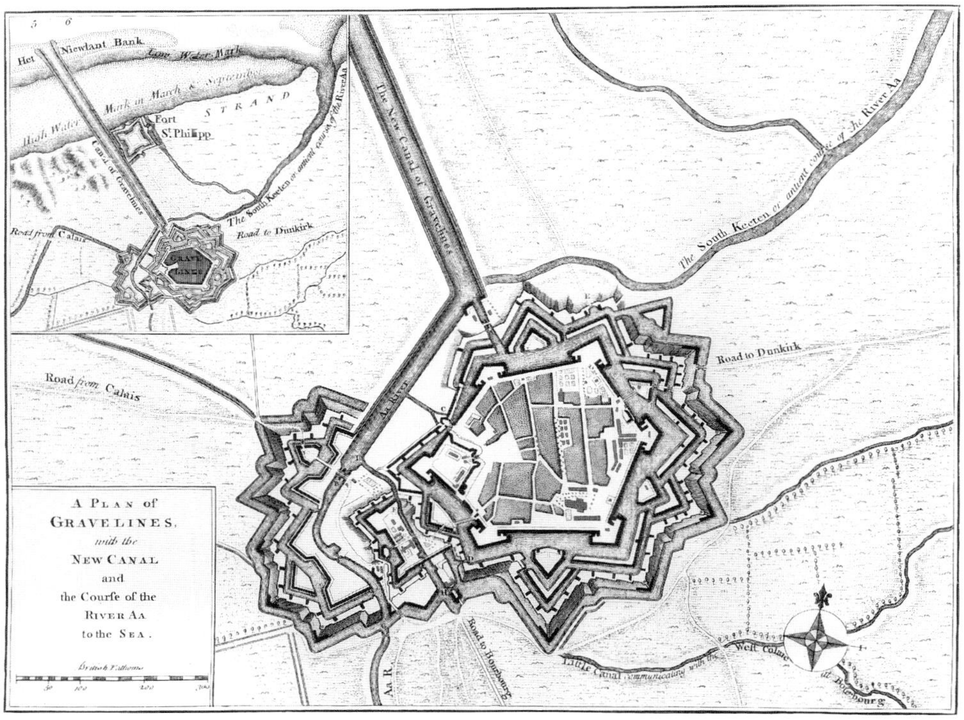

Oben: *Plan und Lagekarte von Gravelines, 1761, einer Küstenfestung in einem Gebiet, das zwischen Frankreich und den Niederlanden heftig umstritten war*
Links: *La Valletta auf Malta, wie es nach der türkischen Belagerung 1565 angelegt wurde*
Links: *das Fort St. Elmo Noch im 2. Weltkrieg diente diese Anlage als Standort von Flugabwehr- und Küstenverteidigungsbatterien*

machten und sich gegen die Besatzergarnison in ihrer Mitte wandten. Eine solche Garnison benötigte also eine sichere Rückzugsmöglichkeit, von der aus sie jedoch weiterhin die Stadt kontrollieren und beherrschen, und rasche Ausfälle in das Umland unternehmen konnte.
Dies war die Funktion einer Zitadelle, und in der Art, wie d'Urbino und seine Schüler sie progragierten, war ihre ideale Form die des Pentagons, also Fünfecks, dessen Ecken in schmale pfeilspitzenförmige Bastionen ausliefen, wobei die gesamte Anlage noch von einem Graben umgeben war, der seinerseits die Form eines fünfzackigen Sterns hatte. Die gegenüberliegende Seite wurde zu einem Glacis mit *killing-ground* ausgebaut. Der einzige Zugang führte über eine Brükke und durch ein befestigtes Haupttor dahinter, das in der Mauer selbst stand, genau gegenüber dem Scheitelpunkt des Fünfecks. Ein befestigter Kommandoposten befand sich im Zentrum der Zitadelle. Der ideale Standort der Zitadelle selbst war im Zentrum der befestigten Stadt, von dem aus die Straßen strahlenförmig wegliefen, so daß das Streufeuer der Garnison auf sie rasch mit allen Aufrührern oder Invasoren fertigwerden konnte. Wenn die geographischen Verhältnisse es erzwangen, daß die Zitadelle nur am Ende der Stadt errichtet werden konnte, sollten wenigstens die Straßen so angeordnet sein, daß sie netzartig davor lagen, um so wiederum den bestmöglichen Streufeuerbeschuß zu ermöglichen.
Natürlich waren die örtlichen Verhältnisse nur selten so beschaffen, daß sie eine perfekte kreisförmige Symmetrie zuließen. Niedrige, flache Ebenen eigneten sich dazu am besten – die Art Landschaft also, wie sie sich vorwiegend in den Niederlanden findet. Und tatsächlich ergab sich dort 1506 eine Lage, wo die Besatzungstruppen sich nicht auf die Loyalität der Einwohner in ihren Garnisonsstädten verlassen konnten, geschweige denn auf die des Umlandes. Dies brachte d'Urbino mit seinen Leuten den Auftrag des Herzogs von Alba, dem Regenten der spanischen Niederlande, ein, die Zitadelle von Antwerpen zu bauen. Sie stand nach vier Monaten.

HOLLÄNDISCHE ENTWICKLUNGEN

Wenn man in Rechnung stellt, welche Bedeutung im Leben der Niederlande das Wasser hat, dann ist es ganz und gar nicht überraschend, daß die Holländer sich ausgiebig bewässerter Motten um ihre Festungen bedienten, deren Umfassungsmauern zu einer bestimmten Zeit sichtlich stark von den Ideen d'Urbinos beeinflußt waren. Zur Zeit des Prinzen Moritz von Oranien (1567-1625) hingegen waren die Holländer bereits Vorbilder für andere Länder in Sachen Befestigungsanlagen. Prinz Moritz selbst eroberte 98 Festungen durch Sturm oder Belagerung und entsetzte 12 weitere. Man kann ihn also wohl als so etwas wie einen Experten auf diesem Gebiet bezeichnen. Er war außerdem eifrig bemüht, sein Wissen den nachfolgenden Generationen seiner Landsleute und deren Verbünde-

ter zu vermitteln. In Zusammenarbeit mit seinem einstigen Lehrer, dem Generalquartiermeister Simon Stevin, verfaßte er Lehrschriften und richtete sogar an der Universität Leiden eine Schule für Befestigungskunde und Landvermessung ein.
In der praktischen Bautechnik verwendeten die Holländer Außenwerke/Vorschanzen, nämlich freistehende, fast dreieckige sogenanntete Festungsvierecke, und zwar je eines vor jeder Zacke des fünfeckigen Grundrisses mit seinen Seitenlängen von je 230 m. Die frühesten Außenwerke waren 1377 in Sarzanello zwischen Leghorn (= Livorno) und Genua gebaut worden. Außerdem gab es die *Demi-Lunes* (Halbmonde, auch *Lunettes,* Brillen, genannt), eine ähnliche Konstruktion wie die Außenwerke, aber mit konkaver Rückseite. Sie standen vor jeder Pfeilspitzenbastion. Ein sog. Hornwerk war eine quadratischere, größere und kompliziertere Version davon, und davon wiederum auf gleiche Weise das *Bonnet,* die sog. Priesterkappe. Diese Anlagen konnten sich neben der Hauptmotte befinden (wenn auch selbst mit einer Außenmauer umgeben) oder eine Feuerstellung mit weitem Schußfeld darstellen. Etwas Ähnliches war ein sog. Kronenwerk; es war jedoch bastioniert, während die sog. *Tenailles* (Scherenwerke), und Doppel-Tenailles kleinere Versionen davon waren. Am kleinsten waren die sog. *Counter-Gards,* lange, fast dreieckige Stellungen, die überall dort angelegt wurden, wo innerhalb der Motte die Notwendigkeit für zusätzlichen Feuerschutz bestand.

Oben: *1390: Eine anglo-französische Land-/See-streitmacht greift Medina in Ifrikiya (Tunis) als Vergeltung gegen Attacken durch Berberkorsaren an. Armbrüste und Steinschleuderkatapulte hatten wenig Erfolg. Die Garnison hat sich hinter den hochgezogenen Zugbrücken verschanzt und wartet auf eine Gelegenheit zum Ausfall*

Rechts: *In einem Versuch, sein schwedisches Ostseereich wiederzuerrichten, das nach einem russischen Sieg und durch separatistische Bewegungen zerfiel, belagerte Karl XII. die norwegische Festung Frederikshald (Friedrichshall). Am 12. September 1718 traf ihn eine Kanonenkugel tödlich*

Die Zugänge zu allen diesen Stellungen führten über Zugbrükken und Tunnels. Letztere ermöglichten es, Stützpunkte auch dann noch zu halten, zu verstärken oder auch zu evakuieren, wenn sie bereits völlig eingeschlossen waren. Dies war von besonderer Wichtigkeit im Hinblick auf die Kontereskarpen, die Gegenböschungen (deren Schießscharten in der Umfassungsmauer am Graben es ermöglichten, den angreifenden Feind auch von hinten zu beschießen) und im Hinblick auf die gedeckten Umgänge, einem Grabensystem für das Fußvolk in voller Länge des äußeren Durchmessers.
Die Kontereskarpen-Galerie war die Idee eines der Nachfolger des Prinzen Moritz als Experte für Befestigungsanlagen.

Dieser, der Baron Menno van Coehoorn (1641-85) begab sich später nach England in den Dienst von Charles II. Seine wichtigste Leistung, nämlich die Befestigungen von Portsmouth und der Bau von Fort Tilbury, weisen alle klassischen holländischen Charakteristika auf. Die tatsächliche Arbeit des Baus dieser Befestigungsanlagen wurde jeweils entweder von – zwangsweise rekrutierten oder auch bezahlten – Arbeitern am Ort ausgeführt oder von verfügbaren Soldaten. Erst gegen Ende des 17. Jh. gab es die ersten eigentlichen Pioniereinheiten in den Heeren, obwohl zuvor schon lange die Artilleristen ähnliche Arbeitseinheiten gehabt hatten.

Lange zuvor indessen , wie sich zeigte, gab es bereits spezialisierte Offiziere, die sich ausschließlich mit Planung und Ausführung permanenter Festungen und temporärer Feldwerke, aber auch mit Gerätschaften und Methoden zur Bekämpfung und Zerstörung beider befaßten. Tatsächlich wurde das Wort "Ingenieur" ein Synonym für den Planer und Erbauer militärischer Anlagen aller Art. Erst Generationen später, als andere Spezialisten Kanäle, Tunnel, Straßen, Eisenbahnen und Dämme zu planen und zu bauen begannen, nahmen auch sie, zunächst noch mit dem Zusatz "Zivil"-, die Bezeichnung "Ingenieur" für sich in Anspruch.

Militärbaumeister und -ingenieure profitierten nicht nur vom praktischen Militärdienst und von der disziplinierten Ausbildung der Truppen, sondern auch von der Gewohnheit der Renaissance, ständig die frühere Geschichte mit im Auge zu haben und auch die Schriften und Kritiken anderer Nationen und deren Einrichtungen zur Kenntnis zu nehmen. Die Heere Frankreich, Spaniens und Deutschlands waren auf diese Weise stets auf etwa dem gleichen Kenntnis- und Entwicklungsstand, soweit es jedenfalls die jeweiligen Umstände zuließen, und trugen alle ihre eigenen Neuheiten und Variationen zu der Gesamtentwicklung bei.

Die Franzosen kehrten von ihren italienischen Feldzügen des späten 15. und frühen 16. Jh. sowohl mit "Expertise" wie mit "Experten" zurück. In ihren Aktionen gegen die Engländer an der Kanalküste, gegen die Spanier in den Pyrenäen und in den Niederlanden, gegen die Deutschen am Rhein und gegen die Hugenotten im eigenen Land hatten sie sowohl gelernt, Festungen einzunehmen wie zu bauen. 1598 war Heinrich IV. König eines vereinigten Landes. Sein Finanzminister war der Herzog von Sully, der auch die Artillerie, das Bauwesen und die Befestigungen unter sich hatte und all diese Bereiche auf den Standard geradezu buchhalterischer Effizienz brachte.

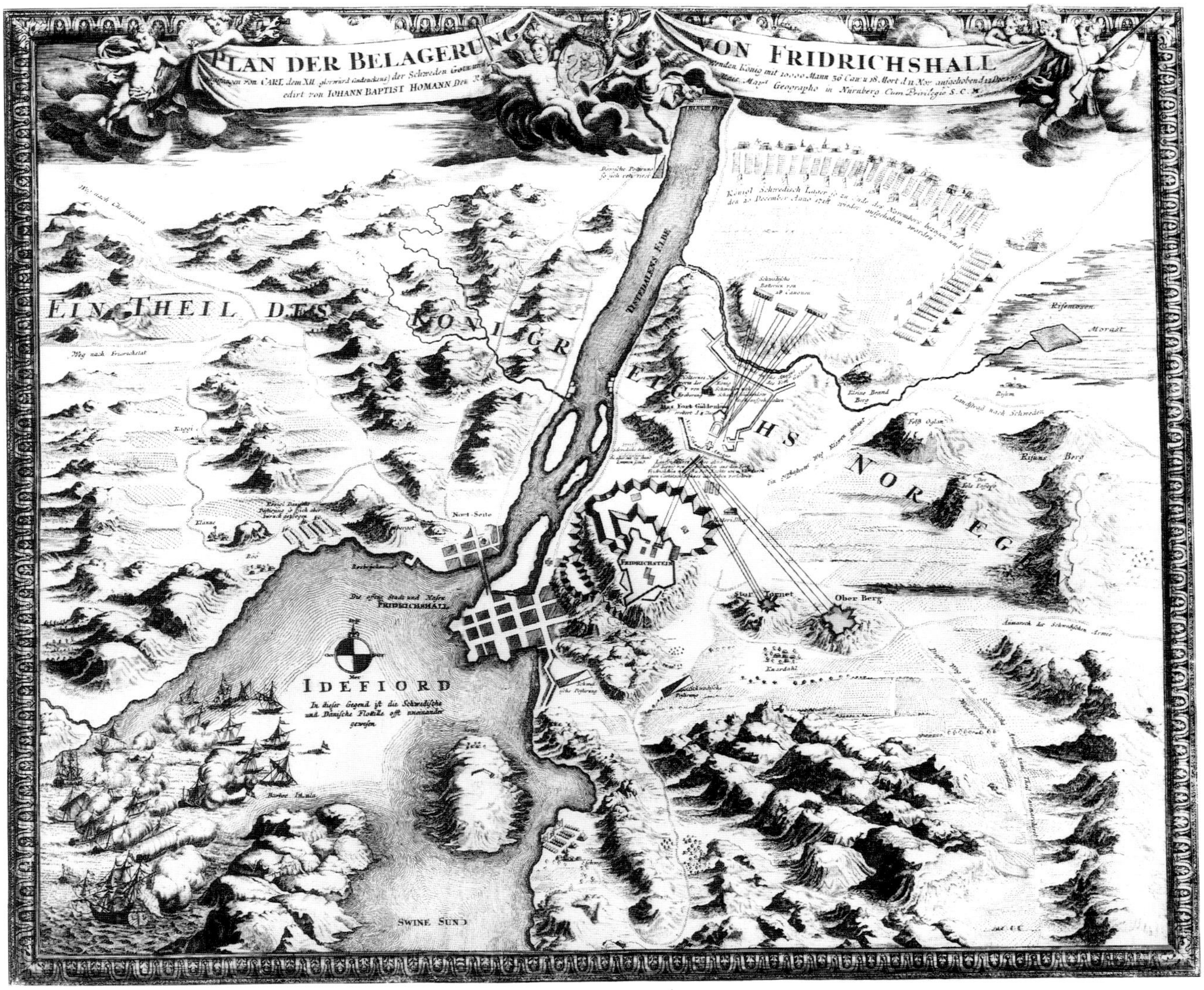

DIE MARTELLO-TÜRME

Die Martello-Türme haben ihren Namen von einem kleinen genuesischen Fort auf der Pointe Mortella auf Korsika. Im Februar 1794 bedurfte es ganzer drei Tage der Beschießung von See und Sturmangriffen von Land, ehe die dortige 38-Mann-Garnison sich ergab. Die Hartnäckigkeit dieser Verteidigung veranlaßte die britische Regierung zur Errichtung ähnlicher "Meeresfestungen" auf Guernsey und Menorca, und in Südafrika und Kanada. Der tatsächlich entscheidende Grund aber war die befürchtete Gefahr einer Invasion Englands durch Napoleon 1803. Bis 1814 entstanden daraufhin insgesamt 164 solcher Anlagen, hauptsächlich an der Südostküste der Insel, doch auch in Irland, auf Jersey und den Orkneys.

Ein üblicher "Martello" sah aus wie ein kopfstehender Blumentopf. Er war 10 m hoch und maß unten 19 m im Durchmesser; dieser verjüngte sich bis auf 12 m oben, wo sich eine Geschützstellung befand, normalerweise ein 32-Pfünder mit 14,5 kg schweren Kugeln. Jeder Martello war ein solides Bauwerk aus Ziegeln, mit Hohlkammern für Unterkünfte und einer glattverputzten Außenfassade. Der Eingang befand sich auf der Landseite in halber Höhe. Martellos standen so nebeneinander, daß sie überlappende Schußfelder hatten, damit jeder Angriff von See her abgedeckt werden konnte, während die Marine selbst sich mit den feindlichen Schiffen auseinandersetzte, und die Landtruppen jeden überlebenden Feind erledigen konnten.

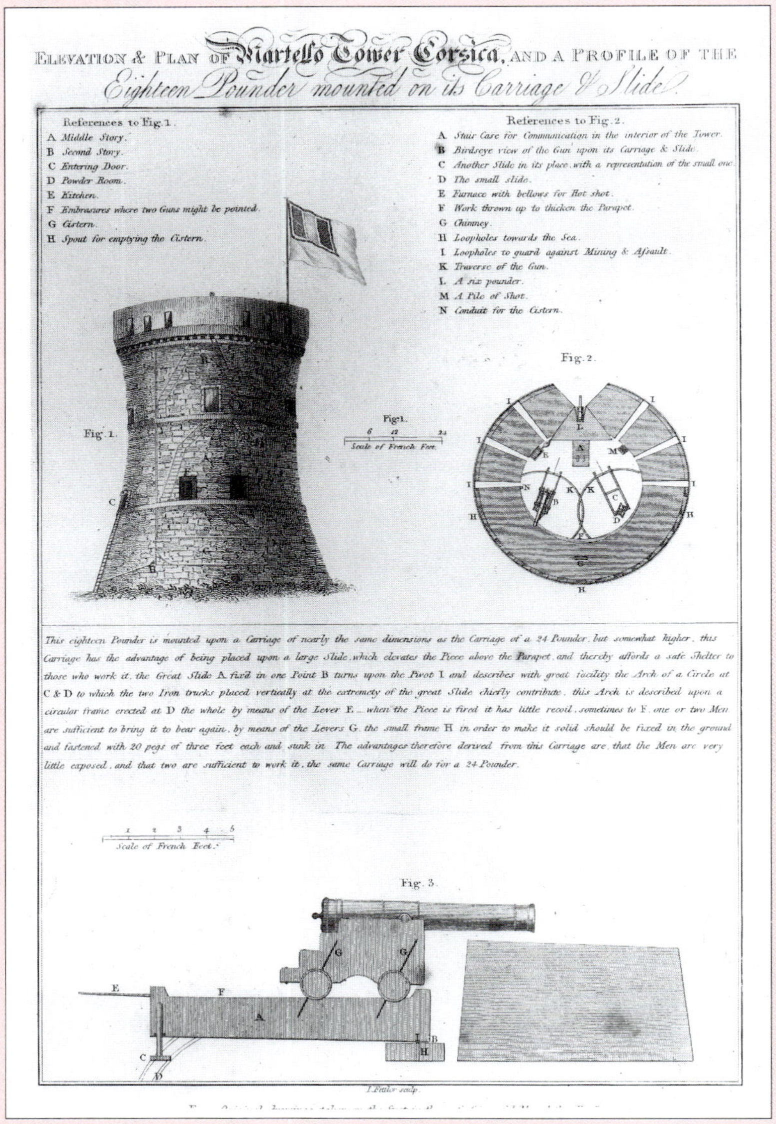

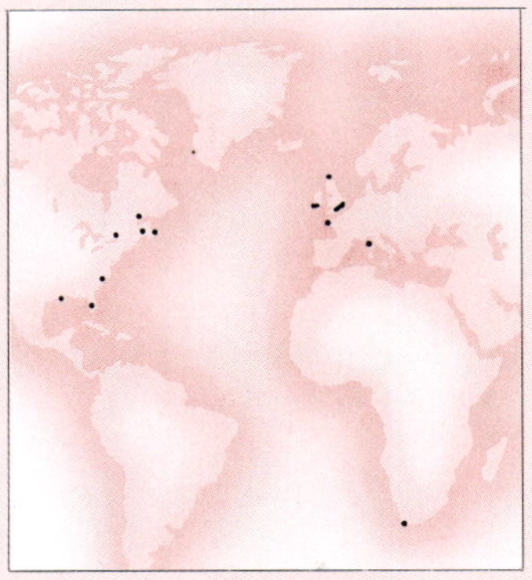

Links: *Eine zeitgenössische – britische – Beschreibung des Turms auf der Pointe Mortella auf Korsika. Die Karte* ***oben*** *zeigt, wo nach diesem Vorbild überall Martello-Türme gebaut wurden*
Unten: *Martello-Turm Nr. 64 in Pevensey Bay, Sussex*

Einer seiner Ingenieure war Errard de Bar-le-Duc (1554-1610), von dem aus französische Traditionen und Kenntnisse kontinuierlich über die Generationen an den Chevalier de Ville (1596-1656), Blaise François, Graf de Pagan (1604-65) und den Chevalier de Clairville (1610-1677) weitergereicht wurden.
De Clerville wurde Generalkommissar für Befestigungen und Stadtneugestaltungen. Obwohl er keine tatsächlichen Heereskommandos ausübte, war er "Ausführender" einer Anzahl erfolgreicher Belagerungen und wäre zweifellos mit sehr viel größerem Ruhm in die Geschichte eingegangen, hätte ihn nicht der Stern seines Protégés so überstrahlt: des Sébastien le Prestre de Vauban.

VAUBAN UND SEINE NACHFOLGER

Vauban wurde 1633 geboren und trat mit 18 in die Reiterei des französischen Heeres ein. Zu dieser Zeit mußte sich Ludwigs XIV. Minderheitsregierung unter Kardinal Mazarin gerade mit der Rebellion verärgerter, von spanischen Truppen unterstützter französischer Adeliger herumschlagen. Hauptschauplatz der tatsächlichen Auseinandersetzungen war das an Elsaß-Lothringen grenzende Gebiet und das heutige Belgien, letzeres damals noch Teil der spanischen Niederlande. Vauban war noch Kadett, als er vor den Mauern von Clermont-en-Argonne und, unter de Clerville, an den Belagerungswerken von Sainte-Ménehould mitkämpfte. Beide Festungen dominierten den Landweg von Deutschland nach Paris, wo er durch die bergige Region westlich von Verdun führte. Mit 22 Jahren, als er, 1655, zum Ersten Ingenieur des Königs ernannt wurde, hatte er bereits die Truppe kommandiert, die die beschädigten Befestigungen von Ste.-Ménehould ausbesserte, und eine weitere, welche vier andere Städte belagerte, darunter Clermont-en-Argonne, das den Besitz gewechselt hatte.
Die Feindseligkeiten gegen die spanischen Truppen endeten erst 1659. Von da bis zu Vaubans Tod 1709 gab es noch eine ganze Reihe Kriege: den Erbfolgekrieg über die spanischen Niederlande 1667-68, den Holländischen Krieg 1672-78, den Krieg der Augsburger Liga 1688-97 und den Spanischen Erbfolgekrieg 1701-13. In allen diesen Konflikten sorgte Vauban für Disziplin, Organisation und Planung bei den Belagerungsaktionen der französischen Armee unter seiner Leitung.
Die übliche Belagerungstaktik zu jener Zeit bestand darin, sowohl eine Zirkumvallation (*circumvallatio*; zur Verhinderung von Ausfallsversuchen) wie eine Kontravallation (*contravallatio*; zur eigenen Rückendeckung) anzulegen. Die Belagerer attackierten dann eine Festung in schrägem Winkel, indem sie verhältnismäßig lange gerade Gräben zogen, die bewußt in diesem Winkel angelegt waren, um Flankenfeuer zu entgehen.
Normalerweise wurde nur tagsüber gearbeitet und gekämpft. Alles dauerte also ziemlich lange. Eingerechnet werden mußten auch die ständigen Verluste durch Krankheiten und beim eigentlichen Kampf, bei dem am verlustträchtigsten der letzte entscheidende Sturmangriff war. Er wurde mit mehreren Sturmreihen hintereinander geführt. Die letzte Reihe mochte noch im Lager sein, wenn die erste bereits in die Stadt eingedrungen war. Und dabei mußte man dann stets gewärtig sein, daß die feindliche Feldarmee zum Entsatz anrückte.
Vaubans neue Technik war rascher und effizienter. Sie ermöglichte die Einnahme einer Stadt binnen Tagen statt Wochen oder Monaten. Im übrigen mußten dabei nicht alle Festungen erstürmt werden. Waren einmal Breschen in die Mauern geschlagen, war der Fall der Stadt unausweichlich und zwangsläufig. Die Verteidiger konnten deshalb in solchen Fällen "nach tapferem Standhalten" und dadurch erzieltem Zeitgewinn "ehrenhaft" kapitulieren. In diesem Zeitalter des Formalismus waren Kriegsziele ohnehin nicht die Vernichtung und Ausrottung Ungläubiger oder von Ketzern, sondern die kalkulierte Ausübung von Macht auf dem Schachbrett Europa. Festungen wurden nur eingenommen, um sie am Verhandlungstisch gegen irgendeine ferne Kolonie einzutauschen, von einer Garnison neu in Besitz nehmen zu lassen, oder um geschleift und dann neu aufgebaut zu werden.
Die Kriegsführung im ausgehenden 17. und frühen 18. Jh. mag zweifellos denjenigen, die als Kanonenfutter dienten oder Sturmangriffe mit Minenexplosionen überlebten, oder Dorfbewohnern, die mit ansehen mußten, wie man ihre Häuser plünderte und niederbrannte, nicht eben als übermäßig zivilisiertes Spiel erschienen sein. Für ihre Herrscher aber war sie so ordentlichen Prinzipien und Abläufen unterworfen wie die Anlage eines französischen Gartens.
Außer der Wiederbelebung der Belagerungskriegführung liegt Vaubans Bedeutung auch im Festungsbau selbst. Nicht weniger als 150 Festungsstädte und kleinere Festungen verdanken ihm ihre Anlagen. Das heißt nicht, daß er überall persönlich die Pläne zeichnete und den Bau überwachte. Doch ist es zweifellos ein Beweis seiner überragenden Autorität zu seiner Zeit; und auch der umfangreichen Ressourcen, die der französischen Armee unter Ludwig XIV. zur Verfügung standen.

Viertes Kapitel

DIE EXPANDIERENDE WELT

Die europäischen Kriege des 16., 17. und 18. Jh. wurden vorzugsweise aus Gründen herrschaftlichen Prestiges, religiöser Freiheit, nationaler Ehre, Überleben der Gemeinschaft und wirtschaftlicher Rivalität ausgetragen. Keiner dieser Konflikte spielte sich im luftleeren Raum ab. Nachbarstaaten oder Verbündete wurden mit hineingezogen oder bestochen, draußen zu bleiben, bis schließlich Feldzüge bei jeder Gelegenheit, da rivalisierende Interessen aufeinandertrafen, das Normale und Übliche waren. Ob Händler oder Missionare – ihre Interessen wurden stets von Armeen und Flotten wahrgenommen oder verteidigt, bis jedes Fleckchen Erde irgendwann einmal ein Schlachtfeld gewesen war. Das Resultat war, daß der Einfluß und die Macht Europas sich über die ganze Erde erstreckten. Es gab kein Volk und keinen Landstrich mehr, dessen Bodenschätze und natürlicher Reichtum nicht von europäischen Wirtschaftsunternehmen erschlossen und ausgebeutet, und keine Kultur mehr, die nicht von der europäischen beeinflußt worden wäre.

Ganz besonders galt dies in militärischer Hinsicht. Fremde Herrscher jeder Art, von steinzeitlichen Indianerhäuptlingen bis zu den mächtigen Mogulen Indiens, übernahmen eifrigst die Errungenschaften europäischer Waffentechnik und Militärorganisation, ohne daß es ihnen dabei an eigenen Waffen, Ausrüstungen, Tapferkeits- und Disziplinbegriffen gefehlt hätte. Und was das Thema militärische Architektur angeht, so fanden die europäischen Armeen bei ihren Feldzügen rund um den Globus Grund und Anlaß genug, auch über die einschlägigen Bauwerke anderer Völker zu staunen und zu erkennen, daß deren Festungen und Forts zu bekämpfen und zu erobern auch nicht so einfach war – von Zitadellenruinen bereits vergessener geschichtlicher Zeiten und deren von den Bewohnern des Umlandes gefürchteten Gespenstern bis zu den überbordenden Festungsstädten Indiens, und von primitiven Palisaden gleichwohl mörderischen Einfallsreichtums bis zur großen Chinesischen Mauer.

DIE BEGEGNUNG VON OST UND WEST

Im allgemeinen waren die alten Kulturen des Fernen Ostens imstande, mit der Begegnung europäischer Gedankenwelt und Technologie auf irgendeine Art fertig zu werden – selbst schon vor der Einführung der Feuerwaffen. Man weiß, daß Marco Polo im Jahre 1280 auf seiner Chinareise Kublai Khan bei dessen Belagerung von Siang in Hupeh die Verwendung von Katapultgeschützen vorschlug. Die Soldaten hatten keine Ahnung, was der Italiener damit meinte, also organisierte er zusammen mit seiner Begleitung selbst den Bau gewaltiger Belagerungsmaschinen, die imstande waren, 140 kg schwere Steine über die feindlichen Stadtmauern zu schleudern, wo sie im Niederfallen Dächer zerstörten, Feuer verbreiteten und Menschen töteten. Das war mehr, als die belagerte Bevölkerung ertragen konnte und sie kapitulierte, noch ehe ihre städtische Militärfestung ganz vernichtet war. Doch als wie wirksam diese Katapulte sich auch erwiesen hatten, sie waren für die Chinesen monströse Geräte, die überhaupt nicht in ihre Kriegstheorie und -praxis paßten, welche sich vorwiegend auf den Einsatz "antipersoneller" Waffen und Geschosse stützten; mit anderen Worten, Menschenleben waren dort zu dieser Zeit leichter entbehrlich und zu verschmerzen als Städte. Folglich zogen die Chinesen es vor, die ihnen von den Venezianern vermittelten Kenntnisse alsbald wieder zu vergessen, sobald diese wieder fort waren.

Nicht mehr vergessen oder gar ignorieren konnten die Chinesen dagegen ab 1517 die europäischen Feuerwaffen und Kanonen. Doch selbst dann noch fanden es ausländische Experten für Artillerie und Befestigungsanlagen, die am Kaiserlichen Hof als Berater tätig waren, überaus frustrierend, wie sehr Bürokratie und Eunuchen im eifersüchtigen und rivalisierenden Kampf um kaiserliche Gunst alle ihre Vorschläge stets manipulierten und sabotierten.

Manchmal war es freilich nicht länger möglich, zu bestreiten, daß man von der westlichen Technologie überholt worden war. Das war beispielsweise 1860 der Fall, während des "Pfeil-" oder Dritten Chinesischen Krieges. Die chinesische Regierung ließ es gar nicht mehr erst darauf ankommen, ob ihre Stadtmauern und -tore dem britischen und französischen Beschuß standhielten, sondern ergab sich lieber gleich, noch ehe deren Feuer begann. Die Mauern Pekings hätten sicher einiges ausgehalten, während eine andere Sache die drohende Gefahr der Zerstörung der ganzen Stadt dahinter war.

Die Mandschu-Kaiser, die 1644 an die Macht kamen, vertraten die Ansicht von der Notwendigkeit, sowohl Ausländer wie einfache chinesische Landsleute von ihrer eigenen geheiligten Person fernzuhalten. Unter ihrer Herrschaft war das Stadtgebiet von Peking in der Form, in der es sich bis ins 20. Jh. erhielt, neugestaltet worden. Der Verteidigungsring erstreckte sich über einen durch Mauern und Festungsanlagen umschlosse-

Rechts: *Die pagodenartige Form der Burg des Weißen Reihers. Sie steht auf einem Berg in Himeji zwischen Kobe und Okajama an der Inlandküste der japanischen Insel Honschu (Hondo)*

nen Durchmesser von 27,4 km. Von der Nordmauer der chinesischen Stadt aus erstreckte sich die Tartarenstadt, auch Innere Stadt genannt, deren Mauer nicht weniger als 22,5 m hoch war. Innerhalb dieser Tartarenstadt befand sich die wiederum mauerumgebene Kaiserliche Stadt, der Sitz der Regierung. Und noch einmal innerhalb dieser, ihrerseits mit Mauern und Befestigungen gegen jederlei profanen Zugang gesichert, lag die innerste, die Verbotene Stadt, die allein der Kaiserlichen Mandschu-Familie und deren unmittelbarer Umgebung vorbehalten war und zu der kein normaler Chinese Zutritt hatte.

Im 19. Jh. wurden die ausländischen Gesandtschaften in der Tartarenstadt untergebracht, in einem rechteckigen Komplex von rund 800 x 400 m, dessen Rückseite direkt an die Mauer grenzte, welche Tartaren- und Chinesenstadt trennte. Mit der Bemannung sowohl der Mauerzinnen wie der flankierenden Barrikaden – wodurch dieser Sektor der Mauer abgeschnitten wurde – und dazu der etwas dünneren Mauer um den Komplex selbst herum konnten die Wachtruppen der Gesandtschaften und deren verzweifelte zivile Bewohner während des Boxeraufstandes von 1900 die berühmten 55 Tage lang aushalten. Zum Glück für sie waren weder die Aufständischen noch die kaiserlichen Palasttruppen mit schwereren Waffen als Säbeln, Gewehren und rein zeremoniellen Kanonen ausgerüstet. Erst als sich die Vorhut der Entsatztruppe von Tsientsin her zu ihnen vorkämpfte, gerieten sie in eine ähnliche Zwangslage wie ihre Belagerer. Nachdem sie ebenfalls nur über kleine tragbare Waffen und Munition verfügten, konnte diese Vorhut die Barriere der äußeren Stadttore nicht überwinden und so auch nicht bis zu den Gesandtschaften gelangen. Es mußten also eigene Spezialtrupps erst einmal das unebene Mauerwerk aufbrechen oder sich durch Tunnels darunter durchgraben, dann die befestigten Mauertore erobern und diese von innen öffnen, um ihrer draußen wartenden Truppe Zugang zu verschaffen. Unter den Soldaten, Matrosen und Elitetruppen, aus denen diese Entsatztruppe bestand, waren auch Japaner.

In Japan waren die ersten Europäer 1542 aufgetaucht und dies war mit Veränderungen der dortigen politischen Machtverhältnisse zusammengefallen, wie es sich auch in den seitdem neuen Formen militärischer Architektur manifestierte. Bis dahin hatten japanische Befestigungsanlagen im wesentlichen aus Gräben und Palisaden bestanden, hinter denen Holzgebäude lagen. Jeder *Daimo* ("großer Name" = Adelsherr) verfügte über mindestens einen solchen Stützpunkt, von denen es an die tausend gab, die zwar dem Kaiser durch Loyalitätspflicht verbunden, ansonsten aber eigenständig und unabhängig waren.

Theoretisch wurde das Land von dem Kaiserlichen *Shogun* ("Großer General") regiert, in der Praxis aber war dies nur dann der Fall, wenn der jeweilige *Shogun* auch tatsächlich mächtig und machtbewußt war, wie beispielsweise Oda Nobunaga (1534-82). Dieser bewaffnete seine Anhänger mit

Schimonoseki-Straße, 1864: Neue japanische Batterien haben westliche Schiffe beschossen. Im Gegenschlag wurden sie deshalb am 5./6. September gefangen genommen und ihre Stellungen zerstört

FESTUNGEN AUF DER SÜDHALBKUGEL

Vom Geheimnis Simbabwes bis zur Großartigkeit von Machu Picchu bewährten sich die Prinzipien defensiver Architektur überall

Groß-Simbabwe liegt etwa 250 km südlich von Harare. Diese Ruinen einer Ansammlung kleiner Häuser in einem Tal scheinen die Überreste einer ganzen afrikanischen Stadt zu sein. Auf einem 75 m hohen Granitfelsen im Osten befindet sich ein weiterer Komplex alter Wälle, deren Steinmauerwerk sich den natürlichen Felsformationen anpaßt und einfügt und sich so fast wie ein Teil der natürlichen Felslandschaft ausnimmt.

Die Lage läßt darauf schließen, daß dies einmal eine Festung war, obwohl sie mit ihrer so demonstrativ überhöhten Position und dem Blick zur aufgehenden Sonne auch religiöse Bedeutung gehabt haben könnte. Dem widerspricht jedoch die Tatsache, daß die Position des elliptischen Bauwerks unten im Tal im Westen der Ruinenstadt schon ziemlich eindeutig eher ein Tempel oder Palast als eine Befestigungsanlage war; wenn auch hier der Grundriß und die Bauweise ebenfalls auf eine Verteidigungszitadelle hinweisen. Die umgebende Steinmauer aus Granitquadern ist 10,5 m hoch, 3-5 m dick und hat einen Durchmesser von fast 300 m. Zickzackanordnungen der Steine ganz oben auf den Resten der verfallenen Mauer scheinen jedoch eher dekorativer als militärischer Natur zu sein.

Der Haupteingang liegt im Norden und besteht aus zwei Zugängen. Der eine ist kurz und direkt, der andere verläuft in einer 30 m langen Passage parallel zur Hauptmauer. Ein Angreifer, der es bereits die Treppen hinauf und durch das Tor geschafft hatte, mußte sich dort dann entscheiden. Wandte er sich nach rechts, endete er in einer Sackgasse. Ging er geradeaus, kam er durch ein weiteres Tor, hinter dem ihn neuerlich die Wahl dreier Richtungen erwartete, alle drei gleichermaßen verwirrend und alle drei auf kompliziert angelegten *Killing-grounds* vor der quadratisch angelegten Hauptbefestigung endend. Nach links führte der Weg dagegen zum Haupttor und durch einen engen Korridor, welcher seinerseits in einem Befestigungskomplex mit vielen Wegemöglichkeiten mündete. Dieses ganze Verwirrsystem ergänzte nur die anderen Mauerwälle, welche die ganze Anlage in Bezirke verschiedener Gestalt und Größe teilten.

Die Angaben der Fachleute über die Entstehungszeit variieren beträchtlich und reichen vom 10. bis zum 16. Jh.; dabei ist sogar auch eine Datierung schon um 600 herum möglich. Es gibt Enthusiasten, die selbst soweit gehen, die Anlage als Ort der legendären Minen König Salomons zu erklären, oder, daß sie irgendwann von einer weit abgekommenen römischen Legion erbaut worden sei, oder von den Nubiern, deren Reich im Sudan das antike Zentralafrika beherrschte. Tatsache ist, sie ist ein Werk der Schona, die bis heute dort leben. Ihr Land heißt heute auch, eben nach diesen zeitlosen Ruinen, Simbabwe (Zimbabwe).

Die Inka-Festungen in Peru beherrschten

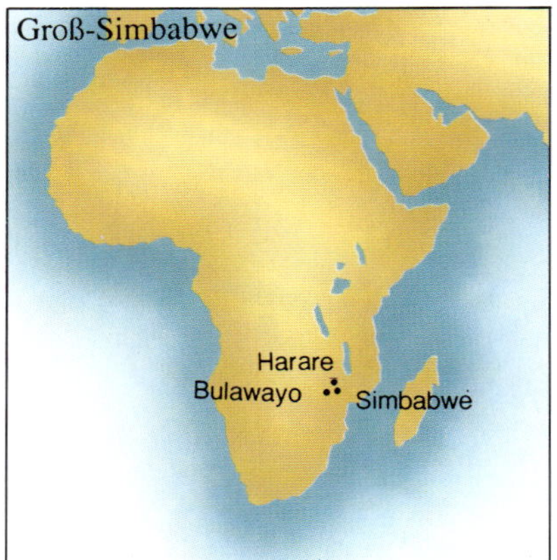

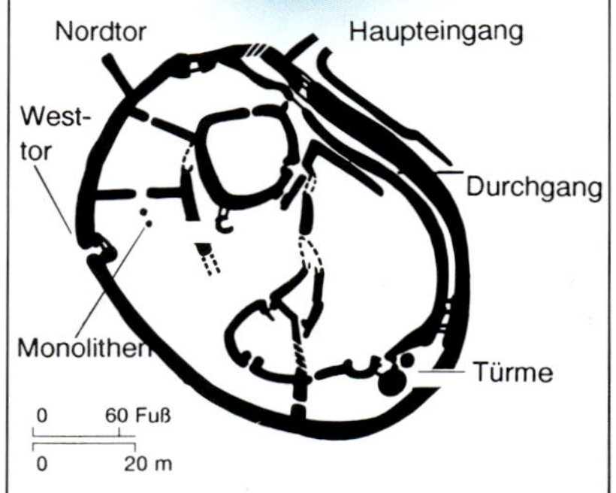

***Oben:** Karte mit der Lage Simbabwes*
***Unten:** Der Plan der elliptischen Gesamtanlage*

***Unten:** Obwohl nur noch überwucherte Ruinen vorhanden sind, erheben sich die alten Mauern der Großen Umfassung des antiken Simbabwe bis heute eindrucksvoll aus dem Boden Afrikas*

Oben: *Die Ruinen der Inkastadt Machu Picchu in den peruanischen Anden*

Oben: *Die Karte zeigt die Lage der alten Inkafestungen, die im Text erwähnt sind, dazu die heutigen Landesgrenzen. Es gab jedoch sehr viel mehr solcher Festungsanlagen als hier auf der Karte vermerkt sind*

die Straßen und Hängebrücken von der Pazifikküste hinauf ins Herz der Anden. Sie waren zugleich Wohnstätten und Tempelbezirke, Relaisstationen der herrscherlichen Meldeläufer, Tributeintreibungszentren, Militärbasen und Zufluchtsstätten in Zeiten der Gefahr.

Am berühmtesten von ihnen ist heute Machu Picchu, 100 km westlich der alten Inkahauptstadt Cuzco. Dies war eine 2500 m hoch gelegene Andenstadt auf einer Fläche von 11 ha. Ihre Terrassen waren nur über Treppen zugänglich, die man – jede einzeln – von lediglich ein paar wenigen Kriegern verteidigen ließ. Über Cuzco selbst thronte die Zufluchts-Festung Sacsahuamán. Deren Steinblöcke hatten die gewaltige Dimension von über 4 m, und die Mauern stiegen 15 m hoch empor. Hätten sie diese Festung gehalten – die Inka hätten Pizarro bis zum Jüngsten Tag widerstehen können. Doch sie waren 1533 in einen internen Bürgerkrieg verstrickt, und die spanischen Conquistadores eroberten Cuzco und nahmen dessen Herrscher Atahualpa als Geisel, ehe Sacsahuamán überhaupt bemannt werden konnte.

Unten: *Sieg der Engländer an einem alten Pa auf Neuseeland am 28.4.1864*

Wie die europäische und japanische Kriegsführung des Mittelalters, waren auch die Kriegszüge der Maori auf Neuseeland einem Regelkodex unterworfen, der sich deutlich in den Festungsanlagen ausdrückt und widerspiegelt. Diese sogenannte *Pas* finden sich vor allem auf der neuseeländischen Nordinsel, wo sie schon bald nach der um 900 begonnenen Besiedlung entstanden, als erste Te Awanga an der Hawke Bay. Es bestand aus einer Palisade mit Zwischenräumen, durch welche zur Abwehr eindringender Angreifer lange Speere geworfen werden konnten. Dahinter war eine Terrasse, von der die Verteidiger Steine herabwarfen. Vor der Palisade wurde die Erde abgetragen, so daß sie sich nun oben auf einem graben-ähnlichen Steilabfall befand. Eine Verfeinerung dieses Anlageschemas war, die *Pa* von vornherein an den Rand eines Felsenkliffs zu setzen. Schließlich kamen mit der Zeit auch noch Wallstellungen und Gräben dazu, ganz ähnlich dem Grundplan eines britischen Bergforts. Die Weiterentwicklung waren Mehrfachgräben und -wälle sowie Stellungen oben auf den Palisaden.

Neben den reinen Defensivanlagen enthielt eine *Pa* auch Lager- und Vorratsräume für Lebensmittel in Erdgruben und Hütten. Eine in dieser Hinsicht gutausgestattete *Pa* war stets ein verlockendes Ziel für benachbarte Clans, besonders nach einem schlechten Erntejahr. Ein Tag und Nacht besetzter Wachtturm war deshalb unerläßlich, und sobald von ihm Alarm ausgerufen wurde, eilten die Bewohner der umliegenden Dörfer schutzsuchend hinter die Mauern, während sich die Krieger auf den bevorstehenden Abwehrkampf vorbereiteten.

War der Gegner vor der Festung aufgezogen, führte er als Präliminarien einen *Haka*, den Kriegstanz, auf, mit dem die Verteidiger aufgefordert wurden, herauszukommen und sich zum Einzel- oder Gruppenkampf zu stellen. Befolgten sie dies, konnte die ganze Angelegenheit ohne jeglichen Angriff auf die *Pa* selbst erledigt werden. Wurde die Herausforderung nicht angenommen, erfolgte der direkte Angriff. Lange Belagerungen gab es wohl kaum. Manchmal war ein solcher Angriff erfolgreich, manchmal wurde er zurückgeschlagen. Manchmal aber gab es auch Varianten: beispielsweise zogen sich die Angreifer scheinbar zurück, die Verteidiger stürmten infolgedessen zu ihrer Verfolgung heraus und das Ergebnis war die offene Feldschlacht. Auf diese Weise wurde der Besitzstreit um eine *Pa* ausgefochten, ohne daß diese selbst beschädigt oder zerstört worden wäre. Tatsächlich steigerte die Eroberung die *Mana* (spirituelle Autorität) der Sieger und verringerte im entsprechenden Maße die der Verteidiger. Ein zusätzlicher Aspekt dieses Zugewinns moralischer Stärke war ritueller Kannibalismus nach der Schlacht.

***Links:** Nach der Zerstörung im 2. Weltkrieg wurde die Burg Kumamoto westlich von Kiushu in Japan exakt nach dem Originalzustand von 1609 wiederaufgebaut. Die gekurvten Mauern widerstehen Erdbeben besser und verteilen auch den Druck auf den regenfeuchten Untergrund*

aus Europa eingeführten Musketen und eroberte damit die Forts weniger mächtiger Adelsherren. Dann begann er steinerne Burgen zu bauen, die mit seinen eigenen Leuten garnisoniert wurden, jeweils unter einem *Daimo*, dessen absolute Loyalität durch Einschüchterung, Straftribute und harte körperliche Arbeit bei den Festungsbauarbeiten erzwungen und gesichert wurde.

Diese Politik verfolgten auch seine Nachfolger Tojotomi Hidejoschi (*Kampaku* = "ziviler Diktator" von 1582-1597) und Tokugawa Iejasu (*Shogun* von 1597-1616) weiter.

Edo – das spätere Tokio – wurde als Japans Hauptstadt bestimmt, doch die größte Festung des Landes jener Zeit war das ebenfalls auf der Hauptinsel Honschu (Hondo) gelegene Osaka. Zuerst kamen die natürlichen Wasserverteidigungsanlagen, dann ein 11 m tiefer und 73 m breiter Graben. Dahinter erhob sich der äußere Wall aus mächtigem Stein-Mauerwerk, hinter dem sich ein weiterer Graben und eine weitere, bis 36 m hohe Mauer befanden. Deren Zinnen, Schießscharten und die befestigten Durchgangstore waren mit Musketen, Kanonen- und Katapult-Artillerie besetzt. Im Zentrum der Anlage schließlich befand sich der Wohnturm des *Daimo*.

Die Verteidigungsanlagen bewährten sich während des Christenaufstands gegen einen anderen Tokugawa-*Shogun*, Ijemitsu. Die japanischen Katholiken, die unter religiöser Verfolgung litten (welche zum Teil von dem Engländer Adams veranlaßt wurde), flüchteten sich auf die weit westlich gelegene Insel Amakusa und dort auf die Burg Hara, ein offenbar schon aus älterer Zeit stammendes, aber seit langem verfallenes Fort. Jedenfalls wurden am 10. Januar 1637 seine Schutzmauern repariert und mit Kreuzen und christlichen Bannern geschmückt. Die 20 000 Soldaten und 17 000 Zivilisten führte Masudo Shiro an, ein 17 Jahre alter Samurai, der die christlichen Priesterweihen – aber in der Tradition der buddhistischen Priester-Krieger – empfangen hatte. Die Belagerer, unter ihnen holländische Artilleristen und ihr Kriegsschiff, waren 106 000 Mann stark.

Die Christen schlugen am 3. und 14. Februar 1637 größere Sturmangriffe zurück und wurden daraufhin einem Dauerbombardement und der Zermürbungstaktik ausgesetzt. Am 11./12. April verlor dann ein Teil der Belagerer die Geduld und unternahm einen eigenmächtigen Sturmangriff. Die bereits hungernden und mit nur noch wenig Munition versehenen Christen wichen zurück. Der Angriff hatte einen auslösenden und anspornenden Effekt auf die gesamte Belagerungsarmee. Die Überlieferungen sind sich nicht über die Anzahl der Überlebenden einig – oder ob es überhaupt welche gab.

Außer Zweifel steht aber, daß es allgemeine japanische Ansicht ist, dies alles wäre weder nötig gewesen noch passiert, wenn ihr Land nicht von den Fremden heimgesucht worden wäre. Und als Konsequenz erfolgte danach auch die Vertreibung und Ausweisung aller Fremden, abgesehen von einigen holländischen Händlern, als Belohnung für ihre im übrigen weder besonders effiziente noch freiwillige Hilfe auf Amakusa. Von nun an entwickelte sich ein eigener japanischer Stil von Befestigungsanlagen. Sie spiegelten dieselbe Gesellschaftsordnung wider, welche in Europa die Burgen des Mittelalters hervorgebracht hatte.

Es handelte sich um zwei Typen. Ein *Jamajiro* war ein Hochlandstützpunkt mit einer Außenfassade, die in ihrer Einfachheit sich der Umgebung anpaßte. Die ganze Konstruktion war einfacher als die eines *Hirojiro*, nämlich Tieflandforts. Ein typisches *Hirojiro* war mit einer Umfassungsmauer aus Stein um die ganze Anlage herum ausgestattet, wobei deren Außenseite konkav gewölbt war, um sowohl dem Zug regennassen schweren Untergrunds standzuhalten als auch Stöße von Erdbeben durch Druckverteilung besser abzufangen.

Die pagodenartig aufsteigenden Türme mit ihren weißen Mauern und grauen Dächern und reicher Verzierung erschienen als sehr massive Bauten, waren tatsächlich aber Leichtkonstruktionen, nämlich aus elastischen Holzzweigen und Gips, die

DEBUL

Einer der frühestdokumentierten Anlässe des Einsatzes von Katapultartillerie in Indien war 711 bei der westwärts gerichteten Expansion der moslemischen Araber. Während sich ihr Hauptheer auf dem Landmarsch nach Belutschistan befand, wurde die sogenannte "Braut" (mit nicht weniger als 500 Kanonieren) per Schiff an einen ausgesuchten Standort im Flachland des Indus-Deltas gebracht. Ziel war Debul, eine von 4 000 Mann und 3 000 Priestern verteidigte Festungsstadt, die einen heiligen Flaggenmast errichtet hatten, welcher die Stadt unverletzlich machen sollte. Die Araber verkürzten den Hebelarm ihres Katapults, um eine fast horizontale Flugbahn der Geschosse zu erreichen. Schon ihr drittes Steingeschoß fällte den symbolischen Talisman-Mast. Nun war eigentlich zu erwarten, daß die Radschputs kapitulierten, doch stattdessen starteten sie einen Ausfall. Sie wurden zurückgeworfen. Im anschließenden Gegenangriff mit Sturmleitern fiel ihre Stadt. Alle, die sich nicht zum Islam bekannten, wurden getötet.

auch nur einfach auf die solide gemauerten Fundamente aufgesetzt und nicht etwa fest mit ihnen verbunden waren. Das hatte den Vorteil, daß Erdbebenstöße ihnen so gut wie nichts anhaben konnten. Sie fingen sie einfach ab – im Gegensatz zu den massiveren Bauten, die keine derartige Elastizität besaßen und bei vergleichbaren Erschütterungen zerstört wurden. Im Inneren befanden sich Lagerräume für Lebensmittel, Wasser und Waffen, Unterkünfte für die Ritterkaste der Samurai und die einfachen Soldaten sowie für Bediente und Konkubinen, dazu weitere private und offizielle Räumlichkeiten.

Die oberen Ebenen eines solchen *Honmaru* – des dem europäischen Bergfried und *Keep* entsprechenden Zentral-/Hauptturms – waren mit Pfeilschlitzen, Musketen- und Kanonen-Schießscharten versehen, genau wie die äußeren Verteidigungsanlagen, zu denen außerdem auch noch Zugbrücken, Bastionen und Blindgänge gehörten, um weite Schuß- und Kampffelder – nach Art der europäischen *Killing-grounds* – vor ihnen zu schaffen.

Dennoch spielte japanische Kriegsführung sich traditionell im Feldkampf ab: Samurai-Schwerter, Dornenpfeile und Musketenkugeln zielten auf Tötung der Feinde, aber nicht auf Zerstörung von Bauten und Gelände ab, die für die Eroberer nutzbar bleiben sollten. Folglich waren in jener Periode der Isolation Belagerungen auch selten. Und obwohl die japanischen Forts und Festungen vorwiegend aus Holz gebaut und also sehr anfällig gegen Feuer gewesen wären, geschah dies dennoch kaum je. Wenn es gelegentlich Zerstörungen durch Brände gab, dann immer nur im Zusammenhang mit rituellen Selbstmorden nach Niederlagen.

Erst nachdem der amerikanische Commodore Perry gewalt-

***Links:** Am 25. Juni 1859 verhinderten die Taku-Forts an der Mündung des Flusses Peiho, daß 22 britische, französische und amerikanische Kriegsschiffe nach Peking gelangten, um den Kaiser von China zu zwingen, sein Land westlichem Handel zu öffnen.*

Am 21. August 1860 kamen vierzehn Kriegsschiffe mit 18 000 Mann Militär wieder. Nach dem Beschuß und der Einnahme eines der Taku-Forts ergaben sich die anderen. Die Flotte landete nun ihre Truppen und diese begannen ihren Marsch auf Peking

***Oben:** Eine andere Ansicht der Burg Kumamoto in Japan. Die Öffnungen zum Hinabwerfen von Steinen und für Pfeil- und Gewehrschützen sind in normalen Zeiten mit Läden verschlossen*

sam die Öffnung Japans zur westlichen Welt erzwungen hatte, gab es in größerem Ausmaß Beschädigungen und Zerstörungen japanischer Burganlagen. Diese geschahen in erster Linie durch ausländische Kriegsschiffe und ihre Strafaktionen gegen Küstenstellungen, deren *Daimo* sich weigerten, die Tatsache zu akzeptieren, daß eine neue Zeit begonnen hatte. Aber auch die eigenen kaiserlichen Truppen waren an den Zerstörungen beteiligt, denn der Kaiser, der sich seiner Machtstellung zunehmend bewußt wurde, war auch zunehmend entschlossen, selbst das ganze Land zentral zu regieren. Und wehe jedem reaktionären Samurai oder Daimo, der versuchen wollte, die alte Art lokaler und privater Kriegführung weiterzubetreiben. Ihre Stützpunkte wurden mit den modernsten westlichen Waffen und von in westlicher Taktik ausgebildeten Soldaten vollständig zerschossen.

DER FALL VON MAGDALA

In einem völlig anderen Teil der Welt verlief die Begegnung des Kaisers von Abessinien mit Europa bedeutend weniger erfolgreich. Theodor III., 1853 zum Kaiser proklamiert, begann einen Notenwechsel mit Königin Victoria. Er fühlte sich von einer obendrein verzögerten Antwort des britischen Außenministeriums beleidigt und setzte als Reaktion darauf eine Anzahl Briten und auch Angehörige anderer Nationalitäten gefangen. Beim Anmarsch der Entsatz-Expeditionstruppe des Generals Napier wurden sie zwar wieder freigelassen, doch Napier setzte dessenungeachtet seinen Angriff auf Theodors Festung Magdala fort.

Magdala liegt etwa 350 km landeinwärts von der Küste hoch oben auf einem Berg mit auf drei Seiten steil abfallenden, also

AHMEDNAGAR

Ende des 16. Jh. war Chand Bibi Königin von Bidschapur. Von Kaiser Akbar wurde die Witwe im Zuge seiner Expansionspolitik abgeschoben. Daraufhin übernahm sie das Kommando der Garnison von Ahmednagar, das zu dem von Golconda aus regierten Dekhansultanat gehörte und etwa 240 km östlich des heutigen Bombay gelegen war. Anders als viele andere indische Festungen liegt Ahmednagar auf flachem Gelände und hat Mauern aus "Aschlar" (quadratisch behauenen Steinen) und Ziegeln. Dem Haupttor war ein 10 m hohes halbkreisförmiges Außenwerk vorgelagert, das nur über eine Zugbrücke über einem flutbaren Graben und mit vier Richtungsänderungen zugänglich war.
Die Mogulen unternahmen 1593 unter General Mirza Khan die erste Invasion in das Gebiet von Ahmednagar, der direkt die Mauern stürmen ließ und Breschen in diese schlug. Die Garnison verließ die Hoffnung, aber Chand Bibi sprach ihnen neuen Mut zu; sie führte persönlich den Gegenangriff und ließ improvisierte Reparaturen ausführen. Die kaiserlichen Truppen konnten ihren ersten Erfolg nicht fortsetzen und 1596 befahl Akbar Khan den Abzug aus Ahmednagar.
Im Jahre 1600 kam er dann selbst, um persönlich eine zweite Belagerung zu leiten. Diese zog sich hin, mit der Folge, daß Chand Bibis Leute zur Verteidigung auf den Mauern immer weniger wurden, zumal weder aus Bidschapur noch aus Golconda Entsatz kam. An einem der wenigen Tage großer Entmutigung äußerte Chand Bibi ihre Besorgnisse laut, woraufhin ihre ohnehin schon abgefallenen Leibgarden sie in Stücke hieben und die Festung dem Feind übergaben.

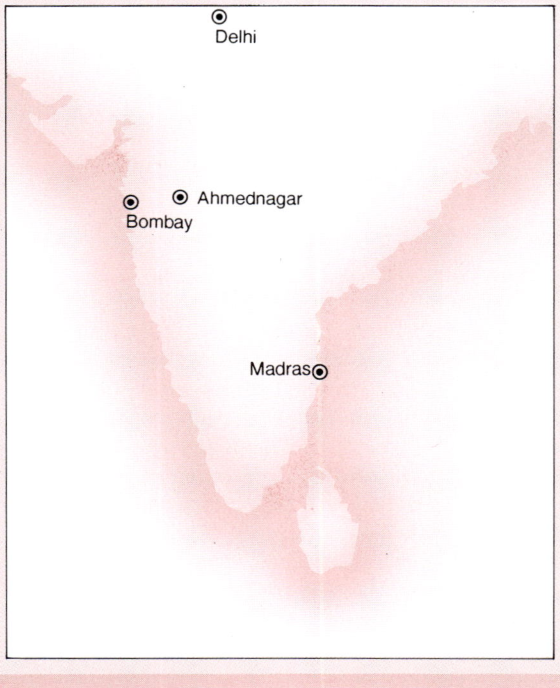

unzugänglichen Klippen. Die vierte Seite ist nur über einen schmalen Pfad zugänglich, der an einem massiven Tor in einer 4 m dicken Mauer endet. Die schwere Bewaffnung Magdalas bestand aus 15 Kanonen und einem großen Mörser.
Am 13. April 1868 um neun Uhr morgens begann der Angriff. Feuerschutz boten zwei Kompanien des 33. Regiments zu Fuß. Der Plan war, daß die Royal Engineers und die Pioniere von Madras das Tor zerstören und stürmen und Sturmleitern an die Mauern legen sollten, über die dann weitere sechs Kompanien des 33. Regiments in die Festung eindringen würden. In der buchstäblichen Hitze des Gefechts indessen waren die Sturmleitern und der Sprengstoff an der Basisstellung vergessen worden. Die Pioniere hatten lediglich einige Rammbäume mitgebracht, mit denen aber relativ wenig ausgerichtet werden konnte.
Der reine Zufall wollte es, daß ein Trommlerjunge von hinten nach vorne gedrängt wurde und sich, von unten durch das Gewehrfeuer jeder Rückzugsmöglichkeit beraubt, bis oben auf die Mauer hinauf gehievt sah. Er half einem weiteren einfachen Soldaten zu sich hoch, und dieser hielt die Abessinier so lange in Schach, bis der Trommlerjunge auch einen Fahnenträger mit der Standarte des 33. Regiments zu ihnen auf die Mauer gezogen hatte. Und prompt folgte das gesamte 33. Regiment nach. Kaiser Theodor erschoß sich daraufhin mit einer Pistole, die ein Geschenk von Königin Victoria gewesen war, und Magdala wurde systematisch zerstört. Auf britischer Seite

Magdala, 13. April 1868. Selbst, nachdem die Truppen von General Napier sich den steilen schmalen Bergpfad hinauf gemüht und das runde Torhaus überwunden haben, stehen sie erst am Anfang der Einnahme von Kaiser Theodor III. Bergfestung, die sich ganz oben direkt am Abhang der Klippen erhebt

waren dagegen nicht mehr als 15 Verwundete zu beklagen. Das Schicksal Magdalas illustriert gut die Tatsache, daß die weniger entwickelten Völker Afrikas und Amerikas es im Gegensatz zu den alten Kulturen des Fernen Ostens sehr viel schwieriger fanden, sich dem Militarismus und der Kultur Europas zu widersetzen.

Ein Sonderfall unter diesen verschiedenen Zivilisationen waren die Indianerstämme im Osten Nordamerikas, die auf ähnliche Weise einerseits technologisch noch in der Steinzeit lebten, andererseits aber bereits recht differenzierte Herrschaftssysteme entwickelt hatten, was sich in ihrer Militärarchitektur niederschlug, die auf Holzbauten basierte – der Tatsache folgend, daß sie Waldvölker waren.

HOCHLANDFORTS

Es wird heute oft übersehen, daß das Schottische Hochland bis zum Beginn des 19. Jh. als ebenso wilde "Frontier" eingeschätzt wurde wie manches Indianerterritorium. Zur Aufrechterhaltung der Ruhe in dieser Region entstanden Forts an strategisch wichtigen Stellen, so z. B. das von General Monk 1654-55 am Südende des Great Glen errichtete. Es wurde unter William III. modernisiert und hieß fortan Maryborough, bis es später den heutigen Namen Fort William erhielt. Es widerstand 1715 der Belagerung durch die Jakobiter und wurde danach entsprechend den neuen Standards der Befestigungstechnik im Zuge des allgemeinen Programms von General George Wade weiter verstärkt. Der Great Glen wurde außer durch Fort William auch in der Mitte durch das 1730 modernisierte Fort Augustus und am anderen Ende durch Fort George (an der Stelle des heutigen Inverness Castle) kontrolliert. Die heutigen Ruthven Barracks bei Kingussie (ursprünglich erbaut 1716, vergrößert 1734) und Bernera Barracks gegenüber von Skye, ursprünglich erbaut 1722, erinnern daran, daß sie an Stellen stehen, die einst eher Depot-Basen für Polizeipatrouillen als Burgen waren. Tatsächlich wurden auch die meisten in der Revolution von 1745 von den Jakobitern eingenommen und zerstört. Bernera und Fort William hielten sich, möglicherweise wegen ihrer Lage am Wasser. Im Anschluß an die historische Schlacht von Culloden hatten die unter Wade zwischen strategisch gelegenen Forts gebauten Straßen nicht mehr nur rein militärische Bedeutung, und dasselbe galt für die von seinem Nachfolger General Caulfield wiederaufgebauten Forts.

Hochlandforts und Militärstraßen

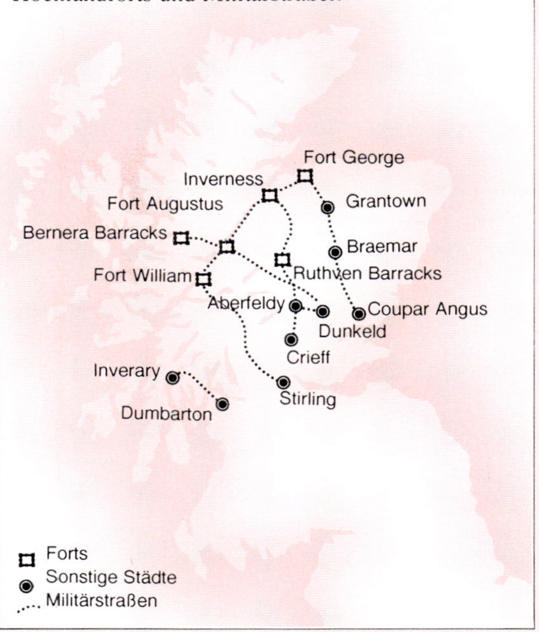

DIE FORTS DER AMERIKANISCHEN PIONIERZEIT

Von den Palisaden der ersten Kolonialzeit bis zu den "Frontier"-Forts der Erschließung des Westens sicherten stets Außen- und Vorposten die jeweils neuen amerikanischen Grenzen

Am Anfang war die Küste die Grenze. Eine Rekonstruktion von Fort James, das 1607 in Virginia von Christopher Newport und Captain John Smith angelegt worden war, zeigt eine dreieckige Befestigung. Die Palisade zum Fluß hin war 128 m lang, die anderen beiden Seiten je 91 m. Ihr Scheitelpunkt wies landeinwärts. An jeder Ecke befand sich eine Bastion in Form einer holzverstärkten Erdaufschüttung, die der darauf befindlichen Geschützstellung ein Schußfeld über das ganze Gelände vor der Hauptmauer gab. Auch im Zentrum des Forts stand eine Kanone, die direkt auf das Haupttor am Fluß gerichtet war für den Fall, daß dieses von Angreifern gestürmt würde. Im Inneren gab es eine Kirche, einen Brunnen und eine Anzahl kleiner Häuser in der Wohnarchitektur, wie sie die 103 Siedler aus ihrer englischen Heimat kannten und mitgebracht hatten. Daß für die Verteidigungsanlagen Erde und Holz verwendet wurden, ist die ganz direkte Folge des auf dieser Flußmündungsebene vorhandenen und verfügbaren Materials.

Die Spanier, die weiter südlich, in Florida, siedelten, waren sowohl aus ihrer Heimat wie auch von ihren Befestigungsanlagen in Mittel- und Südamerika das Bauen mit Steinen gewohnt. Waren passende Steine als Baumaterial nicht vorhanden, machten sie sich entweder Lehmziegel aus sonnengetrocknetem Ton, oder sie transportierten gutes Stein-Baumaterial sogar zu Schiff von ihrer Iberischen Halbinsel heran. Eine Ausnahme war das Fort San Marcos vor St. Augustine in Florida, zu dessen Bau sie hartes, aber doch bearbeitungsfähiges Felsgestein vom Meeresboden holten. Kanonenkugeln "versackten" darin harmlos, ohne das Material zu sprengen.

In den höheren Breitengraden Nordamerikas dagegen, wo es die riesigen Wälder mit ihren hohen, geradegewachsenen Koniferen gab, entwickelte sich naturgemäß die holzgebaute Befestigungsanlage am weitesten. Eine Karte von 1546 des St. Lawrence-Stromgebiets enthält auch eine Skizze eines der ersten Forts, die Jacques Cartier dort anlegte. Unverkennbar an dem unzugänglichen Steilfelsen gelegen, wo sich heute die Stadt Quebec befindet, also auch von dieser Seite unangreifbar, war an der Landseite eine halbkreisförmige Palisade mit einem einfachen, aber sehr starken Tor und Stellungen für vier Feldgeschütze.

1613 wird Quebec bereits als ein Komplex von drei großen, aus vertikalen Planken errichteten Gebäuden dargestellt, die Unterkünfte, Waffenlager und Werkstätten enthielten, alle miteinander verbunden durch eine umlaufende Veranda mit soliden Zinnen und Schießscharten im Obergeschoß, die sich fortsetzte über die Brettermauer bis zu einem dreieckigen offenen Platz, auf welchem sich ein Taubenschlag befand, der vor allem der Frischfleischversorgung diente. Außerdem zeigt die Darstellung ein Tor mit einem *pont-levis* – einer Zugbrücke – über einen Graben hinweg. Dahinter liegen dreieckige Bastionen aus befestigten Erdaufschüttungen als Geschützstellungen, und dahinter wiederum befindet sich der Kräuter- und Gemüsegarten.

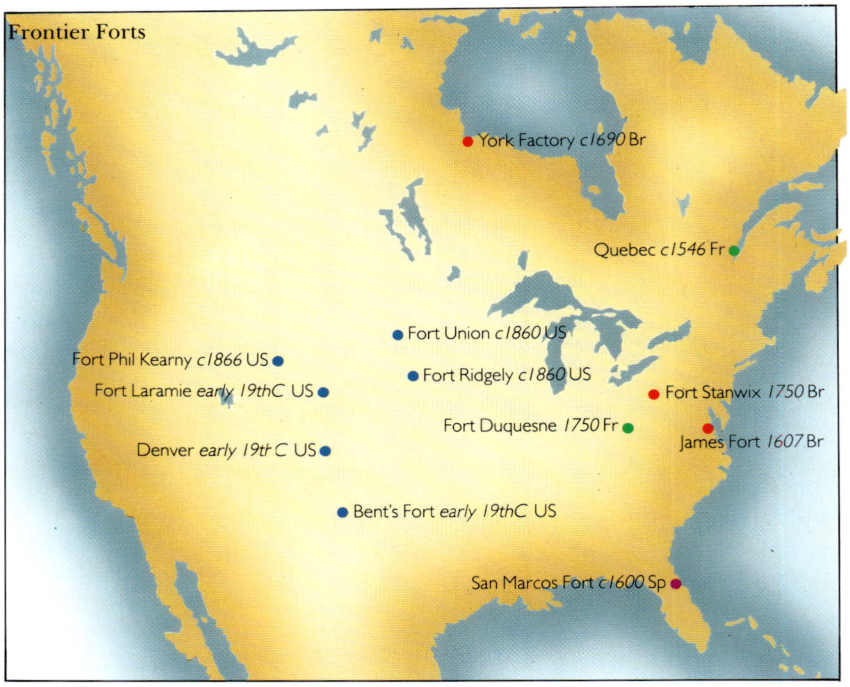

Die Karte zeigt, wo die europäischen Kolonisten die ersten befestigten Siedlungen in Nordamerika anlegten. Duquesne und Stanwix stehen für die rivalisierenden Versuche, die beherrschende Stellung im Flußsystem zwischen St.Lawrence, Ohio und Mississippi zu erlangen und damit gegnerische Streitkräfte zu binden oder die eigene Expansion nach Westen zu sichern, wie sie im 19. Jh. erfolgte. Letztere ist hier durch die in Privatinitiative entstandenen befestigten Handelsstationen und durch die Militärstützpunkte der US-Regierung vertreten

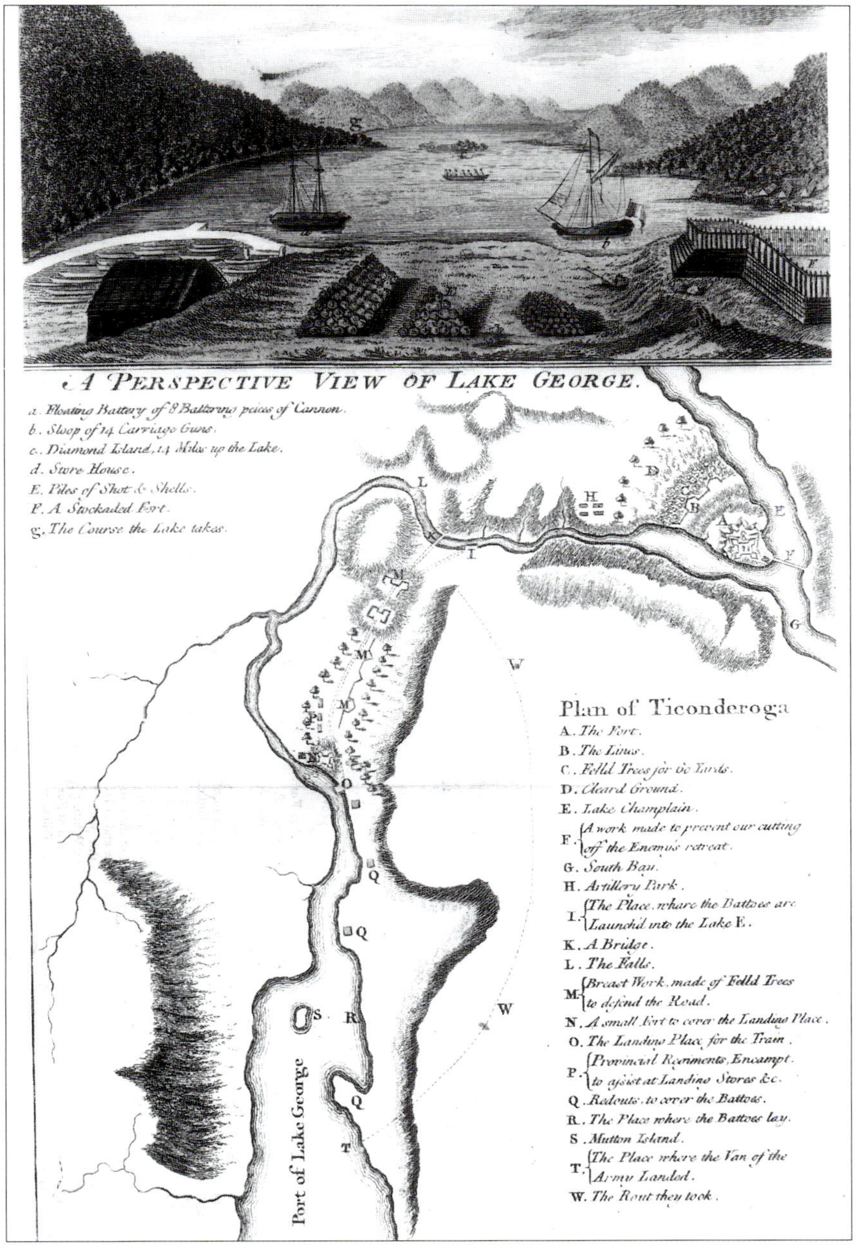

Um 1690, als Sir William Phipps die Bostoner Miliz in einem erfolglosen Ansturm vom Wasser her auf Quebec anführte, war der Ort bereits das Verwaltungszentrum der französischen Provinz Kanada. Die ursprüngliche Siedlung hinter der Palisade am Felsenkliff über dem Strom war inzwischen die ummauerte Oberstadt geworden, deren öffentliche Gebäude Zugang nur durch die imposanten Tore hatten. Die Befestigungsanlagen bedurften der ständigen Wartung, doch inzwischen war der Ort kaum noch ein Grenzfort zu nennen. Die Grenze hatte sich längst weiter westwärts verschoben und lag nun an Orten wie York Factory, wo der Nelson River in die Hudson Bay mündet.

York Factory, so benannt zu Ehren des Herzogs von York, einem der Gründer der Hudson Bay Company, und außerdem, weil es von einem *Faktor* verwaltet wurde, wie man die örtlichen Repräsentanten der "Company" nannte, hieß eigentlich Fort Nelson. Es war von einer Baumstamm-Palisade umgeben, deren Spitzen so behauen waren, daß sie V-förmige Zinnen und Zacken bildeten. Die Mauern waren mit Schießscharten versehen. Drei Reihen palisadengeschützter Brustwehren standen zwischen Wasser und Fort. Jedes versuchte Flankenmanöver aus den Wäldern rundum wurde durch einen flachen Graben und eine niedrige Erdschanze um den Fuß der Anlage herum unterbunden. Doch wenn diese Art der Anlagen auch wirksamen Schutz gegen Indianer- oder auch Eskimo-Attacken bot, so waren Überraschungsangriffe einer konzentrierten Streitmacht regulärer Truppen doch etwas ganz anderes. Die kleinen Händler in den Niederlassungen der Hudson Bay Company waren in erster Linie eben dies und erst in zweiter auch Soldaten. "York Factory" war deshalb einer der ersten Außenposten, die 1697 an die Franzosen fielen.

Oben links: *Ausgeschrägte Schießscharten in der Zitadelle von Quebec ermöglichten den Kanonen Schußfeldveränderungen zum Schutz des St. Lorenz-Stroms. Gewehrschießscharten und einige Kanonenöffnungen für Kartätschengeschosse in der Zitadelle wie in den Kontereskarpen waren dazu da, mit jeder Fußtruppe, die in den Graben gelangt war, aufräumen zu können*

Links: *Ticonderoga, ursprünglich französisch, nun besetzt von den Amerikanern, wird von den Briten erobert (1777)*

Die wirksamsten Frontier-Forts jener Zeit waren diejenigen, welche nach dem europäischen zeitgenössischen Standard angelegt waren, auch wenn die Baumaterialien den am Ort verfügbaren entsprachen und vor allem keine Steine enthielten. Zwei Beispiele dafür sind die in den 1750er Jahren von den Franzosen bzw. Angloamerikanern erbauten Forts Duquesne und Stanwix. Beide waren an strategisch entscheidenden Zusammenflüssen gelegen und dienten als Operationsbasen ihrer Region. Beispielsweise legte Capitain Dumas mit 900 Franzosen von Duquesne aus einen Hinterhalt und besiegte so 1755 das 1 400 Mann starke Expeditionskorps General Braddocks über den Monogahela. Später allerdings erwies sich auch die Fernstrategie William Pitts als erfolgreich. 1758 fiel Fort Duquesne und wurde in Fort Pitt umgetauft – woraus dann das heutige Pittsburgh/Pennsylvania wurde.
Sowohl Fort Duquesne als auch Fort Stanwix hatten einen quadratischen Grundriß mit rautenförmigen Bastionen vor allen

Oben: *Fort Union am Missouri in Montana; Darstellung aus dem Jahr 1833*

Unten: *Arx Carolina, eine spanische Niederlassung aus dem 17. Jh. in Florida*

vier Ecken. Ein Detail einer Zeichnung von Stanwix zeigt, daß die Mauern zwischen den Bastionen aus horizontal geschichteten Baumstämmen bestanden, vor denen Erdwälle aufgeschüttet waren. Kanonenstellungen und Gewehrschlitze waren auf Bodenniveau ausgesägt. Andere Kanonen standen über den Schanzen der Bastionen. Ein Blockhaus bewachte die Brücke über den Graben.
Diese Blockhäuser waren ein typischer Bestandteil aller amerikanischen Frontier-Forts bzw -Befestigungen. Manchmal standen sie allein, manchmal zusammen mit weiteren Anlagen. Sie wurden aus Baumstämmen gezimmert, die horizontal gelegt und dick genug waren, um Gewehrkugeln zu widerstehen. Der Grundriß war rechteckig oder quadratisch mit Seitenlängen zwischen 6 und 10 m. Das Erdgeschoß war mit vier Kanonentüren und einer Anzahl Gewehrschießscharten versehen. Eine Leiter führte durch eine Falltür ins obere Dachbodengeschoß, das einen etwas größeren, also überhängenden Grundriß hatte. Hier oben waren die Offiziersquartiere und auch mehr Schießscharten und Kanonenlöcher, wenn auch nur für leichtere Geschütze als unten.
Es gab außerdem Löcher im Boden, um nach unten feuern zu können, wenn dort der Feind bereits eingedrungen war. Über diesem Obergeschoß war dann noch das eigentliche Giebeldach als dritte Ebene, was dem ganzen Blockhaus eine Höhe von rund 10 m gab. Das Dach war ziemlich steil, einmal, damit kein Schnee darauf liegen blieb, und zum anderen, damit auch Feuerpfeile und andere Brandfakkeln schnell abrutschten. (Dabei mußten die Verteidiger ohnehin immer hoffen, daß sich kein Brand vom Kaminfeuer ausbreitete, das zum Kochen und Wärmen im Winter unerläßlich war.)
Die Blockhäuser boten in Notfällen bis zu 100 oder 120 Mann Unterkunft, aber die übliche Besatzung war erheblich geringer, und selbst dann waren nie alle anwesend, sondern ein Teil stets auf Patrouille unterwegs, und andere schliefen ohnehin unter freiem Himmel. Jedenfalls war ein Blockhaus dieser Art, wenn es günstig stand, ein kontrollierendes oder völlig absperrendes Nadelöhr für eine Flußpassage oder Straße.
In ähnlicher Weise dienten später die Kavallerieforts des 19. Jh im fernen Westen als Basisstützpunkte für Patrouillenritte in feindliches/unerschlossenes Gebiet. Außerdem stellten sie Eskorten für die großen Wagentrecks quer über den Kontinent, dienten als Zufluchtsorte für eben die Pioniere/Siedler dieser Trecks, und wurden nicht zuletzt aus diesem Grund auch Außenstellen der Staatsverwaltung. Ein typisches Kavalleriefort maß 183 x 214 m. Wenn man rechnet, daß geeignete Baumstämme für die Einfassungspalisaden mindestens 30 cm dick sein mußten, benötigte man allein 3 000 solcher Stämme von je 3 m Länge nur dafür, nicht gerechnet das erforderliche Holz für alle Unterkünfte, Ställe, Büros, Lager, Läden, bis hin zu Musikpodium und Fahnenmasten. Es gab auch die Eck-Blockhäuser, mindestens eines, das manchmal oben offen war, damit dort im Bedarfsfall auch der Befehlsstand sein konnte. Die Geschütze waren alle auf das Haupttor hin ausgerichtet. Das sah nicht nur ordentlich aus, sondern beeindruckte auch die nicht feindseligen Indianer; ihr Feuer dagegen wütete fürchterlich unter den feindseligen, sofern es diesen gelungen war, das Haupttor zu stürmen.
Tatsächlich retteten solche demonstrativen Bilderbuch-Kanonen das Fort Ridgely in Minnesota am 20./21. August 1862. Allerdings handelte es sich dort nicht um ein Fort, sondern um ein Lager mit einer Anzahl verstreuter Gebäude. Noch ungünstiger für die Erstürmungsversuche der Indianer waren Forts wie z.B. Fort Phil Kearny in Wyoming. Dessen Bau hatte am 15. Juli 1866 begonnen. Die Versorgung mit Wasser und Furage war gut, und zwei benachbarte Hügel eigneten sich vorzüglich als Ausguck. Holz stand im Überfluß zur Verfügung, wenn auch nicht in unmittelbarer Umgebung des Forts selbst. Das war aber nur von Vorteil, weil dadurch Indianer, die anzugreifen versuchten, im nächsten Umkreis keine Deckung fanden. Nachteilig war es allerdings insofern, als die Soldaten zum Holzfällen ausgeschickt werden mußten und dabei leicht in einen Hinterhalt geraten konnten, wie es auch tatsächlich des öfteren geschah. Jedenfalls wurde das Fort am 31. Oktober 1866 schließlich fertiggestellt – und prompt von den Sioux unter Red Cloud belagert. Sie versuchten keinen verlustreichen Sturmangriff und kaprizierten sich auch nicht einmal auf den ständigen Kampf einer totalen Belagerung, sondern zielten auf den tatsächlich eintretenden Effekt der Winterblockade ab.
Die Gefechte und Verluste auf beiden Seiten wurden legendär, und in den folgenden Sommermonaten mußte die Garnison alle verfügbare Energie und alle Reserven aufbieten, um sich selbst zu erhalten. An den Schutz von Wagentrecks etwa war überhaupt nicht zu denken. Die Folge davon war u.a., daß der Bozeman Trail geschlossen werden mußte. Und am 2. August 1868 zog die US-Army ab und Red Cloud mit seinen Kriegern ein. Von Fort Phil Kearny blieb nichts als rauchende Asche.
Dieser Fall war der einzige, in dem sich die Prärieindianer auf eine langdauernde und koordinierte Belagerungsaktion einließen, und es war auch ihr weitaus erfolgreichster Kriegszug — aber ebenso, wie sich herausstellen sollte, ihr letzter bedeutender strategischer Sieg.
Viele der noch verbliebenen Frontier-Forts wurden nach dem Ende der Indianerkriege überflüssig und nutzlos. Einige aber entwickelten sich zu militärischen Ausbildungszentren, und die Sicherheit ihrer Abgelegenheit, ihre platte Prärieumgebung oder das trockene Wüstenklima ihrer Umgebung machten sie noch bis in unsere heutige Gegenwart hinein zu idealen Standorten für beispielsweise Atomtests, Flugzeug-, Raketen- und Weltraumstarts.

***Unten:** Blockhaus im Fort Abraham Lincoln, dem Stützpunkt Colonel Custers in Dakota für den tragischen Feldzug vom 25. Juni 1876 am Little Big Horn*
***Darunter:** Skizze des Militärstützpunktes Bent's Old Fort in Colorado, das 1833-34 als Pelzhandelsstation gebaut worden ist*

A
B
C
T.B.
19

DIE NEUE WELT

Einige der älteren Darstellungen/Abbildungen solcher Indianerforts sind sicher mit einiger künstlerischer Freiheit oder auch Phantasie ausgestaltet, oder aber umgekehrt, stilisiert worden. Doch niedrige Lattenzäune um rechteckige Dörfer oder Gärten herum gaben zweifellos die Realität wieder: nämlich ihre Funktion als einfache Schutzbarrieren der Siedlungen und ihrer Anpflanzungen gegen Wild und andere Tiere. Andere Barrieren stellten Leitzäune dar, mit deren Hilfe das Wild auf vorbereitete Abschußfelder oder in Fallen getrieben werden sollte. Umgebungszäune indessen weisen schon eher auf kriegerische Verteidigungszwecke hin, speziell, wenn sie sich an gewissen Stellen, Durchgangspassagen oder -tore schaffend, überlappten – wie zum Beispiel bei der Indianerstadt Pomeiooc in Virginia. Deren Zaunpfähle waren 2-3 m hoch mit kleinen Zwischenräumen, durch welche man nach außen auf Angreifer, die den Zaun zu überklettern versuchten, hauen und stechen konnte.

Das befestigte Dorf Hochelaga – aus dem das heutige Montreal entstand – war bereits eine sehr viel komplexere Angelegenheit. Immerhin war es auch damals schon einer der bedeutendsten Orte der Föderation der Irokesen. Der Umgebungs-Palisadenzaun bekam eine Querverbindung aus Bohlen und Planken, mit der die Anlage die Grundrißform eines großen A bekam; das Ganze an die 10 m hoch und rundum innen mit einem Umgang versehen, der Schießscharten nach unten hatte und über Leitern erstiegen werden mußte.

In ihren Kämpfen gegen die Franzosen und die mit ihnen verbündeten Huronen und Algonquin improvisierten die Irokesen immer wieder solche fast kreisrunden Anlagen. Pfähle wurden nebeneinander in den Boden gerammt und mit Gezweig verflochten, so daß ein vielgestaltiger Zaun entstand, hinter dem man Schutz fand und von wo aus man Überfälle auf Siedlungen der Umgebung unternahm – oder sich wieder dahinter zurückzog, wenn man sich unterlegen sah. Wie bei der Schlacht von Hastings 1066 in England pflegten auch hier die Bogenschützen der Angreifer mit ihren brennenden Pfeilen steil nach oben zu zielen, so daß das Feuer auf den Feind hinter dem Zaun buchstäblich herabregnete, während andere, die sich dagegen mit Birkenrinden oder Tierhautdecken schützten, bereits Breschen in die Palisaden zu schlagen versuchten. Eine andere Sturm-Methode war das Fällen eines großen, breschenschlagenden Baumes mitten in die Palisade hinein. Die Irokesen waren allerdings nicht nur wilde Kämpfer, sondern durchaus auch organisiert und diszipliniert genug, um auf die günstigste Gelegenheit für einen Ausfall, der ihnen den Sieg bringen konnte, warten zu können.

Das zaristische Rußland hatte, was oft vergessen wird, einen "Wilden Osten", der dem amerikanischen Wilden Westen in keiner Weise nachstand. Zum Schutz und zur Sicherung der Verbindungswege entlang der Flüsse Ural und Tobol und weiter nach Kusnezk in Sibirien (das im 17. Jh. erschlossen wurde) wurden Gräben mit dahinterliegenden Palisadenzäunen aus oben angespitzten Pfählen angelegt. Diese *Tscherta* verband palisadenbewehrte Städte und natürliche Barrieren über eine Gesamtdistanz von nicht weniger als über 3 000 km. Andere ähnlich bewehrte Städte besaßen Reserve-Garnisonen, die im Gefahrenfall als Eingreiftruppe zur Verteidigung verfügbar waren. Die die *Tscherta* bewachenden Soldaten selbst waren in Lagern untergebracht, deren rechteckige Blockhäuser mit Spitzdach zugleich als Forts und Ausgucktürme dienten. Sie hatten vor allem auf tartarische Reiterhorden zu achten.

Natürlich hätten sich die Mongolen hier leicht der Brandschatzung bedienen können, was gerade im Winter besonders wirksam und gefährlich gewesen wäre, wenn alle Gewässer zugefroren waren und selbst Löschwasser eingefroren wäre, noch ehe es die Flammen erreicht hätte. Doch Feuer ist unter solchen Umständen auch für einen Angreifer kein besonders nützliches Mittel. Es tötet zwar die Bewohner der Häuser, aber zerstört gleichzeitig die mögliche Unterkunft samt Wärme, Lebensmitteln und Kriegsmaterial für die Eroberer selbst. Andererseits aber kamen die Angreifer auch so draußen um, wenn die Verteidiger drinnen ihre Gebäude nur einigermaßen wetterfest instand – und es in ihrer vergleichsweisen Wärme lange genug aushielten.

In primitiveren Zeiten mochte die einzige Möglichkeit, in so

Links: *Stilisierte Szene vom Leben in einem palisadenbewehrten Indianerdorf in der Frühzeit Virginias. Trotz der Stilisierung läßt die Darstellung von Landwirtschaft, individueller und Gemeinschaftsarchitektur eine entwickelte Sozialstruktur erkennen*

Rechts: *Das alte Friedhofstor in Fort Canning, Forbidden Hill, in Singapur. Dieses Gelände erwählte sich Raffles im 19. Jh. als "Regierungshügel", nicht zuletzt auch, um alte Ängste der Bevölkerung zu zerstreuen, der Berg sei seit dem Ende der alten Festung Singapura 1391 verwunschen*

FORT ST. GEORGE

Fort St. George mit seiner Doppelfunktion als Küstenverteidigungsanlage und landeinwärts gerichtetes Fort von Madras an der Ostküste Indiens war ein repräsentatives Beispiel für die befestigten Stützpunkte, wie sie die europäischen Mächte überall auf der Welt errichteten. Es bestand ursprünglich aus zwei konzentrischen, rechteckigen Anlagen, deren Inneres mit pfeilspitzenförmigen Bastionen versehen waren. Erbaut worden war es von den Briten 1639. Es überstand 1702 eine dreimonatige Belagerung durch den Mogul-General Daud Khan und 1741 einen Angriff eines Mahratten-Heeres.

1746 wurde es mit seinen 200 Mann Besatzung von den 3 700 Mann und neun Schiffen Frankreichs unter dem Comte de la Bourdonnais belagert. Die Beschießung begann am 14. September und dauerte bis zur Kapitulation des Forts am 25. September. Zwei Jahre später tauschten es die Franzosen gegen Louisburg ein, das die Briten auf Cape Breton Island vor Kanada erobert hatten.

Die Franzosen, unter Comte de Lally-Tollendaal, kamen im Dezember 1758 zurück, doch diesmal hielt die britische Besatzung aus, bis im Januar eine britische Flotte auftauchte und die Franzosen daraufhin abzogen. Danach wurde das Fort modernisiert. Es bekam einen Pentagon-Grundriß mit vorgesetzten Bastionen, sieben Ravelinen (Vorschanzen) sowie weiterem Erd-Außenwerk in einem zwölfzackigen Grundriß.

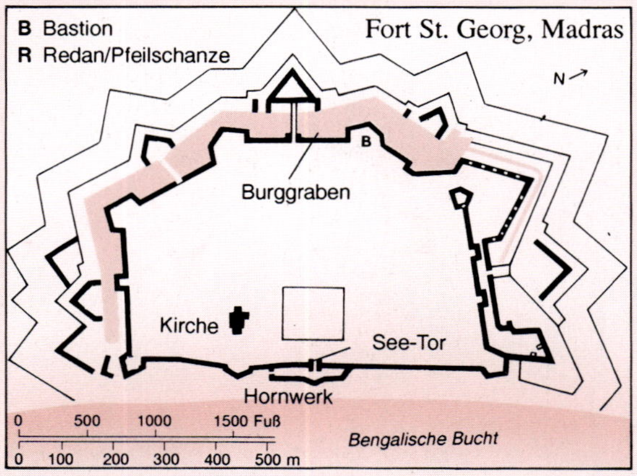

***Oben:** Das einstige Fort St. George in Madras; hinter der inneren Mauer sind das Gouverneurshaus zu erkennen, die Kirche, das Zeughaus und die Kaserne zwischen den konzentrischen Mauern. Einigen Berichten zufolge war die Außenmauer mit runden Bastionen an jeder Ecke versehen. Hier ist die einzig sichtbare Eckbastion von quadratischer Form mit einem älteren maschikulierten Rundturm über ihr. Dazu aber gibt es hier an dieser Ostseite eine weitere mehrseitige Bastion und ein halbrundes Vorwerk vor dem seewärts gelegenen Tor. Man beachte die starke, vergrößerte Hervorhebung der Fahne als Symbol der Herrschaft*

***Links:** Grundriß von Fort St. George in Ostindien, das auch Koromandelküste oder die Karnatik genannt wird.*

einen befestigten Stützpunkt aus Holzbauten zu gelangen, darin bestehen, sich als friedlicher Reisender in Not auszugeben. Einmal drinnen, konnte er dann den dortigen Häuptling töten und den draußen wartenden Gefährten das Tor öffnen – ein sehr gewichtiges Argument für Mißtrauen gegen jeden Fremden; auf Dauer hinterläßt dies in einem Volk zwangsläufig sehr tiefe und nachhaltige Spuren, was sein allgemeines Verhalten angeht.

BEFESTIGUNGSANLAGEN IN DEN TROPEN

Derlei trifft auf tropische Regionen natürlich nicht zu. Dort wächst Holz im Überfluß, und Feuer ist allein deshalb eine überaus wirksame und gefährliche Bedrohung. Sowohl 1824 als auch 1852 waren die Zufahrten nach Rangun in Burma an der Mündung des Irawadi durch Palisadenzäume geschützt. Die Umfassungsmauer der Stadt selbst war mit rechteckigen Wachtstationen und Toren bestückt. Auf den Mauerzinnen und Brustwehren flatterten an Fahnenstangen die Banner. Aber es war keinerlei Problem für die britischen Schiffskanonen, im damals steilstmöglichen Schußwinkel über die Mauer hinweg in die Stadt zu feuern und dort die Vorratslager zu beschießen. Die Burmesen erkannten schließlich, daß die steinernen Bauten um ihre Tempelpagoden am Ende doch die geeignetste letzte Zuflucht waren.
Es gab allerdings auch andere Abwehr-Einrichtungen um befestigte burmesische Siedlungen und Dörfer. Ein spezielles Beispiel dafür war die weit abgelegene Zuflucht des Räuber-Patrioten Myat Tuun mit getarnten Erdfallen. Auch der spätere britische Feldmarschall Sir Garnet Wolseley fiel im März 1853 einmal in eine solche.
Primitive Herrschersitze (oder auch Banditenverstecke) hatten oft Bezeichnungen, die sehr viel pompöser waren, als das was sie tatsächlich darstellten. Ein recht anschauliches Beispiel dafür war 1930 der "Palast des Buddhistischen Königs von Burma". Am Weihnachtsabend hatte Saya San seinen Aufstand gegen das britische Empire begonnen. Seine Leute ermordeten bei Tharrawaddy einen Forstverwaltungsoffizier und brannten ein abgelegenes Dorf nieder, dessen Bewohner sich weigerten, Tribut zu entrichten. Saya San war seiner Sache so sicher, daß er sein "Bergfort" nachts mit brennenden Laternen beleuchten ließ. Als es dann von einer Abteilung der Kachin von den Burma Rifles gestürmt wurde, stellte sich der "Festungspalast" als eine einzige blattgedeckte Hütte heraus, und die "Rebellen-Armee" bestand aus ganzen 200 Leuten, von denen die meisten gar nicht mehr neugierig waren, wie ihre "magischen Pillen der Unverwundbarkeit" denn wirken mochten, und Fersengeld gaben. Diejenigen, die blieben, wurden alle getötet.

Unten: *Das königliche Wappen, einst Symbol weltweiter Autorität und Herrscherstolzes, ziert das sog. Isabel-Tor am Fort Santiago, welches Teil der alten spanischen Verteidigungsanlagen Manilas auf den Philippinen war*

GIBRALTAR

Jahrhundertelang war Gibraltar ein zuverlässiger Bewacher des Zugangs zum Mittelmeer

Gibraltar ist ein Beispiel dafür, wie eine Festung ihre Funktion ausweiten kann, um auch in einer veränderten Welt eine bedeutsame Rolle zu spielen.

Die beiden "Säulen des Herkules", von denen der Felsen von Gibraltar einer ist, gelten seit jeher als die Westgrenze des Mittelmeers. Die Römer nannten den Gibraltarfelsen Mons Calpe.

27. April 711

Die nordafrikanischen Mauren landen unter Tarik auf dem Isthmus, der den Felsen mit dem europäischen Kontinent verbindet, und marschieren nach Spanien hinein. Ihre Galeeren greifen Westgotenniederlassungen auf der ganzen iberischen Halbinsel an. Um seinen Stützpunkt vor Gegen- und Vergeltungsangriffen zu schützen und die Besetzung

*Die topographische und politische Situation Gibraltars verhindert jede militärische wie zivile Expansion. Jede Ausweitung ist nur seewärts möglich oder durch weitere Untertunnelungen der existierenden Einrichtungen. Die bedeutsamsten Veränderungen seit Erstellung der **unteren** Karte, waren der Bau großer Dockanlagen und einer Start- und Landebahn im Unterland des Isthmus, s. Foto **oben***

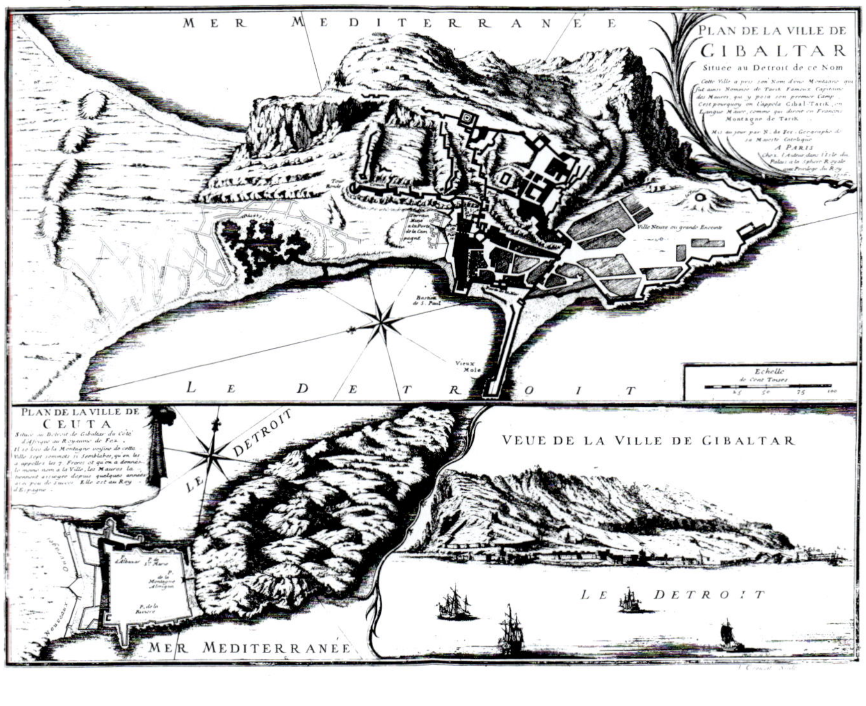

***Unten:** Diese Kanone aus dem 18. Jh. zeigt eine Neuerung in Form eines Drehrades zum leichteren vertikalen Visieren anstelle der alten mühsamen Handwinde*

durch die Christen sowie deren Störung der Sammlung seiner moslemischen Streitkräfte auf dem anderen Ufer der Meeresstraße zu verhindern, baut Tarik eine Burg auf dem Felsen über seiner Landungsbucht. Der Felsen bekommt damit seinen ersten Namen: djebl al-Tariq (Fels des Tarik, woraus Gibraltar wird).

962

Die spanische Wiedergeburt beginnt, allerdings nur fern vom djebl al-Tariq.

1309

Ein spanisches Heer gelangt endlich weit genug nach Süden, um den djebl al-Tariq zu erobern. Trotzdem halten die Moslems noch den größten Teil Granadas.

1333

Die Mauren erobern Gibraltar zurück.

29. August 1462

Die Spanier erobern ihrerseits wieder den djebl al-Tariq. 30 Jahre später entdeckt Kolumbus Amerika. Der Atlantik wird von nun an der große Seeweg zur Neuen Welt und auch zum Orient. Gibraltar bleibt trotzdem der entscheidende Kontrollpunkt für den Schiffsverkehr zwischen dem Mittelmeer und dem Atlantik. Der italienische Baumeister Giambattista Antonelli (1531-88) renoviert die alten Befestigungen und baut neue dazu.

1704

Inzwischen existieren fünf Mauern. Sie umgeben die Alte Stadt bis hin zum Westende des Felsens. Von dort verlaufen sie parallel zur Alten Mole. Sie bilden ein Rechteck um den Festungsteil weiter oben am Berg, zu dem quadratische Zitadellen und runde Bastionen gehören. Sie erstrecken sich nach Norden bis zum flachen Isthmus in einer Anzahl rechtwinkliger und pfeilspitzenförmiger Zakken und enden an einem runden Turm. Die längste, die Große Umfassungsmauer, folgt der Küstenlinie um den Europa Point herum und zurück. Die spanische Regierung hat die Verteidigungsanlagen allerdings vernachlässigt. Die 150-Mann-Garnison verfügt lediglich über einige Kanonen von einem Freibeuter.

21.-24. Juli 1704

Vizeadmiral Sir George Rooke landet mit 1 800 britischen und holländischen Soldaten und Marinetruppen und besetzt den Isthmus. Mindestens 20 Schiffe beschießen die Befestigungen so lange, bis die Spanier kapitulieren. Fortan ist Gibraltar britisch, ohne daß dies von vornherein das Ziel oder die Absicht gewesen wäre. Es gibt dort weder einen sicheren Ankerplatz oder Docks für grosse Segelschiffe noch ausreichend Wasser für die Flotte. Solange dieser Zustand noch nicht behoben ist, segelt die Royal Navy jeden Winter nach Hause und hinterläßt nur eine symbolische Mindestbesatzung.

Oktober 1704 - April 1705

Französische Schiffe verhängen eine Blockade über die Briten in Gibraltar, und spanische und französische Landtruppen belagern die Festung. Ganze 18 Royal Marines verteidigen den Runden Turm tapfer bis zum Letzten.

1725-27

Die Spanier legen Laufgräben quer über die Landenge an, doch ihre Belagerung ist mehr eine Formalität als ein tatsächlicher Kampf. Diplomatische Verhandlungen ziehen sich an mehreren weit entfernten Höfen lange hin.

24. Juni 1779 - 2. März 1783

Französische und spanische Truppen einschließlich speziell geschützter schwimmender Batterien belagern Gibraltar von See und von Land. Eine enge Seeblockade gelingt ihnen jedoch nicht. Die Royal Navy kann immer wieder Nachschub und Verstärkungen anlanden.

19. Jahrhundert

Dank dem Suezkanal wird das Mittelmeer wieder der Hauptseeweg in den Orient. Der Atlantik bleibt aber besonders für die Engländer die unerläßliche Verbindung zum ganzen Rest ihres Empire. Gibraltar wird nun stark ausgebaut mit Docks und Kohlenlagern für die aufkommende Dampfschiffahrt; die Verteidigungsanlagen die und Bewaffnung werden modernisiert, einschließlich Kasematten und einer 100-Tonnen-Vorderladerkanone mit einer Reichweite von 12 km.

Zweiter Weltkrieg

Gibraltar wird Luftstützpunkt und Radiostation zum Schutz der alliierten Geleitzüge über den Atlantik und durch das Mittelmeer sowie als Brückenkopf für den Invasionssprung nach Nordafrika. Die Bewaffnung besteht nun aus fast 100 Geschützen, vom 40 mm/AA Bofors bis zum 233 mm/Mark X2 mit einer Reichweite von 25 km. Über 100 Tunnels für Unterkünfte, Lazarette, Lagerräume und geheime Ausfallspforten werden gegraben. Ein deutscher Angriffsplan auf Gibraltar wird aufgegeben. Die Operationsschwierigkeiten in Spanien sind zu groß. Statt dessen gibt es einige Luftangriffe. Die Hauptgefahr aber droht von auf spanischem Gebiet stationierten italienischen Froschmännern.

Nach 1945

Einige Modernisierungen der Bewaffnung, aber die großen Geschütze sind jetzt überflüssig und werden entfernt. Dafür wird die Radar- und Radiotechnik als Teil des weltweiten Beobachtungs- und Kommunikationssystems verbessert und ausgebaut.

Die Zukunft

Nach wie vor erhebt Spanien Anspruch auf Gibraltar, das England mit vielen nationalen Emotionen für "auf ewig" in seinem Besitz erachtet. Seit 1985 sind zumindest die Grenzen des offiziell im Status eines Dominion stehenden Felsens zu Spanien wieder offen.

Die Montagu(e)-Bastion wurde einst für die Vorderladerkanonen gebaut. Im 2. Weltkrieg war sie mit zwei 94-mm-Flakgeschützen bestückt. Darunter befand sich ein Ölvorratsdepot

JALALABAD

Ein erschöpfter Reiter kam aus den Bergen und brachte mühsam die Nachricht hervor, die britische Armee in Afghanistan sei aufgerieben und er der einzige Überlebende. Dies war am 13. Januar 1842 das dramatische Vorspiel zur Belagerung von Jalalabad. General Sir Robert Sale hatte eine Truppe zur Verfügung, die aus der 13. (Somerset) Light Infantery mit 700 Mann und den 1 300 Mann der 35. Native Infantery sowie einigen Royal Engineers bestand. Allerdings war der Großteil seiner Leute schon krank oder verwundet. Also entschied man sich dafür, zu bleiben, die schon stark verkommenen Mauern mit ihren Rundbastionen und die Zitadelle zu reparieren, und die wenigen Kanonen in Stellung zu bringen. Als sie fertig waren, fiel alles einem Erdbeben zum Opfer. Sie begannen von vorne. Die afghanische Armee unter Mohammed Akbar Khan erschien am 11. März 1842. Ihr erster Ansturm konnte zurückgeschlagen werden. Daraufhin unternahm sie eine Reihe von Nadelstichangriffen, um auf diese Weise die Garnison zu entnerven und zu schwächen. Doch auch sie wurden alle zurückgeschlagen. Am 7. April startete man dann sogar selbst einen Großangriff und eroberte das Belagerungsgerät der Afghanen und ihr ganzes Lager mit Vorräten und Ausrüstung. Das zwang den Feind zur Aufgabe der Belagerung und zum Rückzug nach Kabul.

Oben: *In der Zeit von Queen Victoria kämpfte die britische Indienarmee in ca. 50 Feldzügen an der Nordwestgrenze (bis ins 20. Jh.). In den 20er und 30er Jahren versuchte die RAF, die Probleme mit Luftangriffen auf dörfliche Stützpunkte (von der Art des oben abgebildeten) zu lösen. Doch gegen die Scharfschützen konnten auch Flugzeuge wenig ausrichten. Mit ähnlichen Problemen hatten es in den 80er Jahren die Russen in ihrem afghanischen Krieg zu tun*

Links: *Lage von Jalalabad auf der afghanischen Seite des Khyberpasses, der einzig passierbaren Route zwischen Indien und Afghanistan (und nach Rußland)*

Einsätze dieser Art gegen tatsächlich gar nicht existente Festungen werfen auf jeden Fall ein Licht auf die tatsächlichen Gegebenheiten. Europäische Truppen in fremdem und feindlich gesinntem Land mußten jede Möglichkeit einkalkulieren und durften niemals Risiken eingehen. Stets mußten Vorkehrungen gegen die auch nur mögliche Errichtung feindlicher Stützpunkte und mögliche Attacken getroffen werden.

Ehe deshalb die Burma Rifles gegen Saya Sans vermeintliche "Festung" ritten, errichteten sie zunächst ein Basis-Zeltlager in Hlenglu, einem Ort, der mit einem 300 m im Durchmesser großen Palisadenzaun aus oben angespitzten und nach außen geneigten Bambusrohrpfählen umgeben war. Dahinter hatten sie ständig bemannte Geschützstellungen aufgebaut und das stacheldrahtbewehrte Haupttor wurde nur für autorisiertes Militärpersonal geöffnet und danach sofort wieder geschlossen. Außerdem wurden jeweils nur einige wenige Leute auf bewaffnete Patrouille ausgeschickt, um die Truppe, die dahinter in Wechselschichten in ständiger Alarmbereitschaft lag, nicht zu schwächen.

Andere Gegebenheiten erforderten andere Maßnahmen. Beispielsweise legte die britische Armee bei der Erschließung der Nordwestgrenze Indiens Übernachtungslager mit einem quadratischen Grundriß von etwa 30 m Seitenlänge an, die mit einem flachen Graben und einer Steinmauer umgeben waren. Das jeweilige bewaffnete Infanteriebataillon kampierte direkt innerhalb der Umfassung und übernahm den Wachtdienst in Schichten, und erst dahinter lagerten dann die übrigen Einheiten, vor allem der Troß. Die größte Gefahr bestand dabei immer in einem plötzlichen und unerwarteten Überfall mit einem Sturm der Mauer, dann weiter durch das ganze Lager hindurch, und auf der anderen Seite wieder davon. Wenn es deshalb Alarm gab, konnte sich die den schützenden Außenring bildende Infanterie zur Abwehr formieren, ohne erst lange vom inneren Lager her an ihre Positionen eilen zu müssen. Um Heckenschützen möglichst auszuschalten, gab es einen äußeren Ring von Lager-Vorposten (jeder in Zugstärke bemannt) an Stellen, an denen die einschlägige Gefahr besonders groß war. Diese Vorpostenstellungen waren mit Proviant, Munition und Schlafgelegenheiten ausgestattet und mit Mauerwerk – sogenanntem *Sangar* – und Stolperdraht geschützt.

Diese Art Befestigungen waren an sich Marschanlagen, konnten aber auch jederzeit zu permanenten Außenposten ausgebaut werden. Im Razani-Feldzug 1937 schützten die 1. und 2. Gurkas eine Straße mit vier starken, schwer drahtverhaugeschützten Außenposten solcher Art, jeder besetzt und gehalten von einer Einsatztruppe in Zugstärke, die Tag und Nacht die umliegenden Berge abpatrouillierte, Rebellen stellte, in Hinterhalte lockte, heimlich bis in ihre Dörfer verfolgte oder direkt ausschaltete. Wenn sie einmal in Schwierigkeiten gerieten, konnten sie sich immer in ihre Außenposten zurückziehen, wo stets ein MG und in manchen Fällen sogar eine Bergartilleriekanone zur Verfügung standen.

Als die europäischen Abenteurer ihre Erkundungen und Eroberungsversuche auch noch auf den ganzen Rest der Welt ausdehnten, nahmen natürlich ihre Festungen und Stützpunkte dort ebenfalls ganz unweigerlich die Formen und Zweckbestimmungen an, wie sie sie aus ihren Heimatländern gewohnt waren, nämlich als Basen für die militärische, administrative, kommerzielle und kulturelle Ausbeutung des Umlandes, und auch mit der erklärten zusätzlichen Absicht, die einheimische Bevölkerung damit zu beeindrucken und sie gleichzeitig ein-

BURG SHURI

Shuri, aus dem 12. Jh., war der Festungs-Palast der Könige von Okinawa . Die Hauptgebäude waren aus Holz gebaut. Die Umfassungsmauern waren aus Kalk- und Korallengestein mit eindrucksvollen und reich dekorierten Toren. Der bedeutsamste Tag von Shuri war der 6. Juni 1853. An diesem Tag marschierte Commodore Matthew Perry von der US-Navy mit seinen Marines, Matrosen und Geschützen von seinem im Hafen von Naha geankerten Schiff hinauf zur Burg und drohte sie zusammenzuschießen, falls König Sho-Tai ihm nicht auf der Stelle die Tore öffnete und sein Land auch Ausländern zugänglich machte. Der Vorfall gilt heute als der Beginn der Öffnung Japans zum Westen.

Shuri war im 2. Weltkrieg Sitz des japanischen Hauptquartiers. Man hatte von dort einen weiten Rundumausblick. Vor der Küste griffen Kamikazeflieger alliierte Kriegsschiffe an. Allein zwischen dem 1. April und dem 22. Juni 1945 kamen hier 12 500 Amerikaner, 12 000 japanische Matrosen und Flieger und 108 000 Heeressoldaten ums Leben, dazu über 150 000 japanische Zivilisten

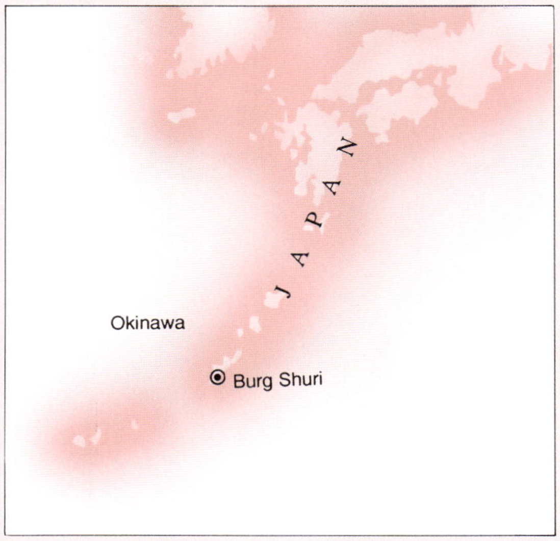

8. Juli 1824. Über Sturmleitern erklettern britische Truppen einen Palisadenzaun in Rangun in Burma. Unter Verlusten steigen sie auf der Innenseite hinab, finden sich dort unerwartet vor einem Wassergraben, überqueren ihn und werden auf der anderen Seite in Nahkämpfe mit den Verteidigern aus den nahegelegenen Unterkünften verwickelt

zuschüchtern und abzuschrecken, sowie als Zuflucht und Verteidigungsbastion in Zeiten von Schwierigkeiten oder Aufruhr. Ihr tatsächliches Aussehen aber hing von diesen drei Hauptumständen ab: der am Ort übliche und durch Klima und sonstige Besonderheiten vorgegebene Baustil, die Verfügbarkeit von Material, Arbeitskräften und Zeit, und der herrschende Trend in der Militärarchitektur zuhause in Europa.

IN WÜSTENGEGENDEN

Alle diese Faktoren spielten zusammen eine Rolle, als die Franzosen im 19. Jh. ihre kleinen Forts für ihre Fremdenlegionäre in den Wüsten Nordafrikas anlegten. Jeweils für Garnisonen von 20-25 Mann gedacht, pflegten sie in der Nähe von Oasen zu liegen, die ihrerseits ja bereits immer den Knotenpunkt von mindestens zwei Trans-Sahara-Handelsstraßen darstellten. Die Forts wurden stets in aller Eile von den Legionären selbst aufgebaut oder allenfalls von örtlichen Arbeitskräften, unter Aufsicht eines einfachen Infanterieoffiziers mit einiger Pionier-Grundausbildung. Und selbst, wenn dann und wann einmal ein "richtiger" Ingenieur dazu entsandt wurde, konnte er lediglich den allgemeinen Richtlinien folgen, die dafür existierten. Der Rest lag bei seiner Einschätzung und Ausschöpfung der örtlichen Möglichkeiten.
Diese Forts hatten etwa 25 m im Quadrat und erinnerten im fertiggebauten Zustand ein wenig an mittelalterliche Burg-Bergfriede mit einem, zwei, drei oder auch vier Ecktürmen, die kaum je höher waren als die Umfassungsmauer, weil größere Höhen stärkere Fundamentierungen verlangt hätten. Ein Turm wurde immer als Wacht-Ausguck und als Kommandozentrale benützt. Auf ihm wehte auch die Trikolore, deren bloßes Vorhandensein den weit von zuhause entfernten Franzosen das Herz wärmte und die Einheimischen stets daran erinnerte, unter wessen Herrschaft sie lebten.
Einige der Forts waren von trockenen Gräben umgeben, über die eine Zugbrücke führte, welche damit in hochgezogenem Zustand zur Sicherheit und Sicherung des Haupttors beitrug. Eine weitere Erschwerung des Zugangs bot die Möglichkeit, zusätzliches Verteidigungs-Erdwerk anzulegen.
Die Umfassungsmauern der Forts der Fremdenlegion pflegten Geröllaufschüttungen zu sein, die, falls verfügbar, mit Baumstämmen eingefaßt und stabilisiert waren. Der Überzug war Lehmmörtel, der, wenn er erst einmal völlig getrocknet war, weißgekalkt wurde, um ihn feuchtigkeitsresistent zu machen (z.B. gegen den Nachttau), und auch zur Kühlung nach innen. Die allgemeine Bewohnbarkeit in so heißem Klima orientierte sich soweit als möglich ins Freie. Mauern und Decken waren deshalb nicht sehr massiv, sondern nur dünnes verputztes Lattenwerk oder lehmvermörteltes Rutengeflecht. In den Innenhöfen pflanzte man, damit die leere, trostlose Wüsten-Umwelt etwas erträglicher für das Auge wurde, Blumen und Bäume.

Die Unterkünfte, Büros und Lagerräume lagen so an den Rückseiten der Umfassungsmauer, daß ihre Decken oder Dächer unter den Wehrumgängen der Mauerinnenseiten lagen. Die Mauer, etwa einen halben Meter dick, hatte zahlreiche Schlitze als Gewehrschießscharten statt Zinnen, eigentliche Schießscharten oder Kanonenembrasuren. Diese waren überflüssig, weil Mauern und Dächer schlicht nicht stabil genug waren, das reine Gewicht einer Kanone auszuhalten – selbst wenn es möglich und nicht viel zu aufwendig gewesen wäre, schwere Kanonen durch die Wüste zu transportieren. Außerdem war es auch gar nicht nötig, da die Araber, die man beherrschte, ihrerseits keine nennenswerten Waffen besaßen und auch nicht organisiert oder ausgerüstet genug waren, eine längere Belagerung durchzuführen.

Die Kriegsführung in der Wüste war vielmehr eine Sache schneller Beweglichkeit und überfallartiger Attacken. Vermochte ein Stamm eine Wasserstelle oder sonstigen wertvollen Besitz nicht im ersten Ansturm zu erobern, hielt er sich in der Regel zunächst an ein einfacheres Ziel, bevor ihm das Wasser ausging und die Kamele eingingen. Die Belagerten hingegen hatten leichten Zugang zur Oase oder besaßen selbst einen Brunnen, eine Zisterne oder Wasserlöcher, oder Tanks zum Sammeln des gelegentlich fallenden Regens. Besaßen sie auch noch genug Gewehre und Munition zum Zurückschlagen des ersten Ansturms, hatten sie normalerweise das Scharmützel auch schon gewonnen.

Es ist vermutlich gar keine typische Kino-Übertreibung, wenn in Filmen gezeigt wird, daß Rebellen mit einer irgendwoher erworbenen Kanone mit jeder Kugel oder Granate ganz enorme Schäden anrichten konnten. Denn die Bauwerke, um die es dort ging, waren nicht für diese Art Beschuß gebaut.

In anderen Teilen der Welt freilich wurde immer massiver gebaut, bis hin zu Bauernhöfen, Lagerhäusern und Kirchen mit extrem festen und dicken Mauern und kleinen Fenstern, beispielsweise um dem enormen Druck gelagerten losen Schüttgutkorns standzuhalten, und mit dicken Fundamenten, etwa für Glockentürme; oder auch mit großen ummauerten Höfen rundum, in denen Viehherden gehalten werden konnten. Solche Gebäudeanlagen ließen sich dann in Gefahrenzeiten auch gut als Zufluchtsorte nützen.

Einige Residenzen wurden auf diese Weise mit dem ausdrücklichen potentiellen Schutz-/Verteidigungs-Zusatzzweck gebaut. Die Burg San George d'Elmina beispielsweise bauten die Portugiesen bald nach ihrer Besetzung der Goldküste 1481-82. Die Galerie mit ihren Arkaden gestattete der Familie des Gouverneurs das Leben in der freien Kühle und im Schatten. Gab es hingegen Krisen, diente die Veranda als Gewehrschützenstellung, von der aus die Soldaten durch Schießschlitze auf Bodenniveau über die vorgelagerten Artilleriestellungen hinwegschießen konnten. Das Ganze war eine praktische Anwendung des mediterranen konzentrischen Burgtyps. Eine Zugbrücke mit Gegengewicht vervollständigte die Verteidigungseinrichtungen an dieser Stelle des Forts.

1642 vertrieben die Holländer die Portugiesen von der Goldküste. Deren Rivalität mit den Engländern um den Besitz der Region setzte sich jedoch fort, bis die Goldküste offiziell dem Britischen Empire einverleibt war. Zu dieser Zeit war dann bereits der Sklavenhandel unterbunden, und die Zellen in der Burg Elmina, in denen einst die Sklaven ihren Abtransport nach Übersee erwarten mußten, waren nun leer. Doch noch sehr lange – gleich wer auch immer die Herrschaft dort ausübte und wie fortschrittlich und aufgeklärt diese auch sein mochte – blieben die weißgetünchten Mauern der Burg Elmina auf ihrem Berg für die Einheimischen eine ständige Erinnerung, daß sie unter Fremdherrschaft lebten.

Genauso sahen dies auch die 12 000 Ashanti-Krieger, die im Juni 1873 schließlich den Fluß Pra überschritten. Ein paar Blaujacken und Marineinfanteristen wurden eilends angelandet, um die kleine Garnison, die vom West Indian Regiment gestellt wurde, zu verstärken. Die Aussichten standen gar nicht gut. Doch nun erwies sich, wie gut geplant und solide gebaut Elmina tatsächlich war. Es wurde tapfer verteidigt. Aber obwohl sie kaum minder tapfer angriffen, vermochten die Ashanti die Burg nicht zu stürmen, und da sie über keinerlei Belagerungsausrüstung verfügten, kehrten sie schließlich unverrichteter Dinge in ihre Heimatregionen zurück. Doch sie hatten zumindest nachdrücklich demonstriert, daß man mit ihnen nicht mehr so einfach umspringen konnte. Die Kehrseite der Medaille war allerdings, daß sie damit, was sicher nicht ihre Absicht gewesen war, Sir Garnet Wolseley veranlaßten, in Aktion zu treten. Er brach zu einer Strafexpedition gegen sie auf.

Es war natürlich nur logisch, daß die europäischen Mächte, die sich große Kolonialreiche zimmerten, selbst in Übersee darauf achteten, ihre Militärarchitektur so zu gestalten, daß sie jederzeit auch den modernsten westlichen Waffen, mit denen ihre – europäischen – Rivalen jederzeit anrükken konnten, widerstand. Unter diesen Voraussetzungen wurden die Festungsanlagen in den Kolonien mit der Zeit auch genauso hochentwickelt und fortschrittlich wie Vergleichbares in Europa selbst. Das schließt nicht aus, daß es in abgelegeneren fernen Grenzgebieten selbstverständlich nach wie vor ein größeres Maß an Improvisation und Provisorien gab.

SCHANSI

Schansi ist eine befestigte Stadt in Indien, 350 km südlich von Delhi. 1857 war die *Rani* von Schansi Tantia Topi, die auch nach der Hindu-Göttin des Glücks und der Schönheit Lakschmi Bai genannt wird. Obwohl selbst nicht die Urheberin des Sepoy-Aufstandes vom Juni 1857, machte sie sich dessen Anliegen – die indische Unabhängigkeit – doch zu eigen und organisierte die Verteidigung ihrer Stadt, vor der General Sir Hugh Rose im März 1858 aufzog und eine Belagerung begann, die er mit der Erstürmung Schansis am 2. April abschloß. Tantia Topi setzte sich mit den restlichen Verteidigern nordwärts nach Gwalior ab, einer Bergfestung 300 km südlich von Delhi.

Die Umfassungsmauer von Gwalior erstreckt sich über die vollen 10 km des dortigen steilen, nach oben und seitlich vielgezackten Grates. Dahinter steht ein Mahratten-*Keep* aus dem Jahre 1754 und auch der "Bemalte Palast" des Man Singh von 1490. Aus noch früherer Zeit gibt es Schnitzereien und Tempel, letztere aus dem Jahre 1093. Der Hauptzugang führt über einen sehr steilen Pfad und durch bastionierte Außenwerke, die in ihrem Durchmesserring von 1,5 km mit komplexen Vorwerken und Toren versehen sind. Außerdem gibt es dort noch den Gujari-Mahal-Palast. Im Juni 1858 wurde Tantia Topi dort während des letzten britischen Kavallerieangriffs auf dem Rückzug von einem Säbelhieb getötet. Ihre Anhänger fanden ihre Leiche erst später unter den Toten und bestatteten sie heimlich.

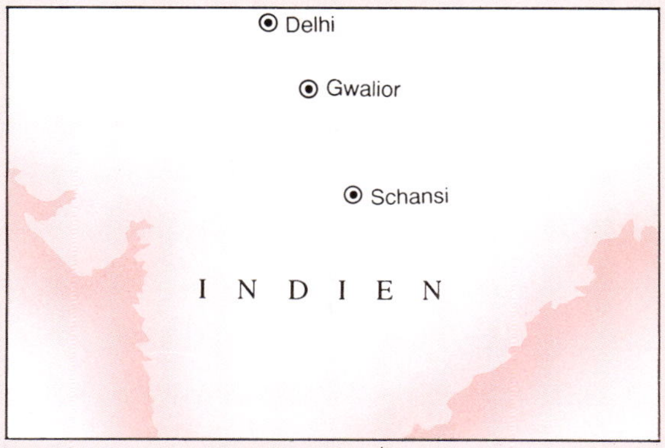

Fort Schansi nach seiner Eroberung 1858 im Laufe der indischen Rebellion, des sog. Sepoy-Aufstands. Zu beachten ist die Berglage, dazu die vielen hintereinander liegenden, parallelen Mauern und die in Zickzacklinien weiter unten an den Hängen. Die Bastionen sind vorwiegend gerundet, die Türme zinnenbesetzt. Die Zitadelle befindet sich ganz oben auf dem höchsten Punkt des Berges

Fünftes Kapitel

DIE INDUSTRIELLE WELT

Die industrielle Revolution begann in England im ausgehenden 18. Jh. Der Siegeszug der Dampfkraft und ihre Anwendungen auf die Fabrikationsmethoden hatten unter anderem auch einen bis dahin unvorstellbaren Produktionsausstoß an Waffen und militärischer Ausrüstung für die Napoleonischen Kriege zur Folge. Tausende Kanonen, Gewehre, Uniformen, Lafetten und Pulverfässer ermöglichten es der Marine, nun bei jedem Wetter auf See zu sein und ständig Taktik und Praxis mit den großen Kanonen zu üben; und die Armeen waren imstande, Feldzüge in allen Teilen der Welt zu führen. Es war trotzdem nicht alles perfekt – wie es das niemals ist – und das Nachschubsystem brach oft genug zusammen, doch alles in allem waren damals die britischen Streitkräfte und ihre Verbündeten besser ausgerüstet als ihre Gegner.

DIE MECHANISIERUNG DES KRIEGES

Auf jeden Fall waren während der langen Konfliktjahre damals die britischen Fabriken mit der buchstäblichen Massenproduktion aller existierenden Kriegsmaterialien von erwiesener Effizienz und Qualität beschäftigt. Experimente und Erprobungen waren freilich nicht möglich. Erst, als wieder Frieden herrschte, fanden die mehr technologisch interessierten Offiziere überhaupt Zeit, sich allein mit den Möglichkeiten neuer Waffen und Ausrüstung zu beschäftigen und sich für ihre Einführung einzusetzen und stark zu machen.

Selbstverständlich stießen sie unverzüglich auf erhebliche Widerstände. Wie konnte denn jemand überhaupt nur wagen, die Palisadenzäune zu kritisieren und die Karronaden und die Brown-Bess-Musketen und die Martello-Türme? Hatten sie sich nicht alle bestens bewährt und gute Dienste geleistet? Wieso sie einfach aufgeben für irgendwelchen neuen Schnickschnack, von dem niemand wußte, ob er auch funktionierte, wenn es darauf ankam? Und überhaupt, noch lagen enorme Vorräte in den Arsenalen, und die existierenden Befestigungsanlagen waren noch einwandfrei und konnten noch viele Jahre ihre Aufgabe erfüllen! Diese neuen Sachen kosteten doch auch ein Heidengeld, das man nicht einfach zum Fenster hinauswerfen konnte!

Mit dem Fortgang des 19. Jahrhunderts entwickelte die industrielle Revolution freilich ihre Eigendynamik, ganz besonders nach der allgemeinen Verbreitung der maschinengefertigten Werkzeuge. Der freie Handelswettbewerb tat ein Übriges zur raschen Fortentwicklung der Mechanik, Metallurgie, Chemie, Textilindustrie, Nahrungsmittelherstellung, Energieversorgung und des Nachrichtenwesens. Alle diese Bereiche hatten auch ihre speziellen militärischen Aspekte; und tat-

Ganz oben: *Eine Zeichnung vom 29. Juli 1871. Aufstellung einer Kanone in Fort Gilkicker in Gosport, das zu den westlichen Verteidigungsanlagen des Stützpunkts Portsmouth der Royal Navy gehörte*
Oben: *Übungsschießen der schweren deutschen Küstenverteidigungsbatterien auf Helgoland*

Die moderne industrielle Welt auf dem Schlachtfeld: Bau einer Sappe der Nordarmee in Richtung auf die Stellungen der Konföderierten im amerikanischen Bürgerkrieg (Vicksburg am Mississippi)

sächlich spezialisierten sich nicht wenige Industrielle eben darauf und sicherten sich beizeiten Anteile auf dem ergiebigen militärischen Markt, indem sie sich Kontakt zu eben den fortschrittsaufgeschlossenen Offizieren schufen, die inzwischen ranghoch genug aufgestiegen waren, um Aufträge für moderne Ausrüstung vergeben zu können. Unweigerlich wurden diese einstigen Jungtürken nun aber auch die Verfechter jeweils "ihrer" neuen Waffensysteme und verhinderten ihrerseits Neuerungen solange, bis die nächste Generation nachdrängte und ihre Ämter übernahm – oder bis die nächste internationale Krise von sich aus eine sprunghafte Neuerung oder Weiterentwicklung dieser oder jener Militärtechnologie bewirkte oder erzwang.

1815 konnte eine glattläufige Vorderladerkanone eine 14,5 kg schwere Kugel maximal 2 745 m weit schießen, eine 30,8 kg schwere immer noch 366 m. 1914 aber hatten moderne Hinterladergeschütze mit gezogenem Lauf Reichweiten von 21,4 km für 879 kg schwere Explosivgranaten und dazu noch erheblich größere Zielgenauigkeit als ihre Vorläufer ein Jahrhundert zuvor. Die Kleinwaffen hatten sich von den glattläufigen Musketen, die jede halbe Minute einen Schuß abgeben konnten, zu vollautomatischen MGs mit gezogenem Lauf und einer Schußgeschwindigkeit von 600 pro Minute entwickelt.

Ein Resultat dieser enorm verbesserten Waffentechnik war, daß zahlreiche neue reine Militärfabriken, Übungszentren, Vortragsräume, Kasernen, Lazarette und zahlreiche sonstige Bauten entstanden, die sich kaum mehr von den zivilen Bauten für vergleichbare Zwecke unterschieden. Gleichwohl war die größte und sichtbarste Auswirkung der industriellen Revolution auf die Militärarchitektur die auf das Befestigungswesen direkt. Die Sache hatte zwei problematische Seiten. Es mußte Schutz gegen die neuen Waffen gefunden und geboten werden, und man mußte selbst diese gleichen Waffen installieren und benützen. Die Material- und Strategie-Probleme wurden unglaublich vielfältig. Jedes neue Waffensystem bedurfte eigener intensiver Folgeüberlegungen.

Das Endergebnis war, daß zu Beginn des 20. Jh. die neuen Festungen reine Artilleriestellungen geworden waren, Opera-

SEWASTOPOL

In der Regierungszeit Katharinas der Großen eroberte Rußland die Krim von der Türkei und baute seine Marine neu auf. Dafür wurde 1784 als Hauptstützpunkt der vergrößerten Flotte Sewastopol gegründet. Dessen auf das Wasser gerichtete Forts waren mit den modernsten Granatgeschützen ausgerüstet und beherrschten die Fahrtstraßen zwischen den Untiefen. Im Krimkrieg verhinderten sie später die Angriffe der britischen und französischen Marine, während die Landverteidigung, aufgebaut von General Todleben, nicht minder fest gegen die vereinten Armeen standhielt. Der Großteil der Befestigungsanlagen auf beiden Seiten war reines Feldwerk, von dem vieles so neuartig war, daß dieser spezielle Teil des Schlachtfelds den Namen "Die Schießgrube" bekam. Die russischen Linien hatten aber durchaus auch zweckbestimmt gebaute feste Bollwerke in Gestalt des Großen Redan und des Forts Malakow. Diese Anlagen widerstanden vom 28. September 1854 bis zum 8. September 1855 allen Anstürmen. Erst dann wurde Malakow von den Franzosen erobert – und damit war auch ganz Sewastopol nicht mehr zu halten.
Im 2. Weltkrieg marschierte die deutsche Armee am 26. Oktober 1941 auf der Krim ein. Die Russen hatten sie am 16. November ganz verloren – bis auf Sewastopol, das die deutschen Truppen aber nicht ignorieren konnten. Die Garnison bestand aus 106 000 Männern und Frauen und die Marine stützte sich auf die Land- und Seeverbindungen. Wahrscheinlich war die mühsame Eroberung Sewastopols die auslösende Ursache für die deutsche Niederlage von Stalingrad.

tionsbasen, jedoch nicht für Infanterie- oder Kavallerieregimenter oder -divisionen, sondern für die schweren Granaten, deren zielgenauer Abschuß inzwischen die Zerstörung von Knotenpunkten, Brücken und Eisenbahnlinien über Entfernungen von einem Dutzend Kilometern oder mehr ermöglichte. Die Ziele mußten nun nicht einmal mehr in Sichtweite eines Forts liegen. Mit Hilfe genauer Generalstabskarten, Schießkontrollinstrumenten und elektrischer Kommunikation waren jetzt weder dazwischenliegende Hügel noch das Nachtdunkel mehr ein Hindernis, so daß ein Fort von 1914 theoretisch die jederzeitige vollständige Kontrolle über sein Umland hatte. Sinnvoll angelegt, half jedes Fort seinem benachbarten mit Hilfe überlappender Schußfelder. Ein ganzer Ring solcher Forts konnte eine Stadt verteidigen, und eine Linie von ihnen eine ganze Grenze. Und mit einem in der Tiefe gestaffelten System mehrerer Reihen von Festungen, die zusätzlich rund um die Fertigungszentren noch mit befestigten Komplexen verstärkt waren, ließ sich ein ganzes Land in eine mächtige, uneinnehmbare Festung verwandeln.
Dies waren die bestimmenden Überlegungen und Denkweisen, die zu den französischen, preußischen und holländischen einschlägigen Bauten des 19. Jh. führten. Es war aber auch die in ganz Europa mehr oder minder anerkannte und gültige Ansicht. Forts, Kriegsschiffe, die Größe der Armeen und die Kilometerzahlen der Eisenbahnlinien waren die Symbole des nationalen Status.

Links: *Offenbar hat der Künstler dieses Stichs aus der vorindustriellen Zeit Gibraltar niemals selbst gesehen. So ist diese idyllische, romantisierende Phantasie-Ansicht entstanden*

Oben: *Nicht alle Bauten der Maginotlinie aus den 30er Jahren waren neu. La Citadelle de Bitche (Moselle) war schon 1870/71 und 1914/18 "in Betrieb". Sie wurde als Stützpunkt renoviert*

Gleichwohl war nach wie vor die Fähigkeit eines Feldheers, einen Krieg zu gewinnen – oder zumindest, ihn nicht zu verlieren – das Entscheidende für jeden Ausgang eines Konflikts, ganz gleich, wie wirksam und effektiv die ortsgebundenen Befestigungen sein mochten oder wie entschlossen deren Verteidiger. Eben dies war eine der Lehren des deutsch-französischen Kriegs von 1870/71. Die Nahostkrise drei Jahrzehnte zuvor hatte die französische Regierung zu der Ansicht gebracht, sie müsse etwas für Verteidigungsanlagen rund um Paris tun, wo es noch überhaupt keine gab; ein Mangel, den viel früher schon Napoleon Bonaparte zu spät erkannt und bereut hatte. Also wurde ein einschlägiges Bauprogramm beschlossen, und 1870 war tatsächlich die gesamte Hauptstadt mit einem aufgeschütteten Wall von 10 m Höhe umgeben. Er war bestückt mit 94 Bastionen, in denen insgesamt 800 Geschütze in Stellung waren. Weitere 700 schwere Kanonen standen in Reserve. Diesem Umfassungswall waren 15 separate Forts vorgelagert, wovon jedes mit 100 schweren Kanonen besetzt war.

Im Juli 1870 führte ein diplomatischer Streit über die Nachfolge auf dem spanischen Thron zur französischen Kriegserklärung an Preußen. Im September waren die deutschen Armeen (Preußen und die mit ihnen in den Krieg eingetretenen süddeutschen Staaten und der Norddeutsche Bund) daraufhin durch Elsaß-Lothringen marschiert, hatten die französische Haupt-Feldarmee besiegt und stießen auf Paris vor. Eine provisorische Regierung der Nationalen Verteidigung improvisierte hastig Feldwerke, blockierte die Straßen und Eisenbahnstrecken in die Hauptstadt, legte Minenfelder an und räumte Schußfelder vor den Verteidigungsstellungen frei. Forts ohne Garnisonen wurden hastig bemannt – mit von der Marine abgezogenen Matrosen – aber alles war nutzlos. Die Deutschen schossen die vorgelagerten Forts mit weiterreichender Artillerie sturmreif und stürmten sie dann. Die Verteidiger konnten sich allenfalls noch in kleine Gräben und hinter Faschinenlinien zurückziehen. Paris war vollständig eingeschlossen. Alle Entsatzversuche der Franzosen von außen, die versuchten, von der Loire her durchzubrechen, wurden zurückgeschlagen, die Franctireurs (zivile Partisanen) niedergemacht. Die Belagerung von Paris dauert von 19. September 1870 bis zum 28. Januar 1871. Dann kapitulierte die Stadt und in Versailles wurde die deutsche Reichsgründung ausgerufen. Doch obschon die festen Verteidigungsanlagen rund um Paris Frankreich nicht hatten retten können, schienen sie gleichwohl die Befürworter der Festungsbauten nicht zu widerlegen. Immerhin hatten die Pariser vier Wintermonate lang dahinter ausgehalten – und hatten auch noch genug Energie, gegen ihre eigene unerwünschte Regierung zu rebellieren. Auf jeden Fall sah beispielsweise das junge Belgien, auch wenn dessen erklärte Neutralität von allen Mächten, die für eine mögliche Invasion seines Staatsgebietes in Frage kamen, garantiert worden war, keinen Grund, sein 1859 unter der Ägide von

AMERIKANISCHE KÜSTENVERTEIDIGUNG

Meisterwerke der Befestigungstechnik, in denen Truppen in geringer Zahl dem Ansturm der britischen Flotte standhalten konnten

Nachdem die nordamerikanischen Kolonien Englands einmal über das Anfangsstadium der ersten Pionierzeit hinaus waren und geordnete politische und wirtschaftliche Duplikate ihrer einstigen Heimat geworden waren, wurde bald klar, daß die größte Bedrohung ihrer Existenz transatlantische Anstürme rivalisierender europäischer Mächte waren. Sie begannen deshalb mit dem Bau von Forts, mit deren Hilfe unautorisierte Schiffslandungen an strategischen Punkten verhindert werden sollten.

Bis zu einem gewissen Grad war die Theorie dahinter eine Adaptation der britischen Strategie der 3 F (Flotte-Forts-Feldarmee). In Nordamerika jedoch lagen die möglichen Angriffsziele so weit auseinander und so isoliert durch Berge, Sümpfe, Wasser oder Wälder, daß Truppen normalerweise immer direkt bis zu ihnen hin transportiert werden mußten. Die amerikanischen Küstenverteidigungsanlagen legten schon deshalb größeren Wert auf Artillerie und Schutz gegen Steilbeschuß als auf die Vorsorge der Abwehr von Infanterieangriffen oder die Anlage von Unterkünften für Reserven der mobilen Landverteidigung.

Forts mußten zwar auch imstande sein, Belagerungen standzuhalten, doch die Wahrscheinlichkeit, daß diese längere Zeit andauerten, war hier sehr viel geringer als in Europa; sowohl wegen der Schwierigkeiten transatlantischen Nachschubs wie wegen der Wetterbedingungen: Kälte und Eis im Winter und die ständige Gefahr von Hurrikans im späten Sommer.

Eine längerandauernde Einschließung eines Küstenforts war deshalb tatsächlich eine Seltenheit. Und Operationen von See her liefen vorwiegend auf Blokkaden hinaus, bei denen aber immer die Möglichkeit blieb, daß der eine oder andere "Renner" als Blockadebrecher durchkam

***Oben:** 28. Juni 1864. Kanonenkugeln britischer Kriegsschiffe bombardieren das Fort auf Sulivan's Island und haben bereits die amerikanische Flagge zerschossen, woraufhin die Beobachter in Charleston schon glaubten, ihre Verteidiger hätten sich ergeben. "Doch da sprang Sergeant Jasper von einer der Zinnen und holte sie aus dem Feuer..."*

und Nachschub brachte. Versuche, den Feind an der Anlage potentieller Stützpunkte zu hindern, bedeuteten manchmal, daß Forts, die ja praktisch immer der Kern einer nachfolgenden kolonialen Niederlassung werden konnten, tatsächlich nur zu dem Zweck angelegt wurden, das Besatzungsrecht zu erlangen.

Um zu vermeiden, dem Kolonialhandel

ins Gehege zu kommen, mußten die Flottenkommandeure sich oft genug mit ihrem Gegner weit draußen auf See auseinandersetzen, was wiederum die Notwendigkeit nach sich zog, die Docks und Werften auszubauen und für Reparaturen und Überholungen auszurüsten; dies machte sie aber zu sehr verwundbaren Feindzielen und folglich mußten sie besonders verteidigt werden, was wiederum bedeutete, daß diese Befestigungsanlagen sich zwangsläufig viel stärker (und auch bereitwilliger) als die "Frontier"-Forts an den europäischen Maßstäben und Konstruktions- und Bewaffnungsstandards orientierten.

1613 beispielsweise bestand die französische Niederlassung Port Royal, die 1605 am Südufer der Fundy Bay gegründet worden war, aus einem einfachen quadratischen Umgebungsgraben, hinter dem sich mehrere Häuser befanden. Die einzige Befestigung war eine rautenförmige Erdbastion vor dem Fluß. 1751, sie war inzwischen dreimal von Neuengland-Kolonisten erobert worden und nun "für immer" britisch, wurde sie beherrscht von einer sternförmigen Festung über der Stadt und den Docks, beide später noch von einer Mauer umgeben, welche, mit Bastionen bestückt, das ganze Ufer entlang verlief. An besonderen Gefahrenpunkten standen zusätzlich quadratische Blockhäuser. Inzwischen war der Ort zu Ehren der Queen in Annapolis umgetauft worden.

Eine Radierung des amerikanischen Silberschmieds Paul Revere zeigt die North Battery von Boston im Jahr 1770: ein direkt aus dem Wasser aufsteigendes, steinmauerumgebenes Fort. Die Frontfassade ist konkav, um auch heftiger

Links: *Die rechteckigen Bastionen von Fort George in New York (1776) spiegeln die europäischen Trends der Militärarchitektur wider. Im Falle von Feindseligkeit wurde es nötig, die dekorativen Bäume zwischen dem eigentlichen Fort und den äußeren Gräben zu fällen*

Unten: *Fort Sumter im abgefallenen South Carolina, Symbol der Regierungsgewalt Washingtons, wird von der Artillerie der Konföderierten im April 1861 beschossen, aber es gibt trotz der heftigen Kanonade in der Garnison keine Verluste*

Oben: *Market Battery und Shoal-Turm in Kingston am Ontariosee, erbaut 1847. Bemerkenswert das konische Turmdach zum Schutz der Waffen vor Schnee*
Unten: *Fort Mills auf der philippinischen Insel Corregidor; drei der 305-mm-Mörser M-1890, der vordere bis zum letzten Tag der Belagerung (Mai 1942) in Aktion*

Brandung standzuhalten. An den Ecken befinden sich zwei dekorative Türme mit Erkern und Schießscharten. Zwischen ihnen lassen sich in den Zinnen direkt unterhalb des oberen Abschlusses mindestens 13 Kanonen erkennen. Und über dem Fort flattert ein gewaltiger *Union Jack* als Symbol britischer Herrschaft.
Obwohl es außer dieser Zeichnung keine anderen Dokumente mehr gibt, kann man annehmen, daß die Bostoner North Battery aus Stein gebaut war. Erdreich wäre vom Wasser viel zu rasch weggespült worden. Viele Kolonialforts im Süden allerdings, wie beispielsweise das auf Sullivan's Island, das den Zugang nach Charlesto(w)n in South Carolina bewachte, waren aus Palmenholz und -blättern und Erdreich in Form von sehr widerstandsfähigen, mit einschlagsabsorbierender Erde bedeckten Baumstümpfen. Die Aufschüttung war 5 m dick und hoch genug, um auch vor Schützen in den Kampf-Mastkörben von Schiffen sicher zu sein. Dieses Fort war noch im Bau, als im Juni 1776 die Royal Navy eintraf, um die Rebellion in diesem Gebiet niederzuschlagen. Truppen wurden angelandet und sollten günstiges Gelände für Unterstände ausfindig machen. Inzwischen bezogen neun Kriegsschiffe Beschießungspositionen – in ganzen 800 m Entfernung vor dem Fort. Sie waren mit insgesamt 260 Kanonen bestückt, während Sullivan's Island mit gerade 26 dagegenhalten konnte. Trotzdem mußten die Engländer sich nach zehnstündigem Feuergefecht schwer ramponiert zurückziehen. Eine ihrer Fregatten war auf Grund gelaufen und brannte später aus. Sie hatten 106 Tote und 65 Verwundete, die Amerikaner 12 und 24, letztere fast alle durch Schüsse, die durch die Schießscharten nach innen gelangt waren.

Besser erging es den Engländern im gleichen Jahr in New York, obwohl die dortigen Befestigungen weitaus aufwendiger und solider waren. Zwar waren auch dort einige improvisiert, andere aber von solider und schon älterer Konstruktion. Dazu gehörte auch die bis heute so genannte "Battery" am Südende Manhattans auf Meereshöhe. Die Verteidigung der sog. Narrows hingegen war eine Schwachstelle und genau dort landeten die anglo-hessischen Truppen, marschierten durch schwieriges Gelände und umgingen die amerikanischen Feldwerke in der seitlichen Flanke, besiegten die zahlenmäßig weit unterlegenen und auch schlechter ausgerüsteten Kolonialtruppen, warfen sie bis über den East River zurück, stießen, ihren Vorteil nützend, nach und eroberten so New York.
Nicht immer waren die Engländer so erfolgreich, aber immerhin hielten sie nach wie vor erhebliche Territorien in Nordamerika und der Karibik. Und sie mußten diese Gebiete ja inzwischen nicht mehr nur gegen ihre europäischen Rivalen verteidigen, sondern auch gegen die mögliche Ausbreitung der Revolution in allen früheren Kolonien. Eine der Marinebasen, die dementsprechend besonders ausgebaut und befestigt wurden, war Nassau auf den Bahamas.
Das dortige Fort Fincastle, 1787 erbaut, ist ein kreisrundes Gebäude von 26,7 m Durchmesser und 2,8 m Höhe mit drei schweren Kanonen, die über die Brustwehr und den Hafen hinweg feuerten. Vier Meter über den Kanonen schossen zwei kleinere Geschütze aus Schießöffnungen gegen Infanterie und von Land her vorrückende Artillerie. Diese Seite wurde vermutlich auch als die potentiell gefährdetste Zone angesehen, denn zwischen den beiden Geschützstellungen verläuft ein gewaltiger Hügelkeil 25 m weit nach vorne, ganz offensichtlich als Abfangwehr gegen Einschläge von Kanonenkugeln und Mörsergranaten vor den Magazinen und den anderen beiden Räumen, die in dem umfangreichen Mauerwerk ausgespart waren. Das Ganze sieht verblüffend einer Steinnachbildung des riesigen Bugs eines späteren Panzerkreuzers ähnlich. Sein unverwechselbares Aussehen, dem amerikanischen Festland so vergleichsweise nahe, mag gut die US-Militärarchitekten noch unseres Jahrhunderts beeinflußt haben.
Ganz eindeutig an englischen Vorbildern orientiert waren die Martello-Türme in Kanada in Halifax (Nova Scotia),

Oben: *Die ungewöhnliche Form des Forts Fincastle in Nassau auf den Bahamas*

Quebec über dem St. Lawrence (St. Laurent), Saint John (New Brunswick), Kingston am Ontariosee, und in den USA in Charleston (South Carolina), Lake Borgne (Louisiana) und Key West (Florida). Sie variierten allerdings, was ihre Lage anging – eines befand sich auf einem im Wasser versenkten Kofferdamm – und in den Details. Einige waren hexagonal, andere besaßen halbkreisförmige Kaponnieren, und mindestens eines war maschikuliert, ganz im Gegensatz zum Üblichen. Andere waren aus "Tabby" gebaut, einem auch Kalkmörtel genannten örtlich verfügbaren, aber leicht erodierenden Gemisch aus Muschelschalen und Kalkstein. Einige erfüllten ganz andere Zwecke – eines zum Beispiel diente als Leuchtturm. Aber alle, die bis dahin noch existierten, wurden noch im 2. Weltkrieg als Ausguck, Signal-/Funkstation oder Flakstellung genutzt. Ihren Bau verdankten sie alle dem Krieg von 1812 zwischen England und Amerika und der nachfolgenden Periode eines recht unsicheren Friedens.

Die Garnison von Fort Sumter im Hafen von Charleston, South Carolina, war ganze 84 Mann stark und hatte auch nur Lebensmittelvorräte für einige Tage; sie konnte nur von See her versorgt werden, aber sie war eine Enklave der Nordstaaten im abgefallenen Süden. Zuerst wurden die Nachschubschiffe so lange beschossen, bis sie sich, ohne ihre Mission erfüllt zu haben, wieder zurückzogen. Dann wurde das Fort vom 12. April 1861 an systematisch von 50 Kanonen unter Feuer genommen, bis es am 14. April kapitulierte. Das war der Beginn des amerikanischen Bürgerkriegs.

Die folgenden hundert Jahre lang spiegelte die amerikanische Küstenverteidigung nicht nur speziell die immer umfangreicher und vielfältiger werdende Artillerieentwicklung wider – und die der Waffentechnik ganz allgemein –, sondern auch die ständig weiter expandierenden US-Interessen. Diese waren ganz besonders anfällig gegen Widerstände im Fernen Osten. Die Langstreckenverteidigung gegen mögliche Invasionen auf den Philippinen beispielsweise oblag der US-Navy, die von ihrem dortigen Stützpunkt Cavite aus operierte. Dessen Sicherheit wurde von einer Serie 1914 erbauter Inselfestungen in der Bucht von Manila gewährleistet. Die größte davon war Corregidor mit 56 Mörsern und Kanonen auf versenkbaren Lafetten, einer Kaserne und später auch noch einem unterirdischen, bombensicheren Bunkersystem für Unterkünfte, Büros, Lazarett und Lagerräume. Die ungewöhnlichste war Fort Drum.

Ab 1908 hatten dort die Ingenieure und Pioniere die ganze Oberfläche der Insel El Fraile weggesprengt und diese mit einem ausgedehnten unterirdischen Komplex von Tunnels, Lagerräumen und Unterkünften für 200 Mann unterhöhlt. Dann glätteten sie Oberfläche und Seiten und überzogen buchstäblich die ganze kleine Insel mit einer 7,5-11 m dicken, 106 m langen, 44 m breiten und 12 m hohen Betondecke. Die Bewaffnung oben bestand aus vier Kanonen vom Kaliber 15,2 cm in Kasematten im Marinestil an den Seiten und vier Geschützen vom Kaliber 35,6 cm mit einer Reichweite von 30 km in zwei Geschütztürmen nach Schlachtschiffart. Die Feuerkontrolle und die Signalisierung geschahen von einem Korbmast aus, der genau wie der auf einem Schlachtschiff jener Zeit aussah. Mit einer Spitze vorne und einem breiten "Heck" hinten sah nun die ganze kleine Insel selbst so sehr einem Schlachtschiff ähnlich, daß das Fort Drum seinen Spitznamen "Das Betonschlachtschiff" erhielt. Im Zweiten Weltkrieg half ihm das aber wenig. Im Dezember 1941 besetzten die Japaner das Festland und zerstörten den Marinestützpunkt. Ohne Flotte und Armee blieb den Forts nichts anderes übrig, als sich am 6. Mai 1942 zu ergeben.

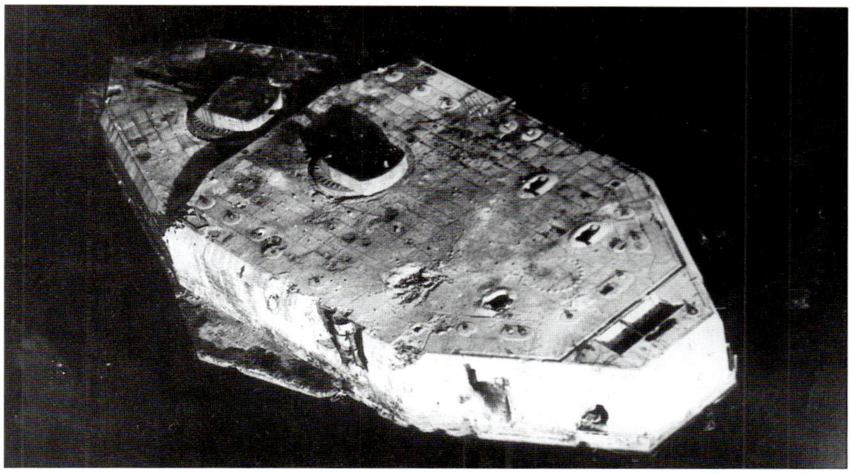

Oben: *Fort Drum nach der amerikanischen Rückkehr auf die Philippinen. Die Japaner hielten es noch. Am 13. April 1945 landeten daraufhin US-Pioniere auf dem "Betonschlachtschiff" und räucherten es mit brennendem Treibstoff aus*

Henri Brialmont begonnenes Festungsbauprogramm nicht weiterzuführen. So wurde etwa ganz Antwerpen von einem miteinander verbundenen System von 11 Befestigungslinien umgeben. Das Nordende bildete eine Zitadelle mit drei Funktionen: sie war Sitz einer die Scheldemündung schützenden Küstenverteidigungsbatterie, sie war das allgemeine Hauptquartier, und sie sollte als letzte Zuflucht der Verteidiger dienen, wenn Antwerpen oder ganz Belgien bereits überrannt wäre. Davor lag ein Ring von 18 Forts, Redouten und Erdwerken und davor – in 11 km Abstand – der äußere Ring von 31 einzelnen Befestigungen. Einen denkbaren deutschen Durchmarsch im Tal der Maas sollten 21 Forts um Namur und Lüttich blockieren. Die größten dieser Forts konnten 1 000 Mann und 135 Kanonen beherbergen sowie Mörser bis zu 21 cm Kaliber. Wenn alle voll besetzt und ausgerüstet waren, bedurfte es dafür 9 000 Artilleriegeschütze, deren Bedienung allein 70 000 Mann erforderte, wozu noch die 100 000 Mann der eigentlichen Antwerpener Garnison kamen und das belgische Heer selbst, in welcher Größenordnung es immer geplant oder möglich war.

Bei transkontinentalen Mächten wie Rußland, den USA oder auch dem weltweiten britischen Empire mit ihren ausgedehnten Grenzen war an ein derart engmaschiges, extensives und lückenloses Befestigungsnetz zur territorialen Verteidigung natürlich nicht annähernd zu denken. Dennoch aber folgten sie im Prinzip derselben Politik, nämlich der Anlage nationaler Stützpunkte und dem Bau von Festungen an strategisch wichtigen Zugängen oder in Regionen von vitalem nationalem Interesse, um dort das Eindringen von außen auf ihr Territorium zu verhindern. In der Regel handelte es sich dabei um Küstenbefestigungen für den Schutz der bedeutenden Dock- und Hafenanlagen für die eigene Flotte, deren Erfolg oder Mißerfolg ein entscheidender Faktor für globale Kriege war. 1863 zum Beispiel baute England Küstenforts im Meer vor Portsmouth. Zivilingenieure hatten die Technik der Kasten- oder Kofferdämme und Caissons entwickelt, nämlich riesige Spundwände bzw. Zylinder im Meeresboden, die leergepumpt wurden und, im Falle der Caissons mit Überdruck, trockenes Bauen im Meer und das Graben in den Meeresgrund sowie das Setzen von Fundamenten in ihm ermöglichten. Auf diese Weise saßen die Seeforts mit ihren Fundamenten auf festem Granitboden und Portlandstein (= gehärteter Beton) als Ringbauten von 16,3 m Mauerdicke und 70 m Durchmesser, die eine massive Bodenscheibe von zementgedecktem Geröll umschlossen. (Alternativmethoden bestanden darin, die Steine direkt durch Taucher auf dem Meeresboden auszulegen und zu fixieren; oder, noch schneller, Stein- und Betonblöcke einfach ins Meer zu kippen, bis sie als künstliche Insel daraus hervorragten. Es hing jeweils von den örtlichen Gegebenheiten – wie Strömungen und klimatischen Bedingungen – und Möglichkeiten ab).

Das Seefort im Plymouth Sound aus der Mitte des 19. Jh. Es liegt direkt hinter, bzw. zwischen den Wellenbrechern. Die Passagen dazwischen lagen unter direktem Feuerschutz von Küstenbatterien in Cawsand/Cornwall (ganz rechts) und Bovisand (hinter dem Kamerastandpunkt)

***Links:** Fort Shargai an der damaligen indischen Nordwestgrenze (heute Pakistan), erbaut von der britischen Armee im 19. Jh. Eine Verteidigungsanlage gegen Invasionen über den Khyber-Paß und eine Operationsbasis für Unternehmungen nach Afghanistan hinein. In dieser Doppelfunktion vereinigte es Verteidigungsanlagen mit allgemeinen Unterkünften für Truppen und Pferde sowie Lagerräumen. Außerdem waren Exerzier-, Parade-, Übungs- und Freizeitgelände erforderlich. Rechts oben sind Regiments- und Fort-Name in weißen Steinen ausgelegt*

***Rechts:** Bildliche Darstellung von 1888 zweier der 3 F der klassischen britischen Strategie (Flotte-Forts-Feldarmee). Ein Torpedoboot (Thornycroft 1. Klasse, 36,5 m lang) vor einem der Spithead-Seeforts*

War jedenfalls die Basis erst einmal geschaffen, so wurde darauf ein rundes Fort aus Steinen errichtet, in dem fünfundzwanzig 18 Tonnen schwere Geschütze vom Kaliber 25,4 cm sowie vierundzwanzig 38 Tonnen schwere vom Kaliber 31,8 cm, alle Hinterlader mit gezogenen Läufen, stationiert werden konnten, in zwei Reihen übereinander. Damit konnten 13,4 Tonnen an Granaten abgeschossen werden, die auf Entfernungen von rund 1000 m 30,5-45,7 cm dicke Stahlplatten zu durchschlagen in der Lage waren. Die Forts selbst waren gegen horizontalen Beschuß durch drei Lagen Panzerplatten geschützt, deren Dicke zwischen 4,6 und 6,4 cm variierte und zwischen denen sich noch zwei Lagen von Eisenbeton befanden (= eine Mischung aus Beton und Eisendraht oder -schrott). Dieses System des Aufprallabfangs war mittels einer inneren Lage von Holzbohlen und -balken an der Außenmauer des Forts befestigt. Auf diese Weise konnten die Mauern feindlichen Beschuß aushalten, ohne daß die eigenen Geschütze bis zur Ladehemmung erschüttert wurden. Außerdem war, für den Fall, daß der Feind auch noch von Schiffen aus mit Granaten sehr steiler Flugbahn operieren sollte, das Dach der Forts ebenfalls 1,4 m dick betongemauert.
Dieser Typ Seefort wurde auch vor englischen Marinestützpunkten in Portland, Plymouth und Bermuda angelegt, wenn auch nicht immer in gleicher Größe oder nach exakt gleichem Plan. Einige bekamen drehbare Geschütztürme oben, andere verzichteten teilweise auf die Außenpanzerung, wenn sie in so seichtem Wasser standen, daß zumindest auf einer Seite keine bedrohliche Annäherung feindlicher Kriegsschiffe möglich war. Sie waren quasi die Ritter in Eisenrüstung. Es wurden jedoch auch konventionellere Forts in Küstennähe gebaut. Dies gilt insbesondere für die Serie von vieleckigen Forts von Portsdown Hill zur Verteidigung der Schiffswerften von Portsmouth vor dem Beschuß durch französische Truppen, die (wie man befürchtete) in Sussex landen und einen Landangriff in den Rücken unternehmen könnten statt der direkten Invasion des Hafens. Zu diesen Anlagen gehörten u.a. in das Mauerwerk eingefügte Ziegelbögen zur Verstärkung gegen Mörserbombardements mit sehr steilen Geschoßflugbahnen. Unter den nichtgefluteten Gräben verliefen doppelstöckige Kaponnieren, und Ausfallspforten da und dort ermöglichten es der Besatzung, diejenigen Angreifer, die es allenfalls bis in die Gräben schafften, dort zu stellen. (Bis an die Ausfallspforten selbst konnten die Angreifer wegen des direkten Beschusses dort durch Kartätschen- und Gewehrfeuer aus den Kaponnieren nicht gelangen.) Alles war getan worden, um die Einnahme Portsmouths zu verhindern oder jedenfalls zu verzögern. Jede dafür gewonnene Minute war gewonnene Zeit für die Flotte, noch auszulaufen. Und sobald diese dann erst einmal außer-

HELGOLAND

Die "meerumschlungene Festung" birgt in ihren steilen Klippen gewaltige Geschützstellungen. Das Innere ist durchzogen von einem Labyrinth von Unterkünften, Magazinen und titanischen Höhlen, in denen selbst Schlachtschiffe Unterschlupf finden. U-Boote und Zeppeline fahren von hier aus zum grundlosen Krieg gegen England aus. Dies war Helgoland in den Phantasien Percy F. Westermans und anderer britischer Autoren zwischen 1910 und 1914. Die Realität war weniger dramatisch und mehr defensiv.

Die kleine Insel 52 km vor dem deutschen Festland wurde 1890 nach einem Tausch mit England gegen afrikanisches Gebiet deutsch. Deutschland baute sie militärisch aus. Von der Insel konnte Artillerie den Kriegsschiffen Feuerschutz geben, die um sie herum fern ihrer Heimathäfen auf Manöver waren. Vor und im 2. Weltkrieg wurden diese Anlagen weiter ausgebaut, verbessert und modernisiert, besonders im Hinblick auf die Luftverteidigung.

Gegen Ende des Krieges fanden die Alliierten, man könne Helgoland nicht länger ignorieren; die ganz verbissenen Durchhalter könnten sich dort verschanzen und Seebewegungen in einem sonst bereits befriedeten Europa stören. Am 18. April 1945 wurde deshalb ein zerstörerischer Luftangriff mit 969 Bombern der RAF auf Helgoland geflogen. 1946-47 wurde alles, was an Festungsanlagen vorhanden war, von den Engländern gesprengt. (Versuche, die ganze Insel wegzubomben, mißlangen. Erst 1952 durften die Bewohner wieder auf die Insel zurückkehren.)

Oben: *Luftansicht Helgolands aus dem 1. Weltkrieg. Die deutsche Inselfestung hatte einen höchst bedrohlichen Ruf bei den britischen Matrosen und Fliegern. Die Geschützstellung, die auf S.130 gezeigt ist, scheint hier noch im Bau zu sein*

Unten: *Das Ende der Kanonen von S. 130*

Oben: *Die Lage von Helgoland in der Nordsee*

Unten: *Blick in die unterirdische Geschützstellung von S.130 im 1. Weltkrieg. Obwohl bereits elektrifiziert ist, hängen für alle Fälle noch Paraffin-Laternen von der Decke*

Fort Siloso, Singapur. Eine der Geschützstellungen (Kaliber 152 mm) mit Richtturm, Magazin und sonstigen Gebäuden

halb gegnerischer Reichweite war, konnte es keinen Zweifel daran geben – so die Doktrin –, daß die Royal Navy mit allen Kriegsschiffen und Transportern der französischen Invasionsstreitmacht schon fertig würde. Zusammen mit dem Bau neuer Schlachtschiffe wie der HMS *Warrior* und der Gründung einer freiwilligen Küstenwachtruppe an Land war dies ein klassisches Beispiel der Strategie der 3 F: Flotte-, Forts-, Feldarmee. Nun war es bekanntlich so, daß diese befürchtete französische Invasionsarmee tatsächlich niemals kam, was den Spitznamen "Palmerston's Follies" für die Anlagen von Portsmouth zur Folge hatte – nach dem damals regierenden Premierminister. Ihren tatsächlichen oder möglichen Abschreckungseffekt ohnehin völlig ignoriert hatten ihre Kritiker, die überdies der Meinung waren, Hafenverteidigungsanlagen müßten auf jeden Fall seewärts gerichtet sein. (Exakt die gegenteilige Argumentation wurde 1941/42 im nachhinein vorgebracht, als die Japaner den Marinestützpunkt Singapur im Landangriff erobert hatten.)

Eines der größten Probleme, dem sich die Militärarchitekten immer schon gegenübersahen, war die möglichst sichere Lagerung von Munition, d.h. so tief wie nur möglich im Untergrund, während andererseits die Geschützstellungen notwendigerweise so hoch wie möglich gelegen sein mußten. Die Entwicklung motorisierter Aufzüge half da, doch nach wie vor blieb der riskanteste Zeitraum für Gefahren und Komplikationen der des Nachladens, das immer länger dauerte als das Schießen selbst. Das traf ganz besonders zur Zeit der Vorderlader mit gezogenem Lauf zu; das ganze Geschütz mußte zurückgeschoben und unter die Schußschartenhöhe gesenkt werden.

Eine Lösung dafür war die versenkbare Lafette, auf der die Kanone heraufgefahren kam, schoß und wieder in der Versenkung verschwand. Damit war wirklich gesichert, daß sie dem Feind ein sehr wenig "faßbares" Ziel bot. Es war auch eine recht spektakuläre Lösung. In gewisser Weise könnte man sie als die Version für schwere Artillerie des schnellziehenden Pistolenschützen des Wilden Westens ansehen; obendrein mit kaum geringerer Zielsicherheit!

Aber zielsicher hin, zielsicher her; der entscheidende Nachteil der versenkbaren Lafette war natürlich, daß sie nur frontal geschützt war. Fallbomben aus Mörsern steil von oben machten sie dennoch verwundbar, ebenso die um 1880 entstehende Artillerie mit sehr großen Reichweiten (und dementsprechend steileren Flugbahnen). Damit war die versenkbare Lafette allenfalls noch für die Küstenverteidigung geeignet, bei der der Angreifer nur aus einer Richtung kam. Für Landforts, bei denen potentiell aus allen Richtungen mit Angriffen gerechnet werden mußte, nicht zuletzt auch mit Flankenbeschuß, war das etwas ganz anderes.

Es war der preußische Oberstleutnant Schumann, der als erster vorschlug, die versenkbaren Lafetten deshalb mit einem zusätzlichen gepanzerten Kuppeldach zu versehen, das mit der

SINGAPUR

Wie 1921 beschlossen, war Singapur ein Marinestützpunkt. Die dort stationierten Kriegsschiffe sollten jeden Angreifer ausschalten, lange bevor er in die Reichweite der Küstenbatterien gelangte. Diese waren ihrerseits sehr eindrucksvoll. Viele von ihnen ließen sich so drehen, daß sie auch Landungsangriffe auf die Insel bekämpfen konnten. Die Aufgabe der auf dem Stützpunkt stationierten Truppen und Luftstreitkräfte war in erster Linie die Kontrolle des Festlands. Sie waren nicht als Kampfarmee anzusehen. Doch dies war nicht von so wesentlicher Bedeutung, nachdem Frankreich Indochina besetzt hatte, die Niederlande Hinterindien, und Siam (Thailand) eine englandfreundliche Regierung besaß. Doch dann kamen am 11. Dezember 1941 die Japaner nach Indochina, Thailand und Malaya. Die US-Navy war ausgeschaltet und Singapurs eigene Kampfflotte vernichtet. Dies bedeutete zwangsläufig Niederlage und am 15. Februar kapitulierte Singapur.

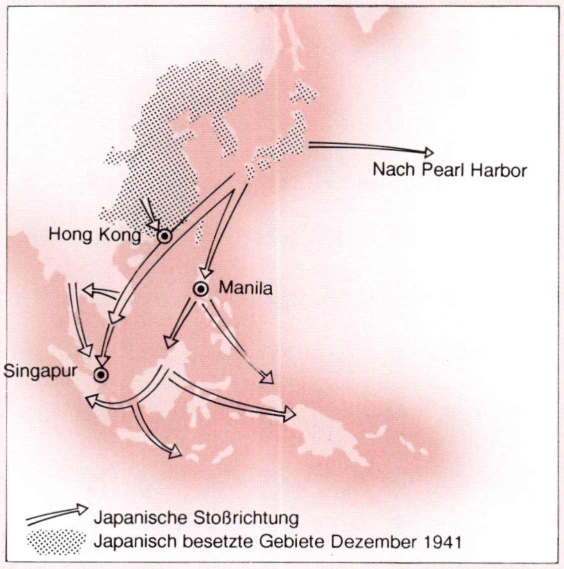

Oben: *Großaufnahme einer 15,2-cm-Stellung mit Zielturm und, im Hintergrund, dem Magazin-Eingang von Fort Silo an der Nordwestspitze der Singapur-Insel Sentosa. Die Kanone selbst ist ein 23,5-cm-Geschütz aus dem ebenfalls auf dieser Insel stehenden Fort Connaught. Sie stammt noch aus dem 1. Weltkrieg. Die britischen Artilleristen machten sie im letzten Augenblick funktionsuntüchtig, und die japanische Besatzung unternahm später keinen Versuch, sie wieder zu benützen. Ohnehin war auch von den 30 Schuß Munition für jedes dieser Geschütze nichts mehr vorhanden. Die Japaner kamen auch nicht mehr dazu, diese Kanone wie die meisten anderen zu zerstören*
Links: *Die Karte zeigt die strategische Lage von Singapur – eine strategische Falle, sobald das umliegende Hinter-indien ganz von gegnerischen Streitkräften besetzt war*

Lafette auf und ab fuhr und die Stellung also auch im eingefahrenen Zustand schützte.
Zeitgenössische Befürworter dieser Idee waren u.a. die Herren Mougin von der französischen Munitionsfabrik St. Chamond und Hermann Gruson von Krupp. Und tatsächlich wurden die schirmartigen Kuppeln vertikal beweglicher Geschütztürme große Mode in der Militärarchitektur.
Und mit der Wiedereinführung der Hinterladergeschütze mußten die Kuppeln nicht einmal mehr einfahrbar sein. Bei einigen Typen sah das Kanonenrohr nun gerade noch mit der Mündung aus einer Konstruktion von der Form einer stählernen umgekippten, rundumbeweglichen Untertasse hervor, und war auch so hoch visierbar, wie es zu der Zeit überhaupt für Geschütze ging. In welche Richtung es auch manövriert wurde, stets blieb der Rand der "Untertasse" unter einem Schutzschild oder Glacis von 2,5 m dickem Beton, über dem meistens zudem noch 3 m Erde aufgeschüttet waren.
Die Magazine, Lagerräume, Werkstätten und Unterkünfte waren alle weit unten direkt aus dem Felsgestein gesprengt und durch Tunnels miteinander verbunden. Alles spielte sich im Untergrund ab. Dies war mittlerweile mit Hilfe der elektrischen Beleuchtung auch kein Problem mehr. Den Strom dafür – ebenso wie für alle erforderlichen Maschinen – erzeugten eigene Generatoren. Sobald ein solches Bunkersystem einmal von Gras und Büschen überwachsen war, waren allenfalls noch die niedrigen Kuppeln, die Luftschächte oder ein gelegentlicher Schießstand sowie eine solide Tür für Infanterie-Gegenangriffe inmitten eines künstlich aussehenden Grabenvierecks erkennbare Anzeichen von Militärarchitektur an dieser Stelle. Und allenfalls direkte Volltreffer konnten solchen kleinen, schwierigen Zielen noch irgend etwas anhaben.
In vermuteter absoluter Sicherheit hinter ihren ausgedehnten Grenzbefestigungen konnten die Industrienationen so den Rest ihrer Kriegsmaschinerien aufbauen und ihre Armeen und Stützpunkte ausrüsten. Der Gesamtbestand an Material, Munition und Nachschub sowie Verstärkungen und Ablösungen – einst in den Verliesen und Räumen der einzelnen mittelalterlichen Burgen konzentriert – war nun über ihre ganzen Staatsgebiete verteilt und machte so Festungen aus ganzen Ländern. Auf diese Weise bereitete sich das industrielle Zeitalter auf seine zwei Weltkriege und die sonstigen, noch länger dauernden Konflikte vor.

Die U-Bootwerft Germania in Kiel. Der sichtbare Name Krupp dokumentiert auch hier, daß diese Firma zeitweise fast identisch mit deutscher Rüstungsproduktion war

DIE MAGINOTLINIE

Das "beste aller Verteidigungssysteme" kam überhaupt nicht zur Wirksamkeit, als die überlegte Strategie der deutschen Armee es links liegen ließ

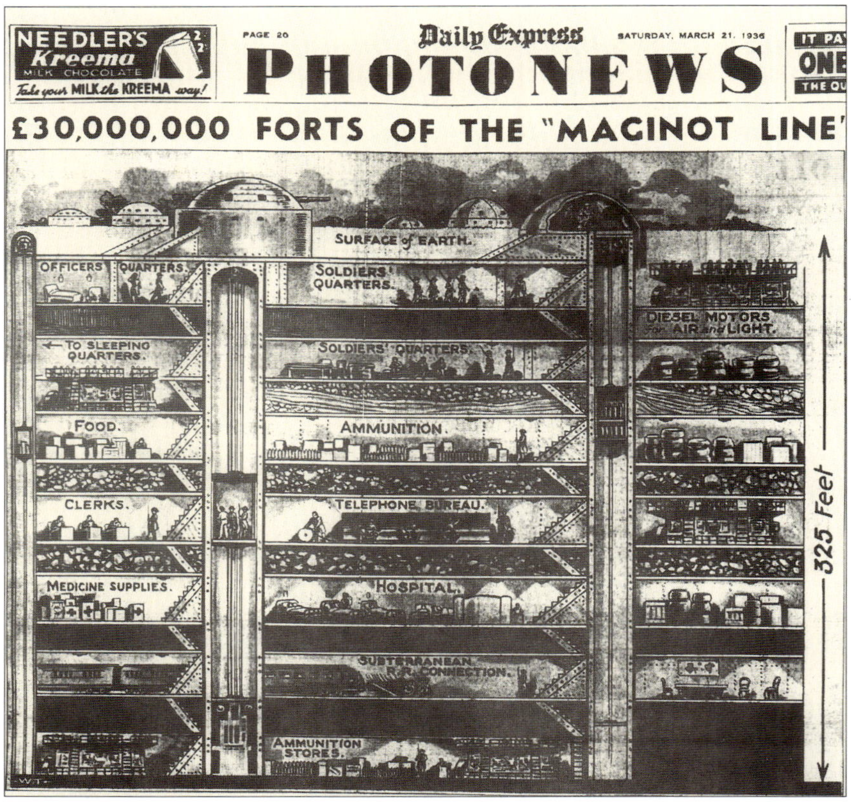

La *Ligne de Maginot* sollte Frankreich statt mit Blut mit Mauerwerk verteidigen. Das Projekt war im Dezember 1925 von Marschall Pétain, dem ruhmreichen Verteidiger von Verdun, angeregt worden, doch sein Hauptbefürworter war André Maginot, der im November 1929 französischer Kriegsminister wurde.

Die Maginotlinie bestand aus einer Serie von *ouvrages* ("Werken"). Das Kernstück eines jeden einzelnen war ein zementiertes Labyrinth von Tunnels und Kammern im soliden felsigen Untergrund. In Sicherheit, weit unter der Durchschlagsmöglichkeit auch der größten Bomben und Granaten, befanden sich dort die Magazine und Lager, die Kraftwerke und Generatoren, Hauptquartiere und Gefechtsstände, Lazarette und Unterkünfte für jeweils bis zu 1 200 Mann, die mit allem Erforderlichen ausgerüstet waren. Ganz oben an der Oberfläche, versorgt durch Munitionsaufzüge und geleitet von separaten Kommandoständen, die ihre Berichte von Beobachterbunkern erhielten, befanden sich die stählernen Geschützkuppeln, die ihrerseits in Glacis von verstärktem Beton ruhten. Die größten maßen 4 m im Durchmesser und waren mit einem 77-mm-Geschütz von 12 km Reichweite bestückt. Es gab auch 135-mm-Mörser, die 21 kg schwere Granaten 5,6 km weit schießen konnten, und außerdem ein ganzes Arsenal leichterer Waffen.

Die größten *ouvrages* bestanden aus zwei Blocks für Infanterie und Artillerie, jeweils mit den leichteren bzw. schwereren Kalibern. Sie lagen bis zu 2,5 km auseinander, waren aber dennoch durch eine elektrische Bahn im Untergrund miteinander verbunden, die auch direkt bis zu den jeweiligen Eingängen führte, von wo aus Menschen und Material hinter die Front transportiert wurden. Auch diese Eingänge waren jedoch durch gepanzerte Tore, MG-Schießscharten und

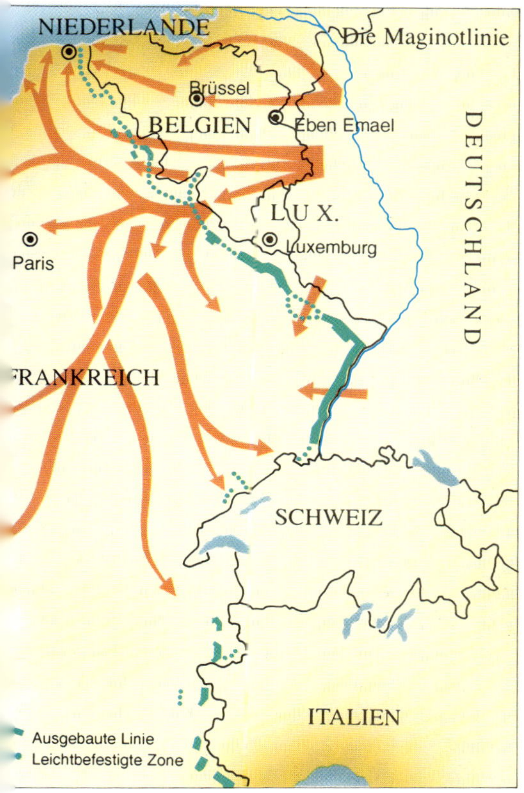

falsche Zugänge gut geschützt und gesichert. Drinnen gab es in regelmäßigen Abständen entlang der Zugangstunnels Kampfstationen und Minensperren gegen nichtsahnende Eindringlinge, während die Verteidiger ihre eigenen Flucht- und Rückzugstunnels hatten. Überall waren feuer- und gassichere Türen und mit Gasfiltern versehene Luft- und Abluftschächte.

Vor den *ouvrages* gab es eine Linie zweistöckiger Kasematten, die unten mit Panzer-Abwehrkanonen und oben mit leichteren Waffen bestückt waren, beide kleinere Versionen der großen unterirdischen Forts. Ihre oberen sichtbaren Teile waren von panzerabwehrenden Gräben mit zusätzlichen Hindernissen gegen Fahrzeug- und Truppenvormarsch umgeben (vertikale Pfosten – sog. "Spargel" –, Stacheldrahtverhaue, Sprengfallen und Minen).

Ganz links: *So stellte man sich in der Öffentlichkeit die Maginotlinie vor, wobei die vielen Kuppeln oben ein geschlossenes System suggerierten*
Links: *Die Karte zeigt, wie lückenhaft die Maginotlinie tatsächlich war, und das Foto* ***oben****, wie spartanisch und trist im Inneren (Hackenberg). Touristen können heute den noch funktionierenden 135-mm-Geschützturm von Hackenberg, Block 9, besichtigen* ***(S. 146 unten)****.*
Dezember 1944: Amerikaner mit Bewohnern des Dorfes Frohmond ***(unten)****, die in einem Bunker der Maginotlinie den deutschen Rückzug abgewartet hatten*

Etwa 5 km vor diesen Kasematten standen die "Blockhäuser" (die allerdings nicht etwa aus Holz waren, sondern aus Eisenbeton gemauert). Sie waren die Vorposten der Hauptlinie und Kasematten, mit Panzerabwehrkanonen und automatischen Waffen ausgerüstet und jedes einzelne war mit seinen 30 Mann Besatzung zum eigenständigen Abwehrkampf imstande.

Vor ihnen lag in nur noch 2 km Entfernung die deutsche Grenze. Jede Straßen- und Wegeverbindung bis dorthin war zur Sprengung vorbereitet, jede Brücke an der Grenze selbst unter Feuerschutz von einem befestigten Haus aus. Jede Befestigung konnte von benachbarten Stellungen aus direkt beschossen werden, ohne daß ihr dies etwas anhaben konnte, während der darauf anstürmende Gegner davon unter schwersten Beschuß geriet. Und falls es den Angreifern dennoch gelingen sollte, diese vorderste Front der Maginotlinie zu überrennen, würden sie dahinter von der Feldarmee abgefangen, und die mobilen Flakstellungen und die Luftstreitkräfte konnten sich mit dem aus der Luft kommenden Feind befassen.

Es war nie beabsichtigt, daß die Maginotlinie eine durchgehende, lückenlose Anlage sein sollte. Sogar der Teil, der tatsächlich vollendet wurde, bestand in der geschilderten kompletten Form nur an zwei Sektoren: an den Abschnitten Rhin-Bas und Moselle sowie Moselle und Meurthe-et-Moselle. Die anderen Abschnitte entlang der deutschen Grenze waren nur in lockerer Weise befestigt, was für ausreichend erachtet wurde, weil es sich dort ohnehin um bergige Gegenden handelte. Die belgische Grenze war aus einer Reihe von Gründen überhaupt nicht befestigt; die Belgier hatten allerdings ihre neue unterirdische Festung Eben-Emael an der beherrschenden Stelle des Albert-Kanals nördlich von Lüttich.

Und genau dort kamen die Deutschen dann wieder, als der Feldzug an der Westfront im Mai 1940 begann: durch die Ardennen und Holland. Sie ließen die Maginotlinie buchstäblich links liegen und umgingen sie. Sie mußte kapitulieren, obwohl fast alle *ouvrages* bis zum Waffenstillstand am 22. Juni 1940 allen Angriffen von vorne wie im Rücken standgehalten hatten.

OSCARSBORG

Wie effektiv Küstenbefestigungen tatsächlich sein können, demonstrierte die Festung Oscarsborg in Drobak über dem engsten Teil des Oslofjords. Die Norweger hatten in der Nacht vom 8. auf 9. April 1940 ihren Minenleger *Olaf Tryggvason* am Eingang des Fjords patrouillieren lassen. Er gab Alarm und eröffnete das Feuer auf eine Kriegsschiffsflottille, die ohne Passiergenehmigung erschien. Der deutsche Kreuzer *Emden* wurde getroffen und das Torpedoboot *Albatros* ging auf Grund. Dennoch drangen die Kreuzer *Blücher*, *Lützow* und *Emden*, zwei weitere Torpedoboote sowie 10 Minenräumboote in den Fjord ein – wurden allerdings dabei perfekte Zielscheiben für die Batterien und Land-Torpedostellungen auf Oscarsborg. Innerhalb Minuten flog die *Blücher*, mit 1 000 Mann Sturmtruppen an Bord, in die Luft und sank. Die *Lützow* zog sich mit den übrigen zurück. Allerdings nahmen die Deutschen Oslo noch am gleichen Tag ein, aber vor allem mit Hilfe ihrer Fallschirmjäger. Doch König Haakon VII. und die norwegischen Goldreserven waren inzwischen in Sicherheit. Oscarsborg hatte die Besetzung Norwegens nicht verhindern können, aber seine Existenz hatte ausreichend Zeit gewonnen, Norwegen letztlich als politische und wirtschaftliche Einheit zu erhalten.

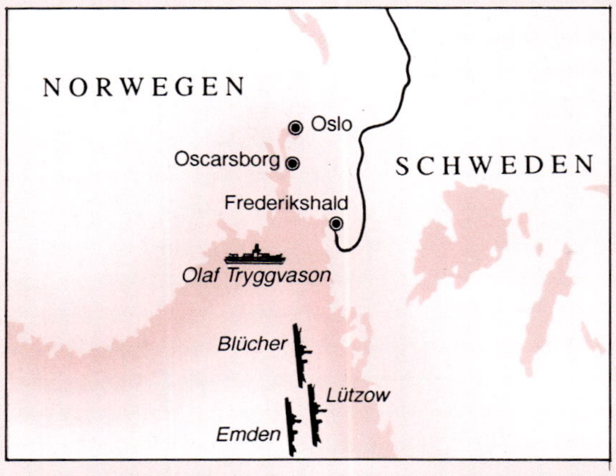

***Oben:** Oscarsborg. In der Engstelle wird die* Blücher *versenkt, die* Lützow *und die* Emden *werden schwer beschädigt*

DER KRIEG VON 1914/18

Die Ereignisse von 1914-18 und 1939-45 lassen sich historisch als eine zwar unterbrochene, aber geschlossene, zusammengehörende Periode von Feindseligkeiten ansehen; eine Periode, in der sich die Kriegsführung zunächst vom Bewegungs- zum Stellungskrieg veränderte und dann um so rapider zum Sturmlauf von Panzerfahrzeugen und Flugzeugen wurde. Forts spielten in Strategie und Taktik eine wesentliche Rolle, wenn es auch voreingenommene Ansichten und Bewertungen darüber, zunächst dafür und dann dagegen, gab.

Die Eröffnungsschachzüge an der Westfront betrafen die belgischen Forts. Der Zeitfaktor spielte eine entscheidende Rolle. Der deutsche Plan hing von dem erfolgreichen Gambit ab, mit dem Hauptteil der Streitmacht im Anfangsstadium rasch durch Belgien zu stoßen. Die Ironie dabei liegt darin, daß dieser Plan eine direkte Folge der beiderseits der deutsch-französischen Grenze existierenden rivalisierenden Festungslinien war. Sie waren von vergleichbarer Stärke, doch während die Franzosen sich einen entschlossenen Durchbruch vorstellten, um danach in einem Sturmlauf nach Berlin vorzustoßen, hatten die Deutschen beschlossen, die Franzosenlinien einfach von der Flanke her zu umgehen, um dann mit der Hauptstoßrichtung ihrer Armeen nach Westen, Süden und Osten vorzudringen, mit anderen Worten in den Rücken der Franzosen, und sie so aufzurollen und gegen den eigenen Abwehrgürtel am Rhein (dem "Westwall") zu drücken, wo sie dann vollends aufgerieben werden könnten. Dieser Plan setzte voraus, über Belgien zu kommen; friedlich, wenn es ging, und eben gewaltsam, wenn nicht. Letzteres bedeutete, daß die Lütticher Forts auszuschalten waren.

Die meisten Militärexperten hielten dies für nicht möglich.

Außenpositionen im Fort Loucin bei Lüttich in Belgien vor dem 1. Weltkrieg. Die Treppen führen von den Unterständen zu den Gefechtspositionen hinter den Schanzen, von wo aus mit kleinen Waffen gegen Angriffe gekämpft werden konnte

Zwar waren die Forts von Lüttich tatsächlich 1914 nicht mehr auf dem neuesten Stand und lagen auch einigermaßen exponiert, weil sie rund um verschanzte Zitadellen und vor allem eigentlich nur gegen Infanterieangriffe gebaut worden waren, umgeben von trockenen Gräben, in dreieckigem Grundriß und mit Kontereskarpen. Dennoch hielt man Bauten und Bewaffnung für imstande, selbst 21-cm-Haubitzen standzuhalten, damals das stärkste an Feldartillerie. Versuche hatten erwiesen, daß selbst dicht nebeneinander einschlagende Geschoßserien aus 900 m Abstand höchstens die Oberflächen zerstören konnten. Und übereinstimmende Ansicht war, mit dergleichen idealen Feuerbedingungen brauche man in der Realität nicht zu kalkulieren.

Ein Jahrzehnt zuvor allerdings hatten die Japaner bereits 28 cm-Haubitzen gegen die russischen Forts in Port Arthur an der mandschurischen Pazifikküste eingesetzt. Es handelte sich dabei um überzählige Schiffsgeschütze, deren 318 kg schwere Granaten mit Verzögerungssprengsätzen versehen waren, welche erst explodierten, nachdem sie Panzerungen durchschlagen hatten. Mit ihnen hatten die Japaner die noch im Hafen liegenden russischen Kriegsschiffe mit einem einzigen Bombardement an einem Tag versenkt. Die Zerschießung der Forts hatte immerhin mehr Zeit erfordert – vom 1. Oktober 1904 bis zum 2. Januar 1905. Und deshalb galt dies damals als Mißerfolg der Haubitzen.

Aus irgendeinem Grund zeigten sich damals von allen Militärbeobachtern beider Seiten allein die deutschen davon beeindruckt, daß die japanischen Granaten jedenfalls den russischen Beton durchschlagen und daß nachfolgende Verzögerungen bei der Einnahme der Forts andere Ursachen gehabt hatten. Konsequenterweise machten sich deutsche Artillerieexperten und Industrielle an die Entwicklung und den Bau einer "Geheimwaffe", die jedes beliebige Fort zusammenschießen könnte.

Am 2. August 1914 erbaten die Deutschen die Genehmigung

zum Durchmarsch Belgiens. Dies wurde erwartungsgemäß abgelehnt und also begann am 4. August der Krieg zwischen beiden Ländern. Und bereits am 7. August kapitulierte Lüttich vor dem Überraschungsangriff.

Die anderen Forts rund um Lüttich aber erfüllten die in sie gesetzten Erwartungen zunächst. Sie stoppten den deutschen Vormarsch durch das Maastal. Nur am Fort Barchon gelang es der deutschen 34. Division, freies, unverteidigtes Gelände zu nehmen und einen Direktangriff aus kurzer Entfernung zu führen. Die Besatzung stürmte auf die Schanzen heraus, um ihn abzuwehren, ohne der Tatsache gewahr zu sein, daß es einer Batterie von 7,7-cm- und 10,5-cm-Haubitzen der deutschen 27. Division gelungen war, hinter ihr in Stellung zu gehen. Dieser Beschuß in ihren ungeschützten Rücken ließ Fort Barchon keine andere Möglichkeit, als sich zu ergeben. Dafür hielten andere Forts weiter aus und brachten damit den präzisen Zeitablauf des Schlieffen-Plans durcheinander.

Doch schon war auch die *Dicke Berta* im Anmarsch, jene gewaltige 42-cm-Haubitze, die ihren Spitznamen angeblich der Krupp-Erbin Bertha (Tochter Friedrich Alfred Krupps, Ehefrau Gustav v. Bohlen und Halbachs) verdankte. Mit ihrem Gewicht von 42,5 Tonnen war sie aber auch als Feldartilleriegeschütz reichlich schwer zu manövrieren.

Am Abend des 12. August 1914 war sie in Stellung und begann ihre 1,15 Tonnen schweren Granaten über 9,4 km Entfernung hinweg mit großer Zielgenauigkeit zu verschießen. Schon die achte Granate erzielte die genaue Reichweite und am nächsten Tag war eine zweite *Dicke Berta* eingetroffen. Die Granaten durchschlugen nun Erdreich und Beton und explodierten erst im Inneren der Befestigungen. Sie schossen ganze Mauer- und Wallabschnitte weg und ließen die Geschützlafetten in die Luft fliegen. Kuppeln und Geschütztürme wurden untermi-

Links: *Einschlagstelle einer "Dicken Berta" im Fort Loucin in Belgien, 1914. Interessant ist, daß nicht die Panzerung, sondern nur der Beton gelitten hat. Die Kuppelöffnungsklappe oben ist nach wie vor fest verschlossen*

Unten: *Ansicht eines Teilstücks der sog. Hindenburglinie zwischen Arras und Cambrai mit Stacheldrahtverhau. Die Ruinen von Pronville im Hintergrund sehen harmlos aus, sind aber tatsächlich stark bewaffnete Stellungen*

niert, brachen ein oder fielen um und ihre exponierten Mechanismen wurden zerfetzt. Die pulverisierten Unterstände, eingefallenen Katakomben, die zudem mit erstickendem Giftrauch erfüllt waren, und die unter diesem nie erlebten Höllenfeuerbeschuß schier den Verstand verlierenden Besatzungen ließen keine andere Möglichkeit als die Kapitulation. Am 16. August kapitulierte dann auch das letzte der 11 Forts. Der Weg der siegreichen deutschen Armee durch Belgien war frei.
Es gab zwar noch weitere Forts in Namur, Maubeuge und Antwerpen, doch die *Kurze Marinekanonenbatterie Nr. 3* hatte inzwischen ihre volle Kampfstärke von vier *Dicken Bertas* und erledigte Namur als brauchbares Verteidigungszentrum am 26. August, gleich danach Maubeuge, und vom 4. bis 9. Oktober die Antwerpener Befestigungen; und am Tag darauf waren die deutschen Truppen in der Stadt.
Der deutsche Vormarsch wurde dann doch noch gestoppt; von "Befestigungsanlagen"; aber nicht den herkömmlichen; sondern von rein temporären und improvisierten, nämlich Linien aus Schützengräben, Unterständen und Stacheldrahtverhauen. Alliierte Gegenangriffe stießen alsbald auf gleichartige Gegen-Hindernisse, und es dauerte nicht lange, und man lag sich von der Schweiz bis zur Nordsee beiderseits hinter solchen Linien im Stellungskrieg gegenüber.
Die belgischen Befestigungen, obwohl buchstäblich überrannt, hatten dennoch etwas ganz Wesentliches und damit eines der traditionell wichtigsten Ergebnisse von Festungsanlagen erreicht: sie hatten den deutschen Vormarsch unwiederbringliche Zeit gekostet. Diese hatte ausgereicht, dem englischen Expeditionskorps die Ankunft an der Westfront zu ermöglichen, womit die deutschen Angriffsspitzen weiter verlangsamt wurden. Und dies war von Vorteil für das französische Oberkommando und bedeutete letztlich, daß der deutsche Angriff zum Stehen kam. Die belgischen Forts hatten durch den Zeitgewinn dazu beigetragen.
Eine noch längere Verzögerungsaktion vollbrachten die österreichisch-ungarischen Festungen rund um Przemysl am Anfang des San-Tals in den Karpaten, durch das der Weg ins russische Polen führte. Przemysl hinderte die Russen, jeglichen temporären Zeitgewinn auszunützen, den sie in den hin- und herwogenden Angriffen des Winters 1914/15 erzielten. Es stimmt zwar, daß sie mit der Weiterführung dieser Kämpfe zwischen dem 12. November 1914 und dem 22. März 1915 ihrerseits einen Geländegewinn der Österreicher auf ihrem Territorium verhinderten, aber der Preis war sehr hoch. Die Russen hatten am Ende an der ganzen Ostfront mindestens eine Viertelmillion Menschenverluste erlitten und dazu viel wertvolles, unersetzbares Kriegsmaterial verloren. Als sie am Ende Przemysl doch noch erobert hatten und sich anschickten, weiter durch die Karpaten vorzustoßen, hatten sie deshalb keine nennenswerten Mittel und Reserven mehr, um der unausweichlichen österreichisch-deutschen Gegenoffensive standzuhalten. Sie verloren Przemysl am 2. Juni 1915 wieder und wurden sogar aus Polen hinausgetrieben.

Österreichisch-ungarische Truppen nach der Wiedereinnahme von Przemysl im Juni 1915.
In der Mitte eine offene Kuppel, daneben aber deutlich sichtbar, daß auch hier der Beton durch den Beschuß mehr in Mitleidenschaft gezogen wurde als der praktisch unversehrte Stahl der Panzerungen

Und noch deutlicher war die Bedeutung der Verteidigungsanlagen in Verdun nahe der französischen Grenze. Insgesamt 60 Forts und *ouvrages* waren dort zwischen 1874 und 1914 gebaut und auch regelmäßig auf den neuesten technischen Stand gebracht worden – weitaus mehr, als jemals für die belgischen Forts getan wurde. Außerdem waren die Forts von Verdun auch unvergleichlich günstiger positioniert und so angelegt, daß sie einander gegenseitig Artilleriefeuerschutz geben konnten. Wie sich aus den Baudaten logisch ergibt, waren sie zudem neueren Datums als jene, folglich auch von Anfang an moderner, stärker und widerstandsfähiger gebaut. In Belgien hatten die Fortbauer seinerzeit beispielsweise noch überhaupt keine Kenntnisse über die Eigenheiten des Betons gehabt. Sie hatten ihn etappenweise gegossen und dazwischen die einzelnen Lagen immer wieder härten lassen, was Schwachstellen an diesen Schichtgrenzen ergab, die für Bruch bei Belastung besonders anfällig waren. Obendrein hatte man damals noch keinen Stahl- oder sonst verstärkten Beton gekannt. Und schließlich waren die Lütticher Forts sehr schlecht belüftet, und man hatte bei ihnen solchen Dingen wie der Wasserver- und -entsorgung wenig oder gar keine Aufmerksamkeit geschenkt.

Die Forts von Verdun hingegen waren mit zwei Lagen verbesserten, verstärkten und dazwischen mit Sand verfüllten Betons gemauert, was ihnen eine Gesamtmauerdicke von 2,6 m gab, über der noch bis zu 5,5 m Erde lagen. Die Geschützkuppeln

EBEN-EMAEL

Das belgische Fort Eben-Emael wurde in den 30er Jahren über dem Albert-Kanal erbaut, sowohl als Panzersperre wie als Sicherung der Wasserstraße, die sich von Lüttich aus 25 km lang bis Antwerpen erstreckt. Es war mit einem Panzerabwehr-Erdwall umgeben, hatte eine ungefähre Rauten-Grundform und war mit 16 Geschützen vom Kaliber 75 mm, fünf vom Kaliber 60 mm und zweien vom Kaliber 120 mm ausgerüstet, die teils in den Kasematten, teils auch als Einzel- oder Zwillingsstellungen in dreh- oder/und einfahrbaren Turmkuppeln standen. Es gab außerdem gepanzerte Stellungen für Granatwerfer, MGs und Suchscheinwerfer sowie alles, was zu einer unterirdischen Befestigungsanlage üblicherweise gehört, von den Unterkünften bis zu den Lagerräumen.

Am 10. Mai 1940 um 5.20 Uhr morgens begann die deutsche Armee ihren Westfeldzug. Die Luftlandetruppen schalteten die Geschützkuppeln und Schießschartenstellungen mit Sprengladungen aus und erledigten den Rest mit Flammenwerfern. Trotz ihrer Verluste improvisierte die Garnison jedoch noch Barrikaden in den Tunnels und setzte ihren Widerstand nicht nur gegen die Luftlandetruppen, sondern auch gegen die Landtruppen fort, die versuchten, die Brükken über den Albert-Kanal zu überschreiten. Doch am nächsten Tag, dem 11. Mai mittags, mußte Eben-Emael, nachdem die deutschen Angreifer noch Verstärkung erhalten hatten, sich dann doch ergeben.

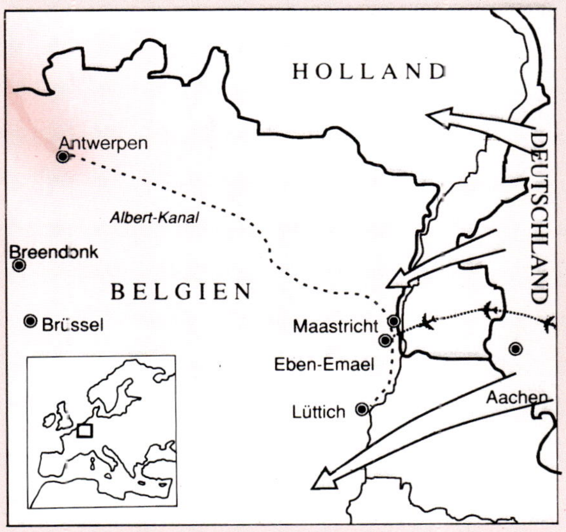

Die Brücken über den Albert-Kanal waren für den deutschen Vormarsch 1940 von entscheidender Bedeutung

Nach der Einnahme des Forts im Mai 1940 werden Eben-Emael und das Kanalufer repariert

DER ATLANTIKWALL

Die "Festung Europa", beabsichtigt als unüberwindliche Abwehr der gemeinsamen alliierten Invasion

Bei der Planung der sogenannten "Festung Europa" gegen eine Invasion von See her verkündete die offizielle deutsche Propaganda, es handle sich um einen durchgehenden Abwehrwall vom Nordkap in Norwegen bis zur spanischen Grenze. Tatsächlich aber konzentrierte man sich lediglich auf lineare Befestigung, besonders um die wichtigsten Häfen und wahrscheinlichsten Landungsstrände.

Mit dem Bau war (wie schon beim Vorkriegs-"Westwall") die Organisation Todt (OT) beauftragt, eine Wehrmachtshilfs-Bautruppe, die anfangs vorwiegend aus deutschen Freiwilligen und dienstverpflichteten Baufirmen bestand, später aber in großer Zahl sog. Fremdarbeiter/Zwangsarbeitskräfte beschäftigte. Aber sie zog auch freiwillige Spezialisten aus dem gesamten besetzten Europa an, deren Gründe verschieden waren: Bewunderung Deutschlands, die sehr gute Bezahlung oder auch, daß sie alliierte Agenten waren, die auf diese Weise aus sonst verbotenen Gebieten berichten konnten.

Eine architektonische Besonderheit des Atlantikwalls war die Massivität der Bauten. Betonmauern und -dächer konnten bis zu 3,5 m dick sein. Ihre äußeren Dimensionen wurden noch vergrößert durch die Verwendung von Betonverkleidungen. Üblicherweise werden Verschalungen gebaut und mit Beton ausgegossen. Die Verschalung wird entfernt, sobald der Beton gehärtet ist. Doch das dauert seine Zeit und es konnte immer genau die Zeit sein, in der die Anglo-Amerikaner mit ihren Luftangriffen neue Schalengüsse zerstörten. Man arbeitete deshalb mit verhältnismäßig dünnen, vorgefertigten Betonplatten und -blökken, die rund um die Stahlskelette der Bunker gesetzt wurden, und goß die so entstandenen Hohlräume aus. Die Verschalungsblöcke blieben anschließend stehen und verstärkten die Wände zusätzlich. Außerdem hatten sie einen gewissen Kissen-Effekt vor der eigentlichen Baustruktur. Konkave Außenwände waren indessen ein Luxus, an den wegen des Zeitdrucks überhaupt nicht zu denken war.

Einige der Installationen bekamen floßartige Betonfundamente von beträchtlich größerer Grundfläche als die Baustruktur. Dies geschah, um der Gefahr vorzubeugen, daß die Bunker, die auf sehr lockerem Grund, etwa auf Küstensand, standen, sich infolge sehr nahe einschlagender Bomben oder Granaten neigten oder gar kippten, zumindest aber

***Oben:** Entgegen aller Propaganda war Nordwesteuropa keineswegs lückenlos vom Atlantikwall durchzogen. Nur Hafenzufahrten wurden befestigt, dies allerdings gut und sicher, speziell in Norwegen, am Pas de Calais und auf den Kanalinseln. Doch an vielen anderen Stellen blieb es bei Küsten- und Strandhindernissen für Fahrzeuge, Minen und Stellungen.*

***Unten:** Die Vorteile der "Betonfloßfundamente" auf lockerem Boden*

so aus der Balance gerieten, daß ihre Geschütze oder anderes Gerät danach nicht mehr funktionierten. Mit dem "Betonfloß" als Fundament detonierten verfehlte Volltreffer entweder über der Fundamenthöhe oder aber der Explosionsdruck verteilte sich, falls darunter, gleichmäßig.

Alle Kasematten, Bunker und Beobachtungstürme standen hinter einer Anzahl verschiedener Strandhindernisse, die das Durchkommen von Fahrzeugen aller Art verhindern sollten. Ihre Flanken waren durch Minenfelder, Stacheldraht, Schützenlöcher, Gräben und Infanteriestellungen gesichert.

Zu den Gründen, warum dieser Atlantikwall am berühmten D-Day, dem Invasionstag, verhältnismäßig rasch an einigen entscheidenden Stellen geknackt werden konnte, gehörte die mittlerweile mögliche Präzision des Feuers von See her und der Einsatz von Spezialpanzern, die Schneisen durch Minenfelder und Brücken über Gräben schlugen, Sprengladungen legten und mit Flammenwerfern gegen alles vorgingen, was verdächtig aussah. (Das für die Flammenwerfer verwendete Petroleumgel auf dem europäischen Kriegsschauplatz war eine dünne Mischung, die eine buschförmige Flamme ergab, deren Aussehen und Erscheinen allein oft schon ausreichte, den Gegner zum Rückzug zu veranlassen. Die Japaner im Pazifikkrieg waren da nicht so leicht zu veranlassen, sich zurückzuziehen oder sich zu ergeben, deshalb kam dort ein dickeres Gel zum Einsatz, das einen dünneren Flammenstrahl ergab, der direkt durch die Bunkerschlitze ins Innere gesprüht werden konnte und dort von sämtlichen Wänden zurückprallte und buchstäblich alles verbrannte, was in dem Raum war.)

Es ist eher unwahrscheinlich, daß die deutschen Besatzungen der Atlantikwallbunker auf den Kanalinseln derartig selbstmörderischen Widerstand geleistet hätten. Aber sie erwarteten ganz entschieden eine britische Invasion dort, schon weil dergleichen üblicherweise ja geschieht, wenn "die geheiligte Erde des Vaterlands" besetzt ist. Das Ergebnis war, daß die dortigen Bunker die perfektesten des ganzen Atlantikwalls waren – und die unversehrtesten blieben. Denn die Engländer ließen sich einfach nicht darauf ein und die Kanalinseln wurden buchstäblich aus dem Spiel gelassen. England konnte in aller Ruhe bis Kriegsende warten und sie dann kampf- und problemlos zurückfordern.

Oben: *Dieses deutsche Propagandafoto war angeblich am Atlantikwall aufgenommen worden. Aller Wahrscheinlichkeit nach aber stammt es von 1938*

Unten: *Symbolfoto für die "Festung Europa": 40,6-cm-Geschütz*

DIE MAUNSELL-FORTS

Von 1940-44 erlitten die britischen Geleitzüge ständig, vor allem in der Themsemündung, empfindliche Verluste durch deutsche Schnellboote, Flugzeuge und Unterwasserminen. Die Reaktion darauf war der Bau von sieben Flugabwehr-Forts in der Themsemündung und drei weiteren vor der des Mersey. Bemannt wurden sie teils von der Armee, teils von der Marine.
In der Royal Navy war man an die Schiffsverhältnisse gewöhnt: Kanonen oben über Magazinen, Maschinenraum und Unterkünften, Kommandostand, Radar und Funk in einem gesonderten Überbau dazwischen. Dementsprechend waren auch diese Marine-Forts konzipiert, nur eben in zylindrischen Baukörpern auf Stelzen im Wasser, die ihrerseits auf einem floßartigen Fundament standen. Die gesamte Konstruktion wurde in die Flußmündung in ihre vorgesehene Position hinausgeschleppt.
Bei der Armee war man traditionell an mehr Platz und an nicht so enge Anordnung des Geräts gewöhnt. Auch dies schlug sich folglich in der Konstruktion der Armee-Forts nieder: sieben achteckige, zweistöckige Häuser pro Fort, jedes auf vier Säulenbeinen. Alle sieben Einzelbauten wurden einzeln an ihren Standort geschleppt, in etwa 40 m Abstand in das Wasser gestellt und durch offene Laufstege etwa 15 m über dem Wasser miteinander verbunden.
Sowohl die Seeforts der Armee wie der Marine waren von dem Ingenieur G.A. Maunsell entworfen worden.

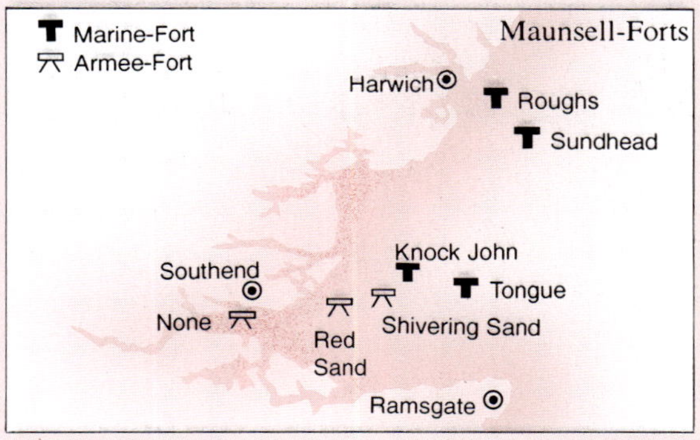

***Oben:** Ein militärischer Versorgungsschlepper legt am radar-bestückten Leuchtturm-Haus eines der Maunsell-Forts in der Themsemündung an. Auf den anderen Türmen stehen 40-mm-Bofors und drei 94-mm-Stellungen. Die weißen Flecken über den Türmen links und mitte sind Kriegszensor-Übermalungen. Dort befanden sich damals neueste elektronische Anlagen. 150 Offiziere und Mannschaften und waren rund um die Uhr und bei jedem Wetter auf Luftabwehr-Wacht. Die Seeforts von Armee und Marine schossen 22 Flugzeuge und 20 V-Waffen ab, versenkten ein Schnellboot und retteten alliierte Flieger*

waren aus 30 cm dickem Stahl (nicht nur Eisen!) und viele von ihnen waren einfahrbar, alle aber lafettenmontierte Kanonen entweder großen Kalibers oder verbesserter allgemeiner Leistung.

Sie hielten auf diese Weise sogar der *Dicken Berta* stand. Die Besatzung des Forts Douaumont (zweifellos des berühmtesten aller Forts von Verdun) erlebte es zu Beginn des Jahres 1915. Ganz gewiß war sie an dieser Erfahrung nicht sonderlich interessiert. Aber sie überlebte sie eben – wie auch Douaumont selbst es überstand.

Marschall Joffre, der französische Oberkommandierende, hatte von den belgischen Forts schon von Anfang an wenig gehalten. Auch die Vorstellung, tausende Soldaten "in diesen Zielscheiben und oft genug Todesfallen" zu stationieren, gefiel ihm nicht. Nach seiner Vorstellung waren Soldaten am besten draußen im Freien, oder zumindest in den nicht so sichtbaren Schützengräben. Dort nämlich bildeten sie eine "manövrierfähige (nämlich mobile) Masse" als Armee, mit der man geraden Weges nach Deutschland hineinmarschieren konnte. Nach seiner Ansicht war es nicht gut, daß sich irgend jemand eine Belagerungs- oder Verteidigungsmentalität zulegte. Also ordnete er an, die Forts von Verdun zu schleifen und ihre Besatzungen der Feldarmee zu überstellen.

Und tatsächlich befand sich bereits ein Sprengkommando in Douaumont, als die Deutschen am 21. Februar 1916 ihren ersten Großangriff an der Verdunfront begannen. Einer ihrer ersten Erfolge war die Einnahme des ansonsten völlig leeren Forts Douaumont. Die anderen Forts allerdings erwiesen sich als nicht so einfach zu erobern. Fort Vaux, ganze 3 km entfernt, fiel erst am 6./7. Juni, und schon einen Monat später war die deutsche Offensive zum Stillstand gekommen. Am 18. De-

Oben: *Hinter provisorischen Gabionen (erdgefüllten Schanz-Körben) als Beschußschutz in der vordersten Vorpostenfront vor der Maginotlinie sehen eingemummelte französische Posten im kalten Winter des Januar/Februar 1940 nach Deutschland hinüber (die Franzosen nannten den noch bis zum Mai ereignislosen Krieg an der Westfront "drôle de guerre", komischer/spaßiger Krieg)*

Unten: *In Erwartung der Invasion baute die deutsche Armee dieses kleine Strandhotel in Le Havre zu einer stahlbetonverstärkten Abwehrstellung aus. Nach ihrem Abzug am 12. September 1944 wurde das Haus darum herum durch Bombardierungen zerstört, doch bis heute blieb dieser Rest mit seiner Tarnbemalung und -beschriftung erhalten*

zember waren die beiden verlorenen Forts zurückerobert. Verdun war gehalten worden. Die Deutschen, die inzwischen fast eine halbe Million Mann Verluste erlitten hatten, hatten nicht weiter nach Frankreich eindringen können. Aber auch die Franzosen hatte es über eine halbe Million Gefallene, Verwundete und Vermißte gekostet. Und nicht die Forts selbst hatten Verdun gerettet, sondern die ständige sofortige Ergänzung der Verluste der Männer draußen in den Schützengräben vor den Forts, sobald andere ausgefallen waren.

Trotzdem waren die Forts natürlich starke Stützpunkte und Bollwerke gewesen, sichere Geschützbasen und Infanterieunterkünfte, von denen aus auch rasche Sanitätshilfe im Felde möglich war, wo die Schützengräbenlinien ihrerseits kleine feindliche Pionierkommandos daran hinderten, sich bis an die Forts vorzuarbeiten und dort an den Kuppeln, Kasematten und Eingängen Sprengladungen zu legen.

Das Ergebnis all der Feldwerke der Westfront damals war, daß sich zwei ziemlich gleichartige Befestigungslinien gegenüberstanden, von denen keine im frontalen Angriff genommen werden konnte, jedenfalls nicht ohne so große Verluste, daß es sich von selbst verbot. Wenn dieser Effekt also, wie sich zeigte, bereits mittels eiliger Bodenaushebungen und der Errichtung provisorischer Hindernisse zu erzielen war, mußte da nicht ihre Ausführung in dauerhaften, festen Bauten noch viel wirksamer sein?

Dieser Gedankengang führte zur deutschen "Hindenburglinie". Man hatte zwar keine Zeit, Festungen im Stil und in den Dimensionen vor 1914 zu bauen, aber immerhin legten die

Links: *Im 2. Weltkrieg gab es buchstäblich überall Befestigungen. Wie sie aussahen, hing von den örtlichen Verhältnissen ab. Hier gibt es eine deutsche Doppel-Feuerstellung in Jugoslawien.*

Oben: *Eine britische Verteidigungsstellung von 1940 bei Dover; ein sog. Typ 26 für fünf Mann und drei LMG wie das 7,7 mm Bren. Die Erosion seither hat ihr "Floß-Fundament" und den Unterbau freigelegt*

***Links:** Frankreich, Spätsommer 1944. Panzer und Infanterie kamen nicht durch diese betongefüllten und stacheldrahtbewehrten Sperrpflöcke, zumal diese zusätzlich mit Sprengladungen und Minen versetzt und unter direktem Feuer der Schützenstellungen in den Eckläden des Platzes lagen. Es dauerte jedoch nicht mehr lange, und die deutschen Kriegsgefangenen mußten ihre eigenen Sperren wieder wegräumen*

***Unten:** Übungsschießen des britischen Schlachtschiffs Rodney 1943 mit seinen 406-mm-Kanonen, die überaus wirksam gegen Küstenbefestigungen waren*

***Rechts:** Alte Eisenbahnschienen und ähnlicher Schrott-Stahl als Panzersperre in der Maginotlinie. Im Hintergrund eine Beobachtungskuppel über der dortigen Kasematte. (Es kann unterstellt werden, daß diese Sperre nicht auch vermint war, weil sich sonst der Fotograf schlecht hätte mitten hineinstellen können)*

***Unten:** September 1944. Einheiten des 39. Infanterieregiments der 9. US-Division (auf diesem Foto übermalte der Kriegszensor alle Divisionszeichen auf den Helmen weiß) brechen mit einem Sherman-Panzerbulldozer eine Bresche durch eine deutsche Panzersperre*

Deutschen zwischen dem 16. September 1916 und dem 23. Februar 1917 die, wie Hindenburg selbst sie taufte, *Siegfriedstellung* an. Ihr Nordende stieß an die Frontlinie bei der Höhe von Vimy und Arras und im Süden reichte sie bis St. Quentin und La Fère an der Aisne. Sie bestand als beabsichtigte Frontbegradigung aus einer Reihe parallel zur geplanten neuen Front laufenden Schützengräbenlinien und berücksichtigte alle Erfahrungen des modernen Stellungskriegs. Die Bauten waren stabil aus Holz, Sandsäcken und auch Betonverstärkungen angelegt. Front, zweite Linie und Reservegräben waren durch lotrechte Laufgänge verbunden und konnten als zusätzliche Verteidigungspositionen benützt werden, falls es dem Gegner gelang, den einen oder anderen Sektor der Frontline zu erobern. Weitere Verbindungsnetze gab es in regelmäßigen Abständen nach hinten zu den Unterständen für Hauptquartier, Funker und Melder, Unterkünfte, Küchen, Lazarette, Stromgeneratoren, Lager und Magazine. Diese Unterstände hatten Betondecken unter Bodenniveau, die von 1 m bis zu 7,5 m dick waren, alle durch Minenfelder ringsherum geschützt. Die Minen waren parallel verbunden. Sie konnten bei einem Rückzug vom letzten Mann mit Kabel oder Zündschnur gezündet werden.

Oben an der Oberfläche, offenbar ganz willkürlich verteilt, tatsächlich aber mit überlappenden und sich gegenseitig Feuerschutz gebenden Schußfeldern, gab es MG-Nester und Stellungen leichter Artillerie. (Ein System, das später auf allen tatsächlichen und potentiellen Schlachtfeldern des 2. Weltkriegs allgemein üblich wurde.)

Auf der anderen Seite der Alliierten gab es von 1915-17 ganz ähnliche Stellungen, wenn auch nirgends so komplex und

Unten: *North Front, Gibraltar. Flakstellung*

Ganz unten: *Bis heute ragt dieses deutsche Geschützrohr einer 15,2 cm-Batterie in Longues an der "Gold Beach" in der Normandie hinaus aufs Meer*

Rechts: *Chouet Tower auf Guernsey. Er gehörte zu der Kette von mit antennenbestückten Peil- und Beobachtungstürmen, mit denen die deutsche Besatzung die Schiffsbewegungen im Kanal observierte.*

nicht annähernd so stabil und dauerhaft. Das lag nicht zuletzt daran, daß es bei ihnen als moralisch unannehmbar galt, defensiv zu denken. Es galt als dem Defätismus zu nahe. Die alliierten Truppen hatten offensivbewußt zu sein. Nicht ganz ohne Grund, übrigens. Alles, was die Deutschen tun mußten, um den 1. Weltkrieg zu gewinnen, war, einfach da sitzen zu bleiben, wo sie waren. Ein französischer/belgischer Sieg konnte nur errungen werden, wenn man sie wieder aus dem Lande trieb. Und die englischen Streitkräfte waren dazu da, ihnen dabei zu helfen.
Anders als den Alliierten also, die nicht willens waren und sein konnten, noch mehr von ihrem eigenen Land preiszugeben, machte es den Deutschen nichts aus, sich ein wenig zurückzuziehen, wenn dies ihnen das Halten ihrer ungefähren Frontlinie erleichterte. Und genau das taten sie im Februar und März des Jahres 1917.
Die Hindenburglinie war keineswegs total undurchdringlich. Sie wurde auch mehrmals durchbrochen. Aber sie war doch ein sehr taugliches Mittel, Menschen und Material zu sparen und gleichzeitig einem allmählich ermattenden Gegner empfindliche Verluste zuzufügen.
Wie gesagt: wenn dergleichen mitten im drängenden Krieg, an

einer aktiven Kampffront, möglich war, um wieviel besser mußte also eine solche Befestigungslinie werden, wenn man sie in aller Ruhe in Friedenszeiten sorgfältig planen und bauen konnte!

Eben dies war die tragende Überlegung auch hinter den – tschechischen – Sudetenland-Befestigungen, die tatsächlich die deutschen Marschrouten in die Tschechoslowakei blockierten und Hitler deshalb zwangen, stattdessen die Münchner Krise von 1938 zu provozieren – ein Hasardtrick, der sich ihm auszahlte.

Und es war in gleicher Weise die tragende Überlegung hinter der Maginotlinie, die die deutschen Vormarschstraßen nach Frankreich blockierte, so daß die Deutschen auch diesmal wieder zu einer Flankenumgehung gezwungen waren, erneut mit dem Risiko, wie schon 1914, es mit den Armeen Hollands, Belgiens, Englands und Frankreichs zu tun zu bekommen. Noch einmal der gleiche Trick. Und noch einmal funktionierte er. (Auf deutscher Seite war ab 1938 der Maginotlinie der gleichartige "Westwall" von Aachen bis Basel gegenübergestellt worden. Zu Beginn des Krieges wurde er nicht gebraucht, an seinem Ende war er durch die inzwischen mobile Kampfführung und die Luftüberlegenheit der Alliierten nur noch von sehr begrenztem Wert.)

Und schließlich waren dieselben Überlegungen ebenso für den Atlantikwall maßgeblich. Dessen Zweck sollte es sein, eine alliierte Invasion im Nordwesten des europäischen Kontinents zu verhindern. Nur, diesmal funktionierte es nicht. 1944 reichte es nicht mehr aus, einfach nur Bunker, Geschützstellungen, Beobachtungsposten, MG-Nester und Soldatenunterstände gegen horizontalen oder fast horizontalen Beschuß von See her zu schützen. Sie mußten auch gegen Angriffe aus der Luft gefeit sein.

Links: *Die Ruinen von "Caesar" (Bunker Nr. 3 der Batterie Lindemann in Sangatte/Pas de Calais). Von hier aus wurden halbtonnenschwere Granaten mit einer Reichweite von 55 km über den Kanal hinweg abgefeuert*

"Caesar" während der Bauzeit. Deutlich sichtbar die Verschalungen, sowie die Abdeckung der Mündung des Geschützrohrs gegen die salzige Luft

Sechstes Kapitel

DIE SCHRUMPFENDE WELT

Nach 1945 schien es eine Weile lang so, als sei in der modernen Welt keinerlei Platz mehr für Befestigungsanlagen. Die traditionelle Küstenverteidigung hatte sich in der Tat überlebt. Es hatte keinen rechten Sinn mehr, Langstreckenartillerie auf 40 km entfernte Schlachtschiffe schießen zu lassen, nun, da die Großmächte nuklearbewaffnete Flugzeuge und Raketen besaßen, die eben diese Schlachtschiffe schon versenken konnten, kaum, daß sie den Hafen verlassen hatten, oder sogar noch im Hafen lagen, und obendrein auf der anderen Seite des Ozeans.
Und dennoch wurde trotz der Bedrohung des möglichen Weltuntergangs infolge von Krieg der Krieg nicht unmöglich. Seit 1945 gab es fast pausenlos irgendwo auf der Welt kriegerische Feindseligkeiten. Sie mochten sich Polizeiaktionen nennen oder Freiheitskampf oder Aufrechterhaltung von Gesetz und Ordnung, Bewahrung des Friedens, Bereitstellung militärischer Hilfe, Terrorismus oder Wiederherstellung der nationalen Souveränität, letztlich waren sie alle bewaffnete Konflikte, in denen alle existierenden Typen von Waffen verwendet wurden (mit Ausnahme der einen), einschließlich provisorischer und permanenter Befestigungen. In einigen Konflikten wurden sogar teilweise sehr alte Befestigungen wieder genützt.

In Schweden ist die Marine auch für die Küstenverteidigung zuständig. Dieser Geschützturm von 1970 hat eine 75-mm-Bestückung. Die meisten Anlagen dieser Art sind getarnt, der Kommandostand befindet sich in der gepanzerten Kuppel

DER NAHE OSTEN

Großbritannien war nach dem 1. Weltkrieg vom Völkerbund offiziell mit der Treuhänderschaft über Palästina betraut worden, das damit faktisch Teil des Britischen Empires wurde. Der Abzug der britischen Streitkräfte 1948 war das Signal für den offenen Konflikt, der am 15. Mai ausbrach. Der eben neu gegründete Staat Israel wurde von Ägypten, Jordanien und Syrien angegriffen, offiziell, um den bedrohten Palästinensern sowohl christlicher wie moslemischer Religion zu Hilfe zu kommen. Juden und Araber kämpften um die Herrschaft über die Altstadt von Jerusalem, zu der der Tempel gehörte, der Felsen Dom und die El-Akscha-Moschee. Die Arabische Legion war im Laufe dieses Kampfes gezwungen, sich der Deckung hinter den Zinnen der uralten Mauern der Stadt zu bedienen, um den jüdischen Belagerern standzuhalten, die die Neustadt hielten und die dort aber ihrerseits durch die arabisch-ägyptische Armee abgeschnitten waren. Die Arabische Legion erkämpfte sich zwar am 28. Mai die Kontrolle über die

Links: *Ein deutscher Techniker bei der Vorbereitung eines V2-Abschusses von einer mobilen Startrampe. 1 371 dieser einstufigen Flüssigkeitsraketen fielen 1944 auf London und Antwerpen ab*

Unten: *Radarinstallation für die "Schlacht um England" bei Poling in Sussex. Die Sendeantennen hingen zwischen den Metall-Masten links, die für den Empfang zwischen den hölzernen rechts*

Altstadt, war aber nicht imstande, nach vorne aus- und in die Neustadt durch die israelische Front einzubrechen, welche erst am 11. Juni von ihrem eigenen Nachschub und ihren Verstärkungen erreicht wurde. Diese hatten sich ihren Weg über die einzige Straße von Tel Aviv her erst freikämpfen müssen. Allerdings war zumindest einiges an Nachschub in einer bescheidenen improvisierten Luftbrücke mit Militärmaschinen herangeflogen und abgeworfen worden.

Die Schlacht in der Stadt wurde vorwiegend mit Infanteriewaffen geführt, teils, weil die beteiligten Streitkräfte keine schwereren hatten, teils auch, weil solche, selbst wenn sie verfügbar gewesen wären, für Straßenkämpfe und solche um jedes Haus wenig geeignet waren. Schließlich gab es noch einen dritten Grund. Beide Seiten wollten das ganze, aber unzerstörte Jerusalem haben. Im folgenden Waffenstillstand wurde Jerusalem dann offiziell zwischen beiden beteiligten Seiten aufgeteilt.

Am 5. Juni 1967 begann der sog. Sechstagekrieg. Mit Handgranaten und automatischen Waffen ausgerüstete israelische Infanterie, unterstützt von Artillerie, Panzern und Aufklärungsfahrzeugen, überrannte eine Reihe jordanischer Feldwerke, Bunker und Stacheldrahtsperren. In der folgenden Nacht drang sie bis in die Vorstädte Jerusalems vor, doch hartnäckiger Widerstand verhinderte bis zum Morgengrauen des 6. Juni ihr Eindringen in die Altstadt. Die alte Mauer bewies hier ihre Stärke sogar gegen die modernen Infanteriewaffen, und die Arabische Legion machte sehr geschickt Gebrauch von den Brustwehren und Zinnen. Rückstoßfreie Artillerie und Panzer wurden vom Nordosten und über die Zufahrtsstraßen der Stadt herangeführt. Der Mauerumgang strotzte bald vor Geschützen und automatischen Waffen, die das Stefanstor beharkten, aber pedantisch darauf achteten, nicht etwa einen der Heiligen Orte zu treffen und zu beschädigen. Doch am frühen Morgen brach ein israelischer Panzerspähwagen durch dieses Stefanstor, und die nachfolgende Infanterie erledigte die letzten arabischen Widerstandsnester in der Altstadt Jerusalems.

Weitere israelische Streitkräfte waren inzwischen über den Jordan ostwärts und im Südwesten bis zum Suezkanal vorgestoßen. Unabhängig von der politischen Bedeutung der Eroberung dieses Gebiets bestand ein vordringliches militärisches Ziel Israels in der Eroberung verteidigungsfähiger Grenzen.

Unten: *Der Schrott, den moderne Schlachten hinterlassen: zerschossene ägyptische Panzer nach dem Sechstagekrieg 1967*
Rechts: *Der Lohn des Sieges: Israels Generalstabschef Yitzhak Rabin, General Moshe Dajan und General Uzi Narkiss durchschreiten Jerusalem*

Später gab es "Regelungen" – ein Euphemismus für die sich lange hinziehende Folgezeit offener Feindseligkeiten und zäher diplomatischer Verhandlungen. Die bedeutendsten waren die Rückgabe der Sinai-Halbinsel an Ägypten bis auf einen Streifen entlang der Sinai-Wüste, der bis heute die Grenze Israels darstellt, zusammen mit dem Jordan und den Golanhöhen im Norden. Alle diese Grenzen sind verhältnismäßig leicht zu verteidigen, speziell, wenn sie mit einem ständig gewarteten und modernisierten "Verteidigungswall" offener Feldwerke aus Fertigbauteilen und Landminen, bestückt mit Beobachtungs-/Überwachungsgerät, und zusätzlich mit mobilen Land-, See- und Lufttruppen gesichert werden. Für eine tiefgestaffelte Verteidigung ist Israel ein viel zu kleines Land. Sie wäre auch eine international nicht akzeptable Politik, weil sie ohnehin vor allem zu Lasten der Nachbarstaaten ginge. Also machte die israelische Strategie aus ihrem gesamten Staatsgebiet eine Festung.

Nun können bekanntlich in jeden Wall Breschen geschlagen werden. Und genau das passierte im sogenannten Oktoberkrieg 1973, als die Ägypter die israelische "Bar-Lev"-Linie durchbrachen.

Lineare Verteidigungsanlagen dieser Art sind keineswegs automatisch ökonomisch, was den Menschenaufwand anlangt. Dies mußten auch die Franzosen zuletzt 1957 erfahren. Um die Infiltration von Insurgenten nach Algerien von Marokko und Tunesien her zu unterbinden, hatten sie die Grenzen 300 km lang landeinwärts ab der Küste mit ganzen Serien von mit Minenfeldern garnierten Stacheldrahtsperren verbarrikadiert. Parallele Militärstraßen für Armeepatrouillen dienten dazu, mit dem Rest aufzuräumen, dem es trotzdem gelungen war, durch diese Sperrlinie zu gelangen. Diese Aufgabe wurde zusätzlich durch elektrische Drahtsperren erleichtert, bei deren kleinster Berührung Alarm gemeldet wurde. Und dennoch erforderte diese Sperrlinie den Einsatz von nicht weniger als 150 000 Mann allein für die Garnisonen und die Patrouillen.

Allerdings war die Aktion auch erfolgreich, zumal sie noch durch Wüsten-Beobachtungspatrouillen aus der Luft und über diese sog. "Morice"-Linie hinaus unterstützt wurde. Gleichwohl behielt die algerische FLN *(Front de Libération Nationale)* das politische Übergewicht und erreichte am Ende ihr Ziel, nämlich die Unabhängigkeit von Frankreich.

Auch in der Küstenregion von Dhofar in Südarabien baute man 1973 auf die Wirkung einer ähnlichen Verteidigungslinie. Sie bestand aus zwei Abschnitten, der sog. "Hornbeam"- und der kleineren sog. "Damavand"-Linie, war insgesamt 30 km lang, wurde ebenfalls zusätzlich durch Luftpatrouillen gesichert, und unterband den Durchzug von munitionstransportierenden Kamelkarawanen für die Rebellen aus dem Jemen nach Oman völlig.

Die ausgedehnteste aller dieser militärischen Wüstenbarrieren gegen das Eindringen von Insurgenten indessen war der 3 000 km lange, 3 m dicke und 2,7 m hohe Steinwall durch die Westsahara, den marokkanische Truppen ab 1980 zur Abwehr der schnellen Vorstöße der von Algerien aus operierenden Polisario-Guerillas aufschütteten. Obwohl die Infiltranten gut ausgerüstet waren und über 36,5 Tonnen schwere Panzer vom Typ T 55 sowie Panzertransportwagen verfügten, hatten selbst diese Raupenfahrzeuge ihre Schwierigkeiten, über die Sperren der aufgeschütteten Felsbrocken zu gelangen. Für normale Radfahrzeuge waren sie sowieso schlicht unüberwindlich. Dazu kam, daß Radar und Bodensensoren selbst anrückende Fußtruppen meldeten. Jeder Polisario, der trotzdem durchkam, stand vor dem nächsten Wall, nämlich den mobilen marokkanischen Eingreifeinheiten. Es war ein ähnliches System wie einst die "Drives" der Briten im Burenkrieg aus Stacheldrahtlinien und dazwischenliegenden Blockhäusern. Polisarios, die zu weit entfernt von einer verfügbaren Patrouille eindrangen, wurden von marokkanischen Flugzeugen geortet und niedergemacht.

Steinwälle dieser Art sind ein sehr gutes Beispiel dafür, wie

Ein vietnamesischer Soldat hißt seine Fahne über Dien Bien Phu am 7. Mai 1954 um 17.30 Uhr. Doch selbst in diesem Moment des Sieges halten zwei seiner Kameraden aufmerksam Wache. Deutlich zu sehen sind die Stahlstanzplatten für die Wege- und Rollbahnbefestigungen auf schlechtem Gelände, die verrosteten Nissenhüttendächer über den Gräben, die ihrerseits mit Pfosten, Brettern und Steinen verstärkt waren, sowie der Stacheldraht. Rundherum sind im Hintergrund auch die Hügel zu erkennen, von denen aus die vietnamesische Artillerie auf die französischen Stellungen im Kessel herabfeuerte

selbst ganz einfache, "primitive" Befestigungs-/Abwehrlinien eigentlich in der gesamten Geschichte dazu dienten, mobile Feinde fernzuhalten. Alles, was für ihre Errichtung nötig war, waren menschliche Arbeitskraft und die örtlich verfügbaren Materialien; außerdem kam es allenfalls darauf an, daß die Verteidiger anschließend imstande waren, damit für sie günstige Schlachtfelder ihrer eigenen Wahl zu programmieren und auch rasch dorthin zu gelangen.

VIETNAM

Etwas anderes ist es dort, wo das Gelände weder dem Verteidiger noch einem Angreifer Mobilität erlaubt. Dort ist dann meistens die bessere Strategie, einige wichtige Stellen zu befestigen, mit welchen man die einzige Verbindungslinie der Gegend kontrollieren und beherrschen kann. So machten es die Franzosen in Dien Bien Phu in Indochina. Dort stationierte General Castries 14 000 Mann in einem von Befestigungsanlagen mit sich überlappenden Schußfeldern umringten Tal. Der Munitionsnachschub geschah über zwei Flugplätze, in der sicheren Annahme, daß die Versorgung aus der Luft ungefährdet sei, weil die Guerillas ihrerseits über keine Luftstreitkräfte verfügten.

Nun war Dien Bien Phu allerdings ringsum von Bergen umsäumt. Und die Vietminh mochten keine Flugzeuge haben, aber sie hatten 200 Feldgeschütze und Mörser. Und für die 72 000 Mann des Generals Giap war das Gelände keineswegs unpassierbar. Am 13. März 1954 eröffnete die Vietminh-Artillerie von den Bergen herunter das Feuer in den Talkessel der Franzosen. Eine Stellung nach der anderen wurde zerschossen oder überrannt, ebenso die beiden Flugplätze. Die französischen Nachschubabwürfe als Ersatz konnten nicht mehr die volle Versorgung garantieren. Castries wurde immer

Ein heckwärts zu beladender Chinook-Hubschrauber (Boeing-Vertol CH 47) bringt Nachschub und Gerät (vor allem Stacheldraht) für eine US-Truppe im Vietnamkrieg in den 60er Jahren

enger eingekesselt, die Munition ging immer rascher zur Neige. Am 7. Mai 1954 fiel die letzte Stellung. 2 293 französische Soldaten waren gefallen, der Rest einschließlich der 5 000 Verwundeten marschierte in die Gefangenschaft.

Als danach die Amerikaner in den 60er Jahren ihren eigenen unglückseligen Vietnamkrieg führten, hatten sie durchaus die strategische Bedeutung erhöhter Positionen in dieser Art Kriegführung und Gelände begriffen. In Flachlandgegenden mußte man die Artillerie (üblicherweise selbststeuernde Raketengeschosse) natürlich auch auf ebenem Grund stationieren. Doch wo immer nur möglich, nutzte man Höhen für Feuerstellungen. Gelegentlich waren diese so unzugänglich, daß buchstäblich alles, sogar die schweren Geschütze selbst mit ihrem Gewicht bis zu zehn Tonnen und ihrem Kaliber 155 mm, nur von Hubschraubern antransportiert werden konnten. Die schwersten Lasten trugen dabei die Helikopter des Typs Sikorsky CH-54 Skycrane. Die häufigsten schweren Geschütze dafür waren allerdings die Haubitzen M-102 mit ihrem Kaliber 105 mm und einer Reichweite von 11,5 km. Sie wurden von den Hubschraubern des Typs Boeing-Vertol CH 47 Chinook eingeflogen, und zwar in feuerbereit montiertem Zustand und manchmal bereits, wenn die vorgesehene Stellung erst noch gesichert wurde.

Eine solche Stellung bestand aus bis zu sechs Haubitzen, von denen jede ihre eigene kreisrunde Umfassung bekam und so postiert wurde, daß sie ein Rundum-Schußfeld hatte. Jede Geschützmannschaft besaß ihren eigenen, balkengestützten, erdbedeckten und sandsackgeschützten Unterstand, ebenso wie die Kommandostäbe und Verbindungseinheiten in der Nähe. Der Beobachterstand war unvermeidlich am exponiertesten. Er wurde als Turm roh, aber so stabil wie nur möglich gezimmert. Jede Stellung war auch mit einfachen Lebensmitteldepots versehen und als Verbandsplatz ausgestatttet. Rundherum gab es bis zu 16 Infanteriestellungen, die jedoch wenig mehr waren als Schützenlöcher mit Sandsäcken, ausgerüstet mit rückstoßfreien Gewehren, MGs und Granatwerfern; zwei davon flankierten den einzigen Zugang durch den umgebenden Stacheldrahtverhau.

Verborgen im Dschungel selbst und vor und direkt hinter dem Stacheldraht waren Stolperdrähte und Minen ausgelegt. Die ganze unmittelbare Umgebung war abgeholzt und freigelegt und die weiter draußen liegenden Bäume mit Entlaubungschemikalien besprüht. Es war sehr typisch, daß diese Stützpunkte, ganz gleich in welcher Region, alle dick mit Staub bei Trokkenheit und tief mit Schlamm in der Regenzeit überzogen waren.

Doch trotz aller dieser Sicherungsmaßnahmen blieben diese Basen (genannt FSBs, *fire-support bases)* das Ziel regelmäßi-

Links: Anfang 1970. Ein Chinook bringt in schwerem Regen dem 4. Bataillon des 31. Infanterieregiments der 196. US-Brigade Nachschub an den Stützpunkt, den die Division westlich Tam Ky errichtet hat. Zu erkennen ist die innerste Stacheldrahtsperre, die verhindern soll, daß sich Vietkong in das Camp einschleichen

***Oben:** Mobile Kriegsführung im Atomzeitalter. Vietnamesische Panzer und Infanterie stoßen auf Saigon vor, das 1975 in Ho-Chi-Minh-Stadt umgetauft wurde*

***Unten:** Eine "Tunnelratte" während der Operation Cedar Falls 25 Meilen nördlich von Saigon im Januar 1967*

ger Vietkong-Attacken. Hand-Raketenwerferschüsse verursachten immer wieder Verwüstungen in den enggedrängten Stellungen, speziell während der Hubschrauber-Versorgungsanflüge. Tatsächlich hätten diese FSBs ohne die totale Luftüberlegenheit der Amerikaner überhaupt nicht existieren können; auch nicht, wenn sie Angriffen elektronischer Gegenmaßnahmen ausgesetzt gewesen wären.

Alles hing von den Funkverbindungen ab. Jede amerikanische Infanteriepatrouille, meilenweit im Dschungel, konnte sich plötzlich unter Hinterhaltbeschuß finden. Da halfen dann nur über Funk angeforderte und dirigierte einzelne Zieleinweisungsschüsse, bis schließlich die ganze Artillerie-Batterie im eigenen Stützpunkt den Feind genau und massiv unter Beschuß nehmen konnte. Eine ähnliche Technik wandten die FSBs selbst an, um ihre Nachbar-FSBs zum Abwehrbeschuß einzuweisen, wenn angreifende Vietkong der eigenen Position zu nahe waren, um sie selbst zu beschießen.

Diese ganze hochtechnisierte Kriegsführung stand in einem seltsamen und extremen Kontrast zu den unterirdischen Befestigungen, die die Vietkong bauten. Wo es der Boden nur zuließ, hoben aus Dorfbewohnern rekrutierte Arbeitsbrigaden mit Spaten, Cola-Dosen oder selbst den bloßen Händen ganze komplexe Tunnelsysteme aus. Der Aushub wurde weit entfernt abgelagert. In den Tunnels gab es dann Schlafgelegenheiten, Lebensmittel- und Munitionslager (was allerdings reichlich bombastische Bezeichnungen für vielleicht einen halben Sack nassen, schon modernden Reis und ein paar Magazine Gewehrpatronen waren). Aber jedenfalls lebten dort unten tatsächlich Männer und Frauen und kamen mit ihrer ärmlichen Ausrüstung (angereichert allenfalls durch das, was sie von den Amerikanern gestohlen oder aus von ihnen verlassenen Camps erbeutet hatten) wieder und wieder hervor, um Raketenangriffe und Überfälle aus dem Hinterhalt in Gegenden auszuführen, die vermeintlich und oft sogar schon mehrmals von ihnen "gesäubert" waren.

Der einzige Weg, sich solcher Tunnels und ihrer Insassen zu bemächtigen und zu entledigen, war, kleine Trupps kleingewachsener Soldaten in diese fast senkrecht nach unten führen-

Unten: *Lageplan einer Raketenbasis, wo einst die US-Kavallerie Ausritte aus ihren Frontier-Forts unternahm. (Der Raketenname "Minuteman" ist nach den Patrioten des Unabhängigkeitskriegs benannt*

Rechts: *Das NORAD-Hauptquartier unter den Cheyennebergen in Montana. Die Koordinaten auf der Wandkarte markieren keine Raketenstellungen, sondern lediglich geographische Punkte*

den engen Eingangslöcher kriechen zu lassen, wo sie, lediglich mit einer Pistole, einer Taschenlampe und einem Messer ausgerüstet, niemals wußten, wann sie etwa mit ihren Händen und Knien in die *Punji*, exkrementebeschmierte, vergiftete, angespitzte Holz- oder Bambuspflöcke, tappten, oder mit der Schulter unwissentlich an einen Draht gerieten, der eine Handgranate zündete, oder mit einer unvorsichtigen Bewegung des Kopfes an eine sorgfältig plazierte Schüssel mit giftigen Vipern oder Insekten stießen. Oder ob nicht der ganze Tunnel überhaupt eine Sackgasse war und plötzlich endete, so daß sie rückwärts wieder hinauskriechen mußten, wobei ihr Rückzug nun durch eine verborgene Falltür, durch die der Feind hereinkam, abgeschnitten wurde.

Es gab jedoch auch Tunnels, die in große Kammern mündeten, wo es einen Brunnen gab und einen Ofen (dessen Abzugsrauch weit abgeleitet wurde, ehe er nach oben ins Freie kam) und Latrinen und Verbandsplätze. Und von mindestens einer dieser Tunnelkammern weiß man, daß sie tatsächlich ein Fronttheater war; die Decken und Wände waren mit desinfektionsmittelimprägnierter amerikanischer Fallschirmseide ausgekleidet. Gelegentlich machten die Tunnels Bögen, so daß eine "Tunnelratte" (wie die Amerikaner ihre Hineinkriecher nannten) sich, wenn er wieder herauskam, plötzlich hinter den eigenen Kameraden wiederfand, die sich wartend um das Loch drängten, in das er zuvor eingestiegen war.

Die Prozedur, der die Amerikaner diesen Tunnels unterzogen, sobald sie sie entdeckt hatten, war stets die gleiche. Sie wurden gesprengt oder mit Gas ausgeräuchert – und wieder waren

GMT
LOCAL
NRINT

Jäger der Königlich Schwedischen Luftwaffe vom Typ Draken (Saab J-35) rollen aus ihren unterirdischen Bunkerhangars

100 m Tunnel zerstört – von insgesamt über 240 km Vietkongtunnels, von denen einige sich sogar direkt unter den größten Armeelagern der Amerikaner in Vietnam befanden. So primitiv sie auch gewesen sein mochten, sie erfüllten die gleiche Aufgabe wie Abwehrbollwerke zu allen Zeiten in der Geschichte: als Zuflucht und Operationsbasis.

BUNKER FÜR DEN "LETZTEN KONFLIKT"

In all diesen Konflikten (und auch in allen anderen seit 1945) hat die Befestigung immer noch eine Rolle gespielt, einmal mehr, einmal weniger, und sei es nur in Form zeitweiliger Bastionen aus Fertigteilen gewesen.
In keinem aber sind Atomwaffen eingesetzt worden. Diese blieben vielmehr bis jetzt, wie erschreckend und bedrohlich auch immer, in ihrem "Warteschlaf" tief unten in ihrer eigenen

Form von "Befestigungen". Die Atomraketen lagern in unterirdischen Silos, senkrechten Röhren, 25-50 m tief im Boden, rundherum der ganze für ihren Start notwendige Apparat. Oben auf der Erde ist davon nicht mehr zu sehen als eine umgestülpte, 8 m dicke Betonuntertasse mit einer kleinen Einstiegsklappe für Inspektion und Wartungsarbeiten; doch normalerweise ist der gesamte unterirdische Komplex unbemannt, obwohl die Raketen ständig vollgetankt und startbereit sind.

Der Abschußkommandostand, das *Flight Launch Control Center*, befindet sich in bis zu 5,5 km Entfernung, aber ebenfalls unterirdisch und so gebaut, daß er der Erschütterung unterirdischer Explosionen standhält. Sobald ein Abschußbefehl eingeht (und nach den diversen Sicherheitsprozeduren zu dessen Überprüfung hinsichtlich der vollständigen Autorisierung), setzen die beiden diensthabenden Offiziere den eigentlichen Abschußmechanismus des Raketenflugkörpers, für dessen

Schwedische 75-mm-Küstenverteidigungsstellung beim Übungsschießen. Bemerkenswert ist die Tarnform der Kuppel auf dem Hügel über der See, als handle es sich nur um einen natürlichen Felsen

Oben: *Schwedisches U-Boot vom Typ Nacken bei der Ausfahrt aus einem Bergbunker*

Links: *Übungs-Ausfahrt mit der Cruise Missile "Tomahawk". Wenn auch diese Mobilität die schiere Antithese zur statischen Befestigungsanlage darzustellen scheint, so haben diese Raketen doch den Bau von Atombunkern nach sich gezogen. Wenn sie nicht gerade auf der Straße herumgefahren werden, benötigen sie selbst massive "Militärarchitektur"*
Rechts: *Russische Rakete SS-20 auf einer mobilen Abschußrampe*

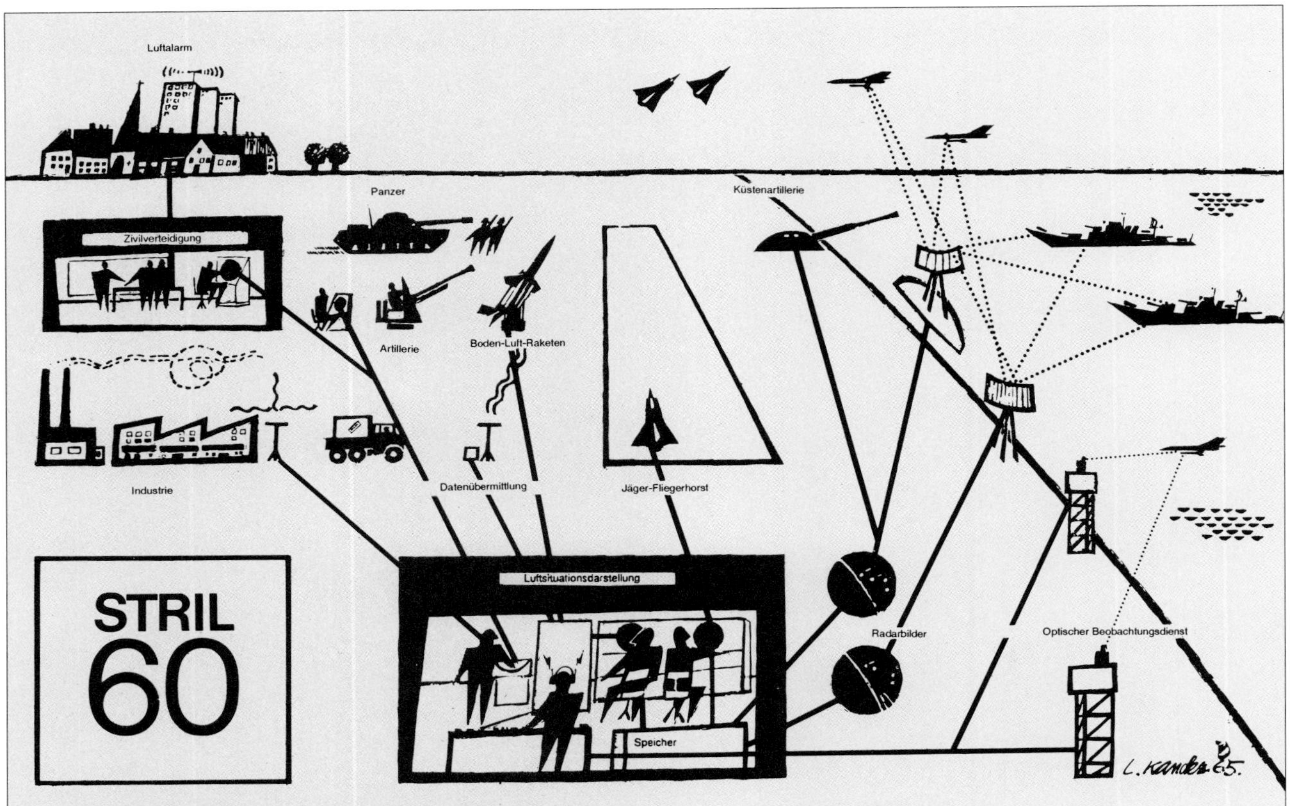

Das Luftüberwachungs- und Operationskontrollsystem STRIL-60:
Eine beträchtliche Anzahl Radarstationen sammelt Daten über die Luft- und Bodensituation, die über einen Speicher der Operationskontrolle zugehen. Diese entscheidet, mit welchen Mitteln der gegebenen Situation begegnet werden soll, und kontrolliert die computergesteuerten Waffen gegen das ausgewählte Ziel. Zur Vervollständigung des Bildes werden auch visuelle Beobachtungen mit eingespeichert und das Resultat (die "Luftverteidigungssituation") geht akustisch oder per Video an die anderen militärischen und zivilen Verteidigungsorgane; diese erstellen zusammen die Gesamtverteidigung des Landes

Kommando sie zuständig sind, in Gang. Oben öffnet sich automatisch das Abdecksegment, und binnen einer Minute steigt der "Vogel" mit 24 000 km/h Geschwindigkeit zu seiner nicht mehr zu stoppenden Reise ins All empor, um sich am auf sein 12 000 km entferntes Ziel hinabzustürzen.
Diese interkontinentalen ballistischen Raketen mit Atomsprengköpfen sind heute die Grenzmarken des globalen Schachbretts, auf dem konventionelle Kriege noch geführt werden können. Wer immer die Kombattanten solcher Kriege sind, professionelle Einsatztruppen oder Guerillaeinheiten, Massenarmeen Wehrpflichtiger oder selbst Garnisonsbesatzungen in traditionellen Festungsanlagen, sie alle müssen ihre Operationen bestimmten Regeln unterwerfen und bestimmten limitierten Zielen, die sich auch noch mit diplomatischen oder subversiven Mitteln erreichen lassen, falls diese sich als wirksamer erweisen. Diejenigen, die die Kriege leiten, wissen genau, daß sie, wenn sie die Regeln brechen und es zulassen, daß der Konflikt eskaliert, die ultimative Vergeltung riskieren, nämlich den irreversiblen globalen Holocaust, in dem auch sie selbst unweigerlich untergehen, zusammen mit all ihren Staatsbürgern und Streitkräften.
Für diesen Fall sind in fast allen Ländern der Erde für die Regierenden und ihre Handvoll Schutztruppen, Wissenschaftler und Minister unterirdische Bunker angelegt worden, damit sie auch hinterher über das, was übriggeblieben ist, regieren können. Diese Bunker sind buchstäblich undurchdringliche Zufluchtsorte mit technischen Anlagen, um ihre eigene Luft zu produzieren, manche sogar mit Apparaturen zur ständigen Wiederaufbereitung der eigenen Abfallprodukte.
Die normalen Bürger freilich bleiben entweder ihrem atomverseuchten Schicksal überlassen oder werden in ihren eigenen Privatbunkern, sofern sie sich damit versehen haben, Schutz suchen.
Dies alles ist natürlich rein hypothetisch und im buchstäblichen Sinne "futuristisch", wenn auch kaum mehr wie ein tatsächliches Projekt von der Art des SDI, *Strategic Defence Initiative*, das darin besteht, mit Hilfe elektronischen Geräts unsichtbare "Mauern" um ganze Kontinente zu ziehen, die automatisch einen abfangenden und zerstörenden Gegenangriff eigener Raketen auslösen sollen, sobald feindliche Raketen im Anflug sind. Im Vergleich dazu war eine "Grenzbarriere" wie die gefallene Berliner Mauer in ihren 29 Jahren Existenz in jeder Hinsicht weitaus realistischer; nämlich als Wall in doppelter Funktion: die braven Bürger des eigenen Landes sollten nicht hinausgelangen und der böse Feind nicht herein.
Es ist sicher nicht ohne eine gewisse Ironie der Geschichte, daß in der gegenwärtigen Zeit, die Regierungen fast überall, oft samt ihren militärischen Organisationen, sich zunehmend der Notwendigkeit gegenübersehen, ihre Gebäude gegen "Invasionen" aus mannigfachen Gründen unzufriedener Bürger ihrer eigenen Länder zu schützen, ja zu "befestigen". Sie

***Seite 180:** Organisationsplan von STRIL-60, dem schwedischen Luftwaffen-Überwachungs-und Operationssystem. Alle eingehenden elektronischen und visuellen Daten gehen an die Kommandozentrale, wo sie in angemessene Reaktionen umgesetzt werden: als Startbefehl für Flugzeuge, als Schießbefehl an die Küstenartillerie, als Aufforderung an die Zivilbevölkerung, die Schutzräume aufzusuchen oder auch um festzustellen, daß das sich nähernde Flugzeug oder Schiff keine feindseligen Absichten hat. Letzteres kann mit einem einzigen Knopfdruck per direkter Anfrage geklärt werden. Allerdings muß es dann in Sekundenschnelle geschehen (einschließlich der Aktivierung der Gegenmaßnahmen), wenn es sich dabei um eine anfliegende unbemannte Rakete handelt*

***Links:** Kontrollraum einer Hochsicherheitsorganisation*

***Unten:** Überwachungs-Fernsehkamera für hausinterne Netze*

werden mit Mauern umgeben und diese auch noch mit Stacheldraht bespickt. Die Fenster sind aus Panzerglas oder durch stählerne Läden oder Blenden geschützt. Versteckte Augen beobachten jeden, der sich nähert, elektronische Geräte "filzen" ihn. Durchgangsschleusen öffnen sich nur, wenn der Computer die korrekte und passende Plastikkarte eingeschoben bekommen hat. Wachtposten stehen an jeder Ecke.

Diese Atmosphäre von Anspannung und Mißtrauen, dieses ständige Gegenwärtigsein des unerwünschten Eindringens hat sich mittlerweile auch schon auf die Privatsphäre vieler Leute in praktisch allen Ländern ausgebreitet. Viele Häuser sind längst "Privat-Festungen". Und in der Tat laufen viele Menschen heute Gefahr, oft bereits am Rande der Paranoia, sich in eine Belagerungsmentalität hineinzusteigern. Auch dies ist zweifellos eine Ironie der Geschichte: daß ausgerechnet in einem Zeitalter wie dem unseren – mit seiner globalen Freizügigkeit, mit der Möglichkeit, daß die Menschheit über die Grenzen ihres eigenen Planeten hinaus vorstoßen kann, in einer Zeit, in der die Möglichkeiten der Kommunikation die Welt zu einer einzigen Schicksalsgemeinschaft haben schrumpfen lassen – die Menschen sich zunehmend wieder in sich selbst zurückziehen. Als schlösse sich der Kreis zu den Anfängen. Die Welt schrumpft, und auch unsere Wohnungen und Köpfe verschließen sich zunehmend gegen Außenseiter und deren Ideen.

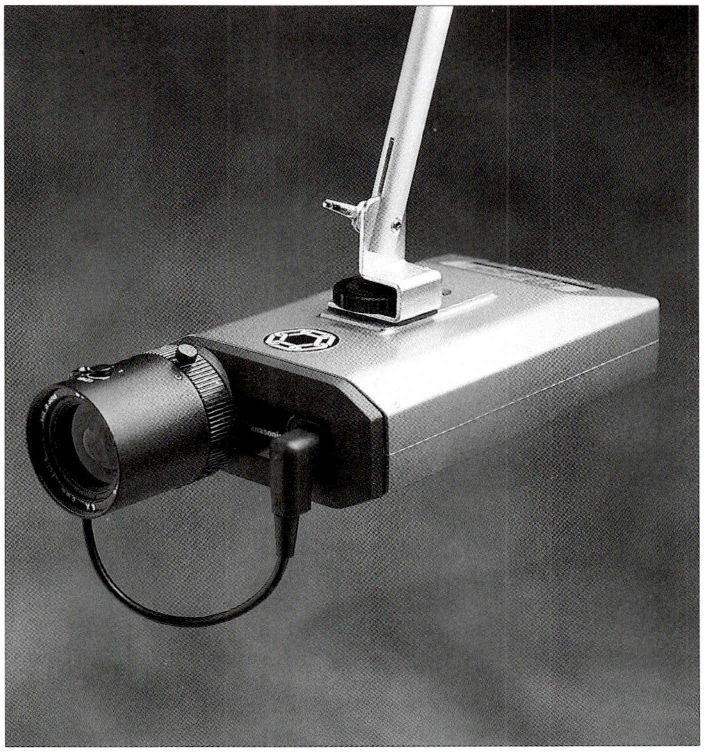

GLOSSAR

Agger *Eine römische Rampe aus Erde und Gestrüpp, verstärkt mit Baumstämmen*

Alcazaba *Bezeichnung für Burgen in Spanien nach arabischem Vorbild, aus grobem Beton mit viereckigen Türmen an jeder Ecke und einem gesicherten Tor (Alhambra in Granada)*

Alcazar *Urspr. befestigter arabischer Palast (*al kassr*, die Burg) für einen regionalen Militärbefehlshaber, auf Spanien begrenzt (bes. Sevilla und Toledo)*

Arradah *Indisches Katapultgeschütz*

Ausfallpforte/-pförtlein *➔ Poterne*

Außenmauer *Nichttragende Füll-, Zwischen-, Verbindungsmauer*

Außenwerk *➔ Vorwerk*

Bailey *➔ Ringgraben*

Ballista *(plur. Ballistae) Römisches Katapultgeschütz für Steine und Holzklötze oder -stämme gegen oder über feindliche Mauern*

Barbikane/Barbakane *Torzwinger: dem Tor vorgelagerte, halbrunde oder mehreckige zusätzliche Torsicherungsanlage, auch allgemein Außenwerk, Vorwerk, Brückenkopf, Wachtturm*

Bartizan *Erkertürmchen einer Burg*

Bastion *Aus der Umfassungslinie einer Festung vorspringendes Außenwerk/Vorwerk zur Beherrschung/Bestreichung des Hauptgrabens. Bei Burgen hatte die Funktion der Bastion der Flankierungsturm; ihr Vorläufer war das Bollwerk, die Rundbastion; später oft auch allgemein gebraucht für starke Verteidigungsstellung, wie ➔ Bollwerk und ➔ Schanze*

Bergfried/Burgfried *Frz.-fachl. ➔ Donjon, engl. ➔ Keep, der Hauptturm einer Burg als Beobachtungsturm und letzte Zuflucht, zeitweilig oder später auch ständig Wohnsitz der Burgherrn*

Blockhaus *Im engl. Sprachgebrauch nicht nur das Blockhaus der amerikanischen Pionierzeit aus Baumstämmen, sondern im weiteren Sinne jede rechteckige kleinere Verteidigungsanlage, vor allem, wenn hauptsächlich aus Holz gebaut*

Bollwerk *Rundbastion, oft auch allgemein gebraucht für starke Verteidigungsstellung*

Bonnett *Brustwehrkappe, auch freistehende Verteidigungsanlage der Vauban-Zeit vor einer Festung*

Broch *Die typischen nordbritischen/schottischen Rundtürme alter Zeit, als Zuflucht vor Sklavenhändlern und Überfallangreifern*

Brustwehr *Brusthohe Erdaufschüttung/Palisade/Mauer als Schützendeckung, meistens auch mit Zinnen bewehrt*

Burg *Historische Bauanlage mit der Doppelfunktion "Wohnen und Wehren"; nach der Form: Abschnitts-, Doppel-, Hausburg, Kastell, Randhaus-, Ring-, Ringmauer-, Schildmauer-, Turm-, Turmhügel-, Wasser-, Zweiturmburg; nach der Lage: Felsen- (Gipfel-, Grat-, Hang-, Höhen-, Sporn-), Nieder- (Hafen-, Insel-, Tal-, Ufer-) burg; in alter sächsisch-normannischer Form in England auch ➔* burh*, Ringwallanlage um Grenzstadt oder -siedlung*

Burh *➔ Burg*

Castellum *(plur. Castellae) lat. für kleines Lager, übertragen für röm. ➔ Bastionen und ➔ Reduits*

Castra *Lager, Außengarnisonen (übliche Plural-Form auch in der Einzahl, von Singular Castrum), die später zu befestigten Stützpunkten wurden*

Castra stativa *Ein nur halb-permanentes castra, das aber bereits mit Steinmauern befestigt war, mit ➔ Palisaden und ➔ castellae*

Charkh *Indisches , armbrustartiges Geschütz*

Circumvallatio *Auch eingedeutscht Circumvallation/Zirkumvallation, römischer Belagerungs-/Umfassungswall zur Verhinderung des Abzugs/von Ausfällen der Belagerten; ➔ Contravallatio*

Collachium *➔ Zitadelle*

Unten links: *Bad Godesberg am Rhein*
Unten rechts: *Burg Gravensteen in Gent/Belgien*

Contravallatio *Dtsch., Contravallation/Kontravallation, römischer Belagerungs-/Umfassungswall hinter ihnen, um Angriffe im Rücken durch feindliche Feld-/ Entsatzheere zu verhindern;*
➔ *Circumvallatio*

Cross-and-orb *Engl. Spezialausdruck für die Vertikal/Horizontal-Doppelschießscharten der Renaissance, sowohl für Bogen wie Armbrüste; deutsch nach ihren Formen auch Schlüsselbart-Schießscharten/Schlüsselscharten genannt*

Curti/Curticula *Durch* ➔ *Palisaden befestigte Höfe (8. Jh.)*

Donjon ➔ *Bergfried/Burgfried*

Fallgatter/-gitter *Herablaßbares Sperrgitter an Burgtoren*

Faschine *Reisiggeflecht für Befestigungsbauten*

Fire Support Base (FSB) *Amerikanische Artilleriestellungen in Vietnam zum Feuerschutz patrouillierender Infanterie im Dschungel, bestehend aus sechs erdwall-, sandsack- und holzgeschützten Haubitzen, mit Unterständen, Kommandoständen und Nachrichtenverbindungen, Lebensmittellagern und Verbandsplatzeinrichtungen, das Ganze umgeben von Stacheldrahtsperren und Minenfeldern*

Futtermauer *Stützmauer/Verkleidung/Einfassung/Verputz*

Gabionen *Erdgefüllte Körbe, Schanzkörbe*

Galerie *Verteidigungsgang in der inneren /äußeren Grabenböschung; später allg. für Wehrgang*

Gießerker, Senkscharte
➔ *Pechnase*

Glacis *Erdaufschüttung vor einem Festungsgraben, die keinen toten Winkel entstehen läßt*

Halbmond *Demi-Lune oder Lunette (frz.), auch Hornwerk genannt; freistehende, fast dreieckige, auf der Rückseite konkave Befestigungsanlage der Vauban-Zeit vor Pfeilspitzenbastionen*

Halbturm *(Schalenturm), nach außen aus der Mauer vorspringender, nach innen offener Turm*

Haltemauer ➔ *Futtermauer*

Hirojiro *Japan. militärischer Flachlandstützpunkt*

Howdah *Passagiersitzgerüst auf Elefanten*

Unten links: *Château d'If vor Marseille; die tatsächlich existierende Insel-Gefängnisfestung des fiktiven Grafen von Monte Christo*
Unten rechts: *Château von St. Malo in der Bretagne*

Hurde(ngalerie) *Nach außen vorragender hölzerner Verteidigungsgang, häufig verbunden mit dem Wehrgang; mit ähnlicher Funktion wie* ➔ *Maschikulis*

Jamajiro *Japan. militärischer Hochlandstützpunkt*

Karronade *Eine Art Haubitze*

Kartätschen *Mit Bleikugeln schrotartig gefülltes Artilleriegeschütz/-geschoß*

Kasematte(n) *Bombensicherer Raum in Festungen*

Kastell *Regelmäßig rechteckige/ quadratische/polygonale Anlage mit Flankierungstürmen*

Keep (Shell Keep) ➔ *Bergfried/ Burgfried*

Killing-Ground *Engl. Spezialausdruck für einen Platz (hauptsächlich vor einer Burg), an welchem der Feind besonders offen und schutzlos den Waffen der Verteidiger ausgesetzt ist, mit nur geringen Chancen zu entkommen; eingeschränkter Wortsinn von "Schlachtfeld"*

Kaponniere *Laufgraben, Schießgrube, bombensicherer Gang in einer Festung*

Kontereskarpe *(frz. Contrescarpe) Gegenböschung, rückwärtige Grabenböschung*

Kofferdamm *Auch Fang-/Kastendamm, Caisson, Senkkasten für Bauarbeiten unter Wasser*

Kronwerk *Freistehende Bastion der Vauban-Zeit für zusätzliches freies Schußfeld nach vorne*

Kurtine *Mauer/Wall als Verbindung zweier Bastionen*

Limes *(Plur. Limites), röm. Grenzwall (Germanien, Britannien, Donaudelta)*

Manjaniq *Große indische Katapultwaffe*

Maschikulis, Maschikulierung/ -ation *Im Boden eines Wehrgangs, Gußlöcher zum Hinabschütten von Pech/Öl, Hinabwerfen von Steinen, Hinabschießen von Pfeilen; dtsch. zuweilen auch "Pechnasenkranz" oder "Fallschirme" genannt*

Meutriére *Schießscharte (frz.)*

Migdol *Kleine Forts der Ägypter*

Motte *Künstlich angelegter kegelförmiger Hügel, meist aus Grabenaushub aufgeschüttet und am Fuß mit* ➔ *Palisaden umgeben, auf dem meist* ➔ *Burgen oder burgartige Anlagen waren*

Motte-and-bailey *Engl. Spezialausdruck für die normannische Sonderform einer* ➔ *Motte in England: die Motte mit der Burg war von einem* ➔ *Bailey umgeben*

Multivallate *Bergfort mit mehreren parallelen Gräben und Verteidigungslinien. Waren es nur zwei oder eine Parallele, sprach man von Bivallate bzw. Univallate*

Musculus *Das lat.Wort für kleine Maus und "Seemaus"= Muschel. Schutzdach nach oben für burgstürmende Truppen (über den Kopf gehaltene Schilde) oder Mauern unterminierende Ingeni-*

Unten links: *Der Alkazar in Sevilla*
Unten rechts: *Die befestigte alte Cité von Carcassonne, Südfankreich*

eure/Pioniere (Lederdecken etc.); ➔ Testudo/-dines

Orillon(s) *Die "Zacken"- oder "Pfeilspitzen"-Bastionen, entweder rund oder spitzwinklig im Grundriß*

Pa(h) *Bergfort der Maoris in Neuseeland.*

Palas *Hauptwohngebäude einer ➔ Burg*

Palisade *Hindernis-, Abwehr-, Verteidigungs-, Schanzzaun aus Holzpfählen, meist mit kleinen Abständen gesetzt, damit durch sie das Schießen/Stechen nach außen möglich war*

Parados *Rückenwehr, -deckung, (Gegenteil: ➔ Parapett)*

Parallel-Sappen *Von Vauban entwickeltes System der Belagerungstechnik. Von einer ➔ Zirkumvallation aus laufen eine Anzahl Zickzackgräben auf die Festung zu, und von ihnen aus werden seitlich parallele Gräben gezogen. Die Angriffstruppen rücken in diesem System vor; es wird solange wiederholt, bis man nahe genug an der Mauer/Festung ist*

Parapett *Brustwehr, ➔ Parados*

Pechnase *Gießöffnung in einer Mauer für heißes Öl/Pech; Reihung von Pechnasen im Boden eines Wehrgangs: ➔ Maschikulis*

Petraria/ae *Großer Steinschleuderkatapult der Römer und im Mittelalter*

Poterne *Geheimer Ausgang in der Burg-/Stadtmauer, oft auch am Ende eines unterirdischen Ganges, daher auch Flucht-/Ausfallpforte/-pförtlein genannt, ursprünglich eigentlich nur als Fußgängerausgang, damit das große Tor nicht jedesmal geöffnet werden mußte*

Punji *(spr. "pandschi") von den Vietkong im Vietnamkrieg in Tunnels ausgesteckte angespitzte Holz- oder Bambuspflöcke, die mit Exkrementen beschmiert/vergiftet waren*

Ravelin *Vorschanze, Außenwerk einer Festung*

Redan *Flèche, Pfeilschanze eines Festungswerks*

Redoute *Geschlossenes Befestigungs-/Schanzwerk*

Reduit *Bombensichere Verteidigungsanlage im Kern einer Festung*

Ringgraben *Auch Burggraben, Wallgraben; großer freier Platz vor einer Burg mit Graben, Mauern, Schanzen, Motten usw.*

***Unten links:** Die Zitadelle von Kairo, gegründet von Saladin*
***Unten rechts:** Die spanische Festung Puerta Real auf den Philippinen*

Diente außer als Verteidigungsareal auch als Exerzier-, Parade- und Notlagerplatz

Rundbastion *Aus der Stadt-/Befestigungsmauer vorragendes rundes Verteidigungswerk aus ursprünglich befestigtem Erdreich, später selbst mit starker Mauer umgeben. Vorläufer: Mauerturm, Geschützturm; Weiterentwicklung: ➔ Bastion*

Schanze *Meistens Erdaufschüttung, manchmal auch aus Stein, als Verteidigungsstellung; zuweilen auch im allgemeinen Sinn für jede Verteidigungsanlage gebraucht (ähnlich wie ➔ Bollwerk und ➔ Bastion)*

Shell Keep *Nachträglich ummauerter (Holz-)Turm einer ➔ Motte*

Talus *Hinderniswall an einem abfallenden Hang vor einer ➔ Burg/Festung (von Talus, Böschung, Abdachung, Schräge)*

Testudo/-dines *Lat. Wort für Schildkröte, ähnlich ➔ Musculus*

Vallum *Röm. "Tal", im übertragenen Sinn der übliche Name für die südliche Militärzone am Hadrianswall in Nordengland*

Vorwerk *Die einer ➔ Burg/Festung vorgelagerten Außen-/Verteidigungsanlagen*

Wehrgang *Verteidigungsgang auf einer Burg- oder Stadtmauer, geschützt durch Brustwehr mit oder ohne Zinnen, häufig auch überdacht*

Zinnen *Mauerzacken, schildartige Erhöhungen oben auf Mauern zur Deckung der Verteidiger; die vielfältigen Formen im Lauf der Zeit und in den verschiedenen Regionen haben zahlreiche Sonderbezeichnungen nach sich gezogen (arab. Zinnen, Breitzinnen, Dachzinnen, Kerbzinnen, Rundzinnen, Stufenzinnen usw.)*

Zitadelle *Innere Festung innerhalb einer Festung oder befestigten Stadt*

Zugbrücke *Die Brückenplatte wurde durch Ketten oder Schwungruten, Schwenkbalken, Wipp-/Zugbäume etc. hochgezogen, zugleich konnte damit die Toröffnung verschlossen werden*

Zwingburg *Sitz eines Zwingburgherrn, der ein Gebiet gewaltsam beherrscht; auch Fronveste genannt*

Zyklopenmauer *Mauer aus antiker Zeit aus (sehr) großen Steinblöcken ("wie von Zyklopen gemacht" / "kann nur von Zyklopen gebaut sein"); später auch nur gefugte oder gemörtelte Steinmauer*

BIBLIOGRAPHIE

Das Thema militärische Architektur spielt in so viele Bereiche der Weltgeschichte hinein, daß es schlicht unmöglich wäre, eine erschöpfende Bibliographie zu erstellen. Die nachfolgende Auswahl ist deshalb nur eine subjektive und persönliche Empfehlung einiger Bücher mit speziellen Aspekten zum Thema militärische Architektur, die der Leser vielleicht von Interesse finden könnte.

R. Allen Brown, *English Medievial Castles* (B. T. Batsford, London, 1954)

Christopher Duffy, *Siege Warfare* (Routledge and Keegan Paul, London, 1979)

Ian Hogg, *The Guns 1939-45* (Macdonald, London, 1970); des weiteren zahlreiche andere sehr renommierte Bücher über Artillerie

Anne Johnson, *Roman Forts* (Adam and Charles Black, London, 1983)

Keith Mallory and Arvid Ottar, *The Architecture of Aggression* (The Architectural Press, 1973); beschreibt die Befestigungsanlagen Nordwesteuropas im 20. Jh.

Sheila Sutcliffe, *Martello Towers* (David and Charles, Newton Abbot, 1972)

Sidney Toy,
The Castles of Great Britain (William Heinemann, London, 1953)
A History of Fortification (William Heinemann, London, 1953)
The Strongholds of India (William Heinemann, London, 1953)
The Fortified Cities of India (William Heinemann, London, 1953)

Henry Wills, *Pillboxes* (leo Cooper, London, 1985)

Viele Führer einzelner Burgen und Wehranlagen sind ebenfalls aufschlußreiche und interessante Quellen sowohl für Tatsachen wie für Anekdoten. Und natürlich liefern auch Nachschlagewerke stets zusätzlich wertvolle Informationen von Fachleuten der verschiedensten Wissensgebiete. Schließlich sind auch viele Einzelartikel in Zeitschriften und Journalen über militärische Themen gute Informationsquellen. Besonders informativ ist *After the Battle*, eine Serie englischer Zeitschriften und anderer Publikationen des Verlags Battle of Britain Prints, London.

Das Fort von Tallin (Reval), Estland

INDEX

Kursive Seitenzahlen beziehen sich auf Bilder/Illustrationen und Bildtexte. Kursive Wörter stehen für fremdsprachliche Bezeichnungen/Fachausdrücke, Eigennamen und Schiffsnamen.

A

B

C

D

L

M

N

O

P

Q

R

S

T

U

V

W

Y

Z

BILDQUELLENNACHWEIS

(S. = Seite, o. = oben, m. = mitte, u.= unten, l. = links, r. = rechts)

S.2: Wales Tourist Board; S.3: J. Allan Cash Photo Library; S.5: J. Allan Cash Photo Library; S.6: M. H. Brice; S.7: M. H. Brice; S.10: J. Allan Cash Photo Library; S.11: Aerofilms Ltd.; S.12: J. Allan Cash Photo Library; S.13: J. Allan Cash Photo Library; S.14: J. Allan Cash Photo Library; S.15: Israel Government Tourist Office; S.16: MARS; S.17: Johannitermuseum; S.18 J. Allan Cash Photo Library; S.20: Griech. Ministerium f. Tourismus; S.23: Johannitermuseum; S.24: M. H. Brice, S.26 f.: Israel Government Tourist Office; S.28f.: Mary Evans Pict. Libr.; S.30f.: Mary Evans Pict. Libr.; S.31 u.: J. Allan Cash Photo Library; S.32: Israel Government Tourist Office; S.33: J. Allan Cash Photo Library; S.34: J. Allan Cash Photo Library; S.35: J. Allan Cash Photo Library; S.36f.: Wales Tourist Board; S.38: Franz. Amt f. Tourismus; S.39: J. Allan Cash Photo Library; S.40: J. Allan Cash Photo Library; S.41: J. Allan Cash Photo Library; S.43 o.l.: J. Allan Cash Photo Library; S.43 o.r.: A. J. Beckett; S.43 m.: Mary Evans Pict. Libr.; S.44: J. Allan Cash Photo Library; S.46f.: Wales Tourist Board; S.47 r.: J. Allan Cash Photo Library; S.48: A. J. Beckett; S.49: J. Allan Cash Photo Library; S.50f.: J. Allan Cash Photo Library; S.53: Israel Government Tourist Office; S.55: Johannitermuseum; S.56f.: Johannitermuseum; S.57 r.: Wales Tourist Board; S.58 l.: Israel Government Tourist Office; S.58f.: GeoScience Features Picture Library; S.60 o.: Franz. Amt f. Tourismus; S.60 u.: Franz. Amt f. Tourismus; S.61: J. Allan Cash Photo Library; S.62: J. Allan Cash Photo Library; S.63 m.: J. Allan Cash Photo Library; S.63 u.: J. Allan Cash Photo Library; S.64 l.: J. Allan Cash Photo Library; S.64 r.: Mary Evans Pict. Libr.; S.65: GeoScience Features Picture Library; S.66: J. Allan Cash Photo Library; S.67: Irish Tourist Board; S.68f: J.Allan Cash Photo Library; S.70f.: VG Bild-Kunst, Bonn, 1991; S.72: Brit. National Army Museum; S.73 o.: J.Allan Cash Photo Library; S.73 u.: J.Allan Cash Photo Library; S.74f.: A. J. Beckett; S.75 r.: A.J.Beckett; S.76: Brit. National Maritime Museum; S.77: Malta Nat. Tourist Office; S.78 o.l./r.: Brit. National Maritime Museum; S.79: Aerofilms Ltd.; S.80: Brit. National Maritime Museum; S.81: Brit. National Maritime Museum; S.82: Johannitermuseum; S.83: Franz. Amt f. Tourismus; S.84: Brit. National Army Museum;

S.85: Johannitermuseum; S.86: Museen der Stadt Wien S.87: Johannitermuseum; S.88: Museen der Stadt Wien S.89: Brit. National Maritime Museum; S.90f.: J. Allan Cash Photo Library; S.92: Museen der Stadt Wien S.93: Museen der Stadt Wien S.94: Mary Evans Pict. Libr.; S.95 o.: Brit. National Army Museum; S.95 u.: Brit. National Army Museum; S.96f.: Brit. National Maritime Museum; S.97:: Brit. National Maritime Museum; S.98: Mary Evans Pict. Libr.; S.99: Brit. National Maritime Museum; S.100 m.l.: Brit. National Maritime Museum; S.100 u.r.: J. Allan Cash Photo Library; S.103: Japan Information Center London; S.104f.: Brit. National Maritime Museum; S.106: GeoScience Features Picture Library; S.107 o.l.: J. Allan Cash Photo Library; S.107 m.: Brit. National Army Museum; S.108: Japan National Tourist Organisation; S.110f.: Brit. National Maritime Museum; S.111: Japan National Tourist Organisation; S.112f.: Brit. National Army Museum; S.115 o.l.: Brit. National Army Museum; S.115 m.l.: Brit. National Maritime Museum; S.116 u.: Peter Newark's Western Americana; S.116 u.: Brit. National Maritime Museum; S.117 o.: North Dakota Parks and Recreation Dept. S.117 u.: US National Park Service; S.118: Peter Newark's Western Americana; S.119: Singapore Tourist Promotion Board; S.120: British Library, India Office; S.121: Philippines Dept. of Tourism; S.122 o.: Gibraltar Govt. Tourist Office; S.122 u.l.: Brit. National Army Museum; S.122 u.r.: Gibraltar Govt. Tourist Office; S.123: Gibraltar Govt. Tourist Office; S.124: J. Allan Cash Photo Library; S.125: Japan National Tourist Organisation; S.126f.: Brit. National Maritime Museum; S.129: Brit. National Army Museum; S.130 m.r.: Brit. National Maritime Museum; S.130 u.r.: Imperial War Museum; S.131: American Museum in Britain; S.132f.: Brit. National Maritime Museum; S.133 o.r.: Franz. Amt f. Tourismus; S.134: Peter Newark's Western Americana; S.135 m.l.: Brit. National Maritime Museum; S.135 u.: Peter Newark's Western Americana; S.135 o.l.: Brit. National Army Museum; S.136 m.r.: Philippines Dept. of Tourism; S.137 o.l.: Bahamas Tourist Office; S.137 m.r.: MARS US-Navy Photo; S.140: J. Allan Cash Photo Library; S.141: Brit. National Maritime Museum; S.142 m.l.: Imperial War Museum; S.142 u.l.: Imperial War Museum; S.142 u.r.: Imperial War Museum; S.143: Singapore Tourist Promotion Board; S.144: Singapore Tourist Promotion Board; S.145:Imperial War Museum; S.146 u.: Franz. Amt f. Tourismus; S.147 o.l.: Imperial War Museum; S.147 u.l.: Imperial War Museum; S.148f.: Imperial War Museum; S.150 o.: Imperial War Museum; S.150 u.f.: Imperial War Museum; S.152: J. Lucas; S.153: MARS/Bundesarchiv; S.155 o.r.: MARS; S.155 u.: MARS; S.156: Imperial War Museum; S.157 o.r.: Imperial War Museum; S.157 u.l.: Imperial War Museum; S.158f.: GeoScience Features Picture Library; S.159 u.r.: GeoScience Features Picture Library; S.160 o.: Imperial War Museum; S.160 u.: Imperial War Museum; S.161 o.: Imperial War Museum; S.161 u.: Imperial War Museum; S.162 o.r.: Gibraltar Govt. Tourist Office; S.162 u.: Franz. Amt f. Tourismus; S.163: "After The Battle"; S.164f.: "After The Battle"; S.165 u.: MARS/Bundesarchiv; S.166: Defence Staff Information Section, Stockholm; S.167 o.l.: Imperial War Museum; S.167 u.: Imperial War Museum; S.168: BIPAC; S.169: BIPAC; S.170: Vietnamese Embassy, Brit. S.171: MARS; S.172: MARS; S. 173 o.l.: Vietnamese Embassy, Brit.; S.173: m.r.: Peter Newark's Military Pictures; S.174f.: MARS; S.176: Defence Staff Information Section, Stockholm; S.177: Marinen Informationsavdelningen, Stockholm; S.178: MARS/General Dynamics Corporation; S.179 o.: Marinen Informationsavdelningen, Stockholm; S.179 u.: MARS/Dept. of Defense; S.180: Defence Staff Information Section, Stockholm; S.181 o.: Modern Alarms Ltd.; S.181 u.: Modern Alarms Ltd;